리더를 위한 조직문화 가이드

컬처 레버리지

리 더 를 위 한 조 직 문 화 가 이 드

컬처 레버리지

존 칠드러스 지음   신한카드 조직문화팀 옮김

예미

이 책은 35년간의 조직문화 컨설팅을 통해 제가 겪고, 느끼고, 배운 점들을 리더들에게 도움이 되기를 바라며 정리한 가이드북입니다.

이 책의 한국 출판을 제안받았을 때, 책의 가치를 높이 평가해준 점에 대해 감사했고, 책을 다시 읽어보며 조직문화가 여전히 기업의 성과를 좌우하는 지렛대의 역할을 하고 있다는 점에서 출판에 동의하였습니다.

시간이 지날수록 가치가 높아지는 것이 있습니다. 책이 담고 있는 철학 또한 그러하다고 생각합니다. 조직문화에 대한 기업과 사회의 관심이 커질수록, 이 책을 통해 여러분과 깊은 대화를 나눌 수 있을 것으로 기대합니다.

이 책은 조직문화와 리더십에 대한 이야기를 담고 있습니다. 아르키메데스가 지렛대의 원리로 지구를 들어 올릴 수 있다고 말한 것처럼, 리더는 조직문화와 전략을 정렬시켜 높은 성과를 만들어가야 합니다.

저는 2014년 서울에서 열린 세계지식포럼 행사에서 기업성과와 조직문화를 주제로 강연을 한 바 있습니다. 이 책의 한국 출판이 그때의 이야기를 다시 이어나가고, 한국 기업들이 미래 성장에 필요한 컬처 레버리지^{Culture Leverage}를 강화하는 데 도움이 되기를 소망해봅니다.

2020년 12월

존 칠드러스

"기하급수적 성과를 만드는 핵심은 조직문화에 있다." 필자의 생각과 맥이 닿아 있는 나의 경영철학이자 평소 직원들에게 강조하는 말이다. 경영환경 변화에 따라 기업의 전략과 구조를 새롭게 바꾸더라도 率先의 리더십으로 대변되는 〈든든한 지렛대〉와 강한 조직문화로 이루어진 〈튼튼한 지렛목〉이 없다면 결국 실패할 수밖에 없다. 글로벌 一流 기업이 가진 조직문화의 精髓가 담긴 이 책을 통해 모든 리더가 눈앞의 수많은 난관을 번쩍 들어 올리고 성공을 향해 힘차게 나아가시길 바란다.

신한금융그룹 회장 **조용병**

기존의 기술 진보에 더해져, COVID-19로 인해 사회 변화의 속도가 더욱 가속화되고 있다. 또한 외부에서는 Untact, AI, Big Data 등 비즈니스 환경이 급변 중이고, 내부에서는 MZ세대가 전면에 부상하면서 라이프스타일이 급속히 변화하고 있다. 지금까지 한 번도 경험해보지 못한 이런 낯선 환경에서, 경영자들은 어떤 조직문화를 개선해야 하는지, 무엇에 집중해야 하는지 《컬처 레버리지》는 생생한 사례들을 통해 그 해답을 제시해주고 있다.

LG유플러스 대표이사 부회장 **하현회**

급변하는 경영환경 하에서도 생존하고 성장하는 기업은, 여지없이 고성과 조직을 확보한 공통점을 가지고 있다. 하지만 고성과 조직 확보의 필수 요소가 단순 구조의 혁신만이 아닌, 미래지향적 조직문화의 확립과 연계에 있다는 메시지는 불확실성 가중에 고민하는 현재의 경영자 또는 조직의 리더들에게 많은 시사점을 준다.

보스턴컨설팅그룹 코리아 대표 **황형준**

변화의 시대다. 급변하는 경영환경 속에서 회사가 지속적으로 성장해나가기 위해서는 조직의 전략, 구조, 문화가 정렬을 이루어야 한다. 이 책은 저자의 폭넓은 컨설팅 경험을 바탕으로 조직문화를 지렛목 삼고, 리더십을 지렛대로 하여 타협 불가능한 가치를 실천하는 행동을 이끌어내는 방안을 제시하고 있다.

서울대학교 교수 **김난도**

난 조직문화에 관심이 많다. 내가 생각하는 조직문화는 '아무도 말은 하지 않지만 그렇게 행동할 수밖에 없도록 만드는 그 무엇, 아무도 말하지 않지만 그렇게 행동하지 않으면 견디지 못하게 하는 그 무엇'이다. 결국 조직문화가 그 조직 안에서의 행동방식을 결정한다. 성과를 내는 건 바로 조직문화다.

이 책은 조직문화에 관한 명료한 철학을 보여준다. 리더십은 지렛대이고 조직문화는 지렛목이다. 조직문화는 문제해결방식이고 리더의 역할은 전략과 조직구조와 문화를 일치시키는 것이다. 무엇보다 누구를 채용하고, 누구를 승진시키고, 누구를 해고할지가 조직문화를 결정하는 가장 큰 요인이란 것이다. 많은 사람들이 조직문화의 중요성을 이야기하지만, 실상 조직문화가 무엇인지, 이를 바꾸기 위해 어떤 노력을 해야 하는지 잘 모른다. 그런 사람들에게 이 책을 추천한다.

한스컨설팅 대표 **한근태**

Contents

들어가며

"비즈니스 세계에서 '조직문화'라는 주제만큼

아주 강력한 진실과 오해를 동시에 담고 있는 개념도 드물다."

업종을 막론하고 **'조직문화**^{corporate culture}'라는 단어가 들어있지 않은

경영 관련 기사를 찾기는 불가능할 정도다. '무너진 은행 문화', '조직

문화의 수익창출력', '회사의 조직문화는 얼마나 혁신적인가?', '조직문

화, 경쟁우위를 지속가능하게 하는 유일한 방법', '조직문화 이해하기'

등의 헤드라인을 단 기사들이 줄줄이 쏟아지고 있다.

조직문화 관련 도서는 경영 베스트셀러 리스트에 즐비하다. 그 가

운데 몇 개만 언급하자면, 《조직문화와 성과^{Corporate Culture and Performance}》,

《글로벌 회사들의 선도적인 문화변화^{Leading Culture Change in Global Organizations}》,

《도요타의 조직문화^{Toyota Culture}》, 《조직문화 생존 가이드<sup>The Corporate

Culture Survival Guide</sup>》 등이 있다. 거대 온라인 신발판매 전문 사이트인

'zappos.com'도 그들 특유의 조직문화를 소개하는 책을 출판했다.

최근 구글에서 '조직문화'라는 검색어를 조회해보니, 0.21초 만에 6억 2,100만 건의 문서가 검색되어 나왔다. ('리더십'은 4억 5,600만 건, '생산성'은 2억 6,400만 건에 불과했다.) 신문이나 HR^{human resource, 인적자원} 잡지뿐 아니라《하버드 비즈니스 리뷰^{Harvard Business Review}》나《MIT 슬로언 매니지먼트 리뷰^{MIT Sloan Management Review}》,《이코노미스트^{The Economist}》,《포브스^{Forbes}》,《포춘^{Fortune}》등 학술지나 경제전문지에서도 조직문화를 다루는 기사를 쉽게 접할 수 있다.

레버리지: 지렛대의 원리

"내게 충분히 긴 지렛대와 그것을 받칠 수 있는 지렛목을 준다면, 나는 지구도 움직일 수 있다."

-아르키메데스

아르키메데스는 기원전 287~212년경 시라큐스에서 활동한 그리스의 수학자이자 물리학자, 기술자, 발명가, 그리고 천문학자였다. 그

는 특히 지렛대와 지렛목을 이용하면 매우 무거운 물건도 쉽게 옮길 수 있다는 지렛대의 원리로 알려져 있다.

CEO와 비즈니스 리더는 좀처럼 움직이지 않는 무거운 물체를 들어 올리거나 옮기는 것과 같은 일을 하는 사람들이다. CEO는 성공을 위한 전략을 직감적으로 찾아내고, 조직이 경쟁에서 앞서가도록 수백 명, 많으면 수천 명의 에너지를 끌어모아 여러 사안에 적절히 배분하여, 효과적이고 효율적인 비용으로 빠른 시간 내에 공동의 목표를 달성하여야 한다.

이러한 목표를 달성하기 위해서는 지렛대 효과가 필요하다. 리더십은 지렛대이고, 조직문화는 지렛목이라고 할 수 있다.

약한 조직문화는 변화를 위한 힘을 지탱해낼 수 없다. 정렬^{align} 되지 않은 문화는 리더십이라는 지렛대가 균형을 잃게 만들고 효과적으로 작용하는 것을 방해한다. 이에 반해 강한 문화는 비즈니스 현장에서 좋은 전략과의 정렬, 당면한 과제에 맞는 신념과 행동을 기반으로 하여 강력한 힘을 발휘할 수 있다.

이 책의 내용은

"전문가들의 문제점은 많은 것을 아는 것에 비해
제대로 이해하는 것이 거의 없다는 것이다."

나는 이 책을 통해 조직문화의 정의, 조직문화의 중요성, 조직문화가 성과에 미치는 영향, 조직문화의 근원, 그리고 자신이 속한 조직문화의 장단점을 파악하고 이해하는 방법 등을 다루면서 조직문화에 대한 독자들의 궁금증을 해소하고 오해를 분명하게 바로잡고자 한다. 그리하여 궁극적으로는 당신의 조직에 필요한 조직문화를 형성하고 발전시킬 방안을 찾을 수 있도록 도울 것이다.

　이 책이 과연 위의 모든 목적을 채워줄 수 있을까? 나는 이미 오래 전부터 세계의 수많은 탁월하고 존경받는 CEO와 경영진, 그리고 비즈니스 리더들을 상대로 그 일을 해왔다. 그들 중에는 세계적인 기업을 세우고 이끌어가는 이들도 있었고, 중소 규모의 조직이나 기업을 이끌고 있는 이들도 있었다. 고객과 직원, 주주, 그리고 모든 이해관계자들에게 보다 나은 삶을 가능하게 하고 이익을 확대하기 위해, 그들과 함께 그들의 조직문화에 관해서 대화하고, 탐구하고, 샅샅이 들여다보고, 조사하고, 공부하고, 설계하고, 바꾸어나갔다. 그렇게 지난 35년 동안 수많은 CEO 그리고 경영진들과 함께 조직문화를 연구하고 바꾸는 일을 하면서 얻은 통찰력과 경험을 바탕으로 이 책을 썼다.

왜 이렇게 난리야?

"도망갈 수 없을 정도로 큰 문제는 없다."

-찰스 슐츠

2010년 4월 20일, 원유 시추시설인 딥워터 호라이즌 Deepwater Horizon에서 가스가 유출된 데 이어 연쇄폭발이 일어나 역사상 최악의 원유 유출사건이 시작되던 그날 저녁, 멕시코만의 바다는 고요했다. 폭발과 화재로 인해 11명이 사망했고 시추시설은 다음 날 수면 아래로 가라앉았다. 다행히 115명의 인원은 구조되었지만, 이날로부터 87일 동안 약 490만 배럴의 원유가 멕시코만으로 흘러들었다. 원유 유출은 수면으로부터 5,100피트 아래에 있는 원유 시추 파이프의 구멍을 막을 때까지 계속되었다.

인명피해를 동반한 사고는 모든 임원들에게 악몽과도 같은 것이다. 딥워터 호라이즌 참사로 인해 브리티시 페트롤리엄 British Petroleum, BP사의 CEO 토니 헤이우드 Tony Haywood는 자리에서 물러나야 했다. 이후 BP는 생태복원을 위해 약 41억 달러를 지출했으며, 이와는 별개로 여러 건의 분쟁과 소송에 시달리고 있다.

조직문화라는 관점에서 이 불행한 사건을 살펴보면 우리는 BP 경영진의 초기대응에서 교훈을 찾아볼 수 있다. 그들은 처음에 이 사고를 대수롭지 않게 여겼다. CEO인 토니 헤이우드는 누출된 원유와 유증기의 양을 "바다가 엄청나게 넓은 것을 감안하면 비교적 경미하다"[1]라고 말했다. 그가 재난의 규모를 의도적으로 축소하려 했던 것도 문제이지만, BP 내부의 의사전달체계가 제대로 작동하지 않아 그가 사건의 실상을 제대로 파악하지 못한 것이 더 큰 문제였고, 더 심하게 말하면 아무도 최고위 인사인 그에게 진실을 이야기하려 하지 않았던 것 같다! 후에 그는 원유 유출이 멕시코만 연안 주민들뿐 아니라 자신에게도 혼란을 주었다고 말하여 엄청난 비난을 자초했다. 당시 언론은 "이봐, 내 삶을 돌려달란 말이야"[2]라는 말로 그를 몰아붙였다.

BP는 1909년 앵글로 페르시안 석유회사Anglo-Persian Oil Company라는 이름으로 설립되었고, 사고가 발생할 당시에는 세계 5위 규모의 대형 석유회사로 성장하는 등 재무적인 측면으로 성공적인 기업이었다. 딥워터 호라이즌에서 사고가 발생하기 전까지 주가는 꾸준히 상승하여 FTSE 100지수*의 상승세를 능가하고 있었다. 기본적으로 BP는 실리를 추구하는 회사였고, 주가를 높이기 위해 비용관리를 무엇보다도 중요하게 생각했다. 또한 BP는 석유와 천연가스 가격에 영향을 주는 국제정치 문제에 대응하는 데 많은 비용을 지출했다. 경영진은 업계에

---

* 런던증시의 상위 100개 우량주식으로 구성된 지수

정치적으로 영향을 줄 만한 주요 인물들을 상대로 국제적인 로비를 벌이는 데 많은 시간과 자금을 투입하고 있었다. 이 부분이 우리가 BP의 조직문화의 실상을 볼 수 있는 대목이다.

2011년, 백악관의 위원회에서는 BP와 그 협력회사들이 단행한 일련의 비용절감을 위한 결정과 그로 인해 야기된 안전시스템의 미비를 질타했다.[3] 사고 당시 딥워터 호라이즌은 설비시설에 당초 예산보다 더 많은 비용이 들어가 있었고, 생산은 계획에 미치지 못하고 있어, 가동을 늘려 이익을 창출해야 한다는 압력을 받고 있었다.

BP는 사고를 수습한 방식으로 인해 세계의 언론과 블로거들로부터 엄청난 비난을 받았다. BP의 주가는 아직도 사건발생 이전 수준으로 회복하지 못하고 있으며 관련 소송은 앞으로 최소한 10년은 더 계속될 것으로 보인다. 사건발생 바로 전날 BP의 시가총액은 1,880억 달러에 달했다. 그러나 불과 2주 후에 BP의 시가총액은 910억 달러로 곤두박질쳤고, 이 글을 쓰는 시점에는 1,330억 달러 선을 유지하고 있다. 정말 값비싼 사고였지만 이 한 건의 사고로 세상 사람들은 BP가 어떻게 운영되며 BP의 조직문화와 리더십이 어떠한 수준인지 파악할 수 있었다.

1982년, 시카고

여기서 인명피해를 불러온 또 다른 기업의 불행한 사고를 하나 더 소개해보겠다.

1982년, 시카고에서 누군가 타이레놀의 엑스트라 스트렝스^{Extra} Strength[*] 진통제 병에 청산가리를 넣어 7명이 중독되어 사망하는 사건이 발생했다. 이는 1963년의 케네디 대통령 암살사건 이후 언론보도가 가장 많았던 사건이기도 하다. 타이레놀은 미국에서 가장 많이 팔리는 진통제로, 사건발생 당시 진통제 시장의 38%를 점유하고 있었다.

언론은 이 이야기를 신속하게 다뤘고,《월스트리트 저널》은 타이레놀의 제조사 존슨앤존슨^{Johnson & Johnson, J&J}의 종말을 예언하기도 했다. 존슨앤존슨은 빠르게 대응했다. CEO가 아닌, 브랜드 매니저 선에서 미국 전역의 약국에서 판매되는 약 1억 달러에 달하는 타이레놀 전량을 수거한다는 결정이 내려졌다. 그리고 회사의 모든 역량을 공공의 건강을 보호하는 데 투입하겠다고 밝힘으로써 대중들에게 이러한 사건이 또다시 일어나지 않을 것이라는 인식을 심어주었고, 결국 타이레놀 브랜드에 대한 평판은 사건 이전으로 회복되었다.

존슨앤존슨은 당시 방송되던 모든 TV광고를 내리고, 대신 집에 있는 모든 타이레놀 제품을 안전한 새 제품으로 무상교환해 주겠다는 내용의 광고를 내보냈다. 회사 측은 또 의사와 간호사 등 전문가를 등장시켜 이번 사건이 신원을 알 수 없는 누군가에 의해 저질러진 예외적인 오염사고이며, 회사의 생산공정에 문제가 있는 것은 아니라는 사실을 알렸다. 그리고 별도의 연구개발 예산을 책정하여 안전한 약병 마감기술을 개발함으로써 약병의 오염을 막기 위한 제약업계의 새로운

---

* 존슨앤존슨의 타이레놀 제품 중 하나

안전기준을 제시했다.

사건이 발생한 직후 존슨앤존슨의 시장점유율은 38%에서 8%로 곤두박질쳤지만, CEO인 제임스 버크 James Burke 를 포함한 회사 경영진이 직접 TV 프로그램과 광고 등에 출연하여 다양한 방식으로 해명하고 설명한 덕분에 6개월 후에는 27%까지 회복했고, 1년 후에는 다시 진통제 분야의 최고점유율을 되찾아 올 수 있었다.

제임스 버크 회장은 '존슨앤존슨 신조 Johnson & Johnson Credo'*가 존재하는 한 그들은 비용이 얼마가 들든 다시는 그러한 일이 일어나지 않도록 하기 위해 공공의 건강을 보호하는 대처를 빠르게 진행해나갈 것임을 연설과 기사들을 통해 약속했다. 존슨앤존슨 신조는 1943년 창업자 로버트 우드 존슨 Robert Wood Johnson 이 만든 후 지금도 여전히 존슨앤존슨의 기업활동에서 가장 중요한 원칙으로 작용하고 있으며, 회사가 가장 소중하게 생각해야 하는 대상은 첫째가 의사·간호사·환자이며, 둘째가 직원, 셋째는 사회, 그리고 마지막 네 번째가 주주라고 정해놓고 있다.[4]

그로부터 불과 몇 년이 지나지 않은 1986년, 또 다른 타이레놀 스캔들이 터졌다. 뉴욕에서 한 여성이 또다시 청산가리 성분이 섞인 캡슐을 복용하고 사망한 것이다. 존슨앤존슨은 즉시 캡슐 생산을 중단하고 알약과 당의정으로 대체했다. 이때도 시중에 유통되거나 이미 판매된 약품들을 교환하는 리콜 비용으로 2억 달러 이상의 거액을 지

---

* 존슨앤존슨이 1943년에 주창한 '우리의 신조(Our Credo)'를 말한다. 주주의 권리보다 소비자를 앞세운다는 내용이 그 골자이다.

출했다. 그러나 CEO의 열린 경영과 오염 재발 방지를 위한 새로운 포장 시스템을 도입한 존슨앤존슨의 단호한 조치 덕분에 일시적으로 흔들리던 시장점유율은 다시 업계 최고 수준으로 반등했다.

인명피해를 동반한 재난, 그리고 언론과 대중의 강렬한 비난. 그러나 이에 직면한 존슨앤존슨과 BP의 대응방식은 달랐다. 그것은 조직문화의 차이가 어떤 결과를 낳는가를 분명하게 보여준다. 한 회사는 주가와 생산성에 목을 매며 비용 중심적이며 재정 중심적으로 운영되었을 뿐 아니라, 비난받을 만한 행동을 서슴지 않고, 경영진은 오만한 태도를 보였다. 한 회사는 제품사용자의 만족도를 최우선 순위에 두고 기업의 이익을 뒤에 두는 경영방식과 신뢰를 기반으로 하는 조직문화를 갖고 있었다.

이 두 사건을 통해서 우리는 조직문화가 얼마나 중요한 것인지 이해할 수 있다.

"문화를 타협하는 것은 미래를 저당 잡히는 것이다."

-허브스폿 컬처 코드*

---

* 미국의 마켓·고객관리 소프트웨어 개발기업인 허브스폿의 조직문화 선언문

다른 조직문화 서적들과 차별화되는 것은?

"조직문화는 오늘날 경영학에서 가장 흔하게 다루는 주제인 동시에

아직도 가장 이해하지 못하는 주제이기도 하다!"

내가 1978년에 처음으로 조직문화라는 주제를 놓고 CEO들을 만났을 때, 나를 바라보는 눈빛은 대개 어이없다는 표정이었다. 현장에 있는 직원들은 더 노골적이었다. 조직문화와 관련된 설문조사에 응해줄 것을 부탁하자 한 건장한 남자 직원은 이렇게 대답했다.

"그렇게 우아하고 낭만적인 이야기는 집어치우시죠. 여긴 전쟁터예요."

하지만 요즘은 상황이 많이 바뀌었다. 거의 모든 사람들이 조직문화에 대해 이야기하고, 글을 쓰고, 심지어 꽤나 아는 척을 한다. 조직문화, 문화의 변화, 문화 평가, 문화의 통합 등을 다룬다는 컨설턴트들이 넘쳐나는 시대다. 나의 고객인 어떤 CEO는 '문화 사냥꾼culture vulture'이라는 용어를 자기가 처음 사용했다고 말하는 어느 컨설턴트의 집요한 전화와 일방적인 접근에 질려버렸다고 토로한 적도 있었다.

수백 권의 책들은 말할 것도 없고 언론이나 학술지에서도 조직문화라는 개념을 수도 없이 다루고 있지만, 대부분의 전문가들이 동의할 수 있는 어느 정도 명쾌하고 일치되는 정의가 아직까지 내려지지 못하고 있다. 우리가 조직문화에 대한 정의를 제대로 내릴 수 없다면 어떻게 그것을 이해하고 있다고 말할 수 있겠는가? 심지어 조직문화를 운영하고 개선해나가는 것이 가능하겠는가?

우리가 관심을 가지고 접근해보려는 개념이 아직까지 혼란스럽고 복잡하고 오해도 많은 주제라면 그만큼 많은 자문과 조언이 등장할 가능성이 있다고 볼 수 있다. 모두들 조직문화에 대해 말하는데 경영자들은 그것을 제대로 이해하지 못하고 있다. 그렇다면 이른바 컨설턴트라고 불리는 전문가라도 그 문제에 대해 제대로 알고 있어야 하지만, 그들도 선뜻 뭐라고 이야기하지는 못하고 있다.

이 책은 CEO, 경영진, 그리고 비즈니스 리더, 혹은 정부 지도자인 독자들이 조직문화에 대해 이해할 수 있도록 돕기 위해 쓰였다. 보다 높은 성과를 얻기 위해 그들이 조직문화를 탐구하고 어떻게 최고의 조직문화를 형성하고 인도하고 이끌어나갈지를 모색하는 데 도움이 될 것이다. 또 언젠가 독자들이 조직문화 컨설턴트를 만났을 때, 혹은 만나야 할 때, 그들에게 중요하고 까다로운 질문을 던져 어느 정도의 역량과 경쟁력을 가지고 있는지 확인해볼 수도 있을 것이다.

왜 CEO에 초점을 맞추는가?

> "새로운 질서를 도입하는 데 앞장서는 것보다 더 실행하기 어렵고
> 위험하고 성공을 장담하기 어려운 것도 없다."
>
> -니콜로 마키아벨리

기업이 기대했던 것만큼의 성과를 내지 못하면 CEO는 해고를 감수해야 하고, 조직문화는 긍정적으로든 부정적으로든 기업의 성과에

영향을 미친다. 때문에 조직문화를 제대로 이해하지 못하고, 심지어 무시하는 CEO들도 때로는 위험을 무릅쓰고 새로운 문화를 도입하려고 한다.

론 존슨^{Ron Johnson}은 2011년, 실적부진에 허덕이던 J. C. 페니^{J. C. Penny}*의 CEO에 취임하면서 한때 잘나갔던 브랜드의 구세주가 될 것이라는 각계각층의 기대를 한 몸에 받았다.[5] 이미 애플스토어^{Apple store}를 성공시키고 타깃^{Target}**에 새로운 활력을 불어넣은 인물로 인정받고 있었던 그를 CEO로 영입한 것은 최고의 선택으로 보였다. 그러나 17개월 후, 존슨은 터무니없는 실수를 잇따라 저질러 해고되었다. J. C. 페니의 조직문화와 핵심고객의 브랜드에 대한 기대를 제대로 이해하지 못한 데서 빚어진 실수였다.

휴렛패커드^{Hewlett-Packard, HP}의 유명한 여성 CEO였던 칼리 피오리나^{Carly Fiorina}도 '기술 중심' 문화에서 '영업 중심' 문화로 바꾸려다 자리에서 밀려났다. 그녀는 너무 큰 폭의 변화를 추구했고, 그러기에는 HP의 기존 조직문화가 너무 강했다.

"HP는 윌리엄 휴렛^{William Hewlett}과 데이비드 패커드^{David Packard}가 창업한 이래 줄곧 기술 중심의 온정주의적인 조직문화를 가지고 있었다. 이는 직원의 자율성과 창의성에 기반을 둔 문화이다. 그러나 칼리 피오리나는 처음에는 내부적으로, 그다음에는 누가 봐도 영업 중심의

---

*   미국의 중저가 백화점
**   미국의 대형 할인마트

기업인 컴팩^{Compaq}과 합병함으로써, 영업 중심의 문화를 무리하게 도입하려 했다."[6]

일본의 기술기업인 올림푸스^{Olympus}는 회사의 재도약을 이끌어주기를 기대하며 영국인 임원 마이클 우드포드^{Michael Woodford}를 CEO로 승진시켰는데, 불과 몇 개월 후에 그를 해고했다. 일본인 회장은 그가 올림푸스사 특유의 의사결정 '문화'를 이해하지도, 존중하지도 않았다고 지적했다.[7]

CEO의 역할은 일주일에 7일, 하루 24시간 내내 쉬지 않고 밀려드는 쓰나미에 맞서는 것이다. 그 쓰나미란 사업에 큰 해를 끼칠 수도 있고, 브랜드 가치를 떨어뜨릴 수도 있으며, 직원들의 사기를 꺾을 수도 있고, 고객과 주주들을 떨어져 나가게 만들 수도 있는 이슈들이다. 우리는 지금 범세계적인 경쟁이 폭발하는 시대에 살고 있다. 이 시대의 특징은 경쟁자들의 상당수가 우리의 레이더에 잡히지도 않는데, 잔뜩 굶주린 채 우리의 고객들을 언제라도 빼앗아 가려고 호시탐탐 기회를 노리고 있다는 것이다. 새로운 규제들로 인해 비즈니스의 효율성과 비용효과를 약화시키는 더 많은 장벽들이 새롭게 생겨나고 있다. 환경 변화는 소규모 사업체부터 대기업에 이르기까지 거의 모든 기업에 영향을 미치고 있다. 또 세계 경제환경은 사업을 영위하기에 점점 더 불안정하고 복잡하며 위험하게 변화하고 있다. 모든 기업과 조직은 이러한 환경에 발맞춰 스스로 변화하고, 적응하고, 대응해야 한다. 이때 CEO가 자신이 이끄는 조직이 가진 문화의 강점과 약점을 제대로 이해하고 있다면 환경 변화에 보다 적절하게 대응할 수 있을 것이다.

"CEO는 하루 종일 문화에 대해 말하고 떠들 수 있겠지만,
직원들은 얼간이가 누구인지 알고 있다."

-잭 웰치

이 책을 쓴 나는…

내가 조직문화라는 주제에 특별한 관심을 갖고 매료되기 시작한 것은 1978년, 훗날 나의 비즈니스 파트너가 된 래리 E. 셴^{Larry E. Senn} 박사를 만나면서부터다. 이 만남이 계기가 되어 나는 미국에서 자기계발과 리더십훈련을 전문으로 하는 회사의 부사장이 되었다. 200명 이상이 참여하는 4일간의 자기계발 세미나부터 소그룹의 리더십훈련까지 다양한 일을 진행하면서 나는 한 인간의 변화와 자기발전은 그가 속한 업무환경에 큰 영향을 받는다는 점을 더욱더 확신하게 되었다.

예를 들어 많은 참여자들이 세미나에서의 경험을 몇 개월간 충실히 따른 결과 자신의 세계관과 자존감, 의욕, 가족관계는 물론 업무생산성에 이르기까지 큰 변화를 경험했다고 말했다. 그러나 시간이 갈수록 더 많은 사람들이 자기 자신은 바뀌었음에도 불구하고 그들의 직장은 바뀌지 않아 결과적으로 어려움을 겪게 되었다고 털어놓았다. 세미나를 통해 새롭게 터득한 많은 기법과 유용한 사고방식이 업무환경 속에서는 효과를 발휘하지 못했다. 오히려 역효과가 나타났다. 완전히 새로운 수준의 낙관론과 자신감으로 무장하여 나타난 동료를 보면서 직장 사람들은 오히려 위험을 느꼈던 것이다. 또 회사의 내부정

책과 업무프로세스는 여전히 비능률적이었다. 모두가 알다시피, 이전의 습관을 바꾸려면 새로운 습관이 필요하고, 새로운 습관을 의식적으로 매일 실행하지 않으면 이전의 습관이 다시 자리를 잡는다.

내가 래리를 처음 만났을 때 그는 캘리포니아 롱비치에서 소규모 소매업자들을 대상으로 하는 컨설팅회사를 운영하고 있었다. 그가 1970년에 쓴 UCLA 박사학위 논문, 〈비즈니스 조직 분석의 도구로서의 조직적 특성 Organizational Character as a Tool in the Analysis of Business Organization 〉은 조직도 사람처럼 정의가 가능한 어떤 성격을 지니고 있어서 그 성격에 의해 조직이 어떻게 반응하고 행동할지가 결정된다는 내용을 담고 있었다. 그리고 내가 래리를 처음 만났을 때는 그가 어느 자기계발 세미나에 참석한 직후였는데, 그는 거기서 사람을 변화시키고 개선하는 데 도움을 줄 수 있는 '부드러운' 훈련기법에 매료되어 그중 일부를 자신의 고객들에게 적용해 큰 성공을 거두고 있었다.

당시 우리는 '개인의 변화와 개선에 도움이 되는 기법이 왜 비즈니스 전체에는 적용되지 않을까?' 하는 의문을 공유하고 있었다. 한 사람은 충분한 컨설팅 경험을 가지고 있었고 또 한 사람은 개인을 변화시킬 수 있는 '부드러운' 훈련기법을 가지고 있었다. 우리는 비즈니스와 산업, 그리고 문화를 변화시키는 일에 함께 뛰어들 파트너가 될 수 있었다.

1978년, 래리와 나는 공동창업자가 되어 조직문화 재편과 경영진들의 정렬을 돕는 컨설팅회사 센-델라니 리더십컨설팅그룹 Senn-Delaney Leadership Consulting Group 을 시작했다. 당시는 조직문화라는 용어조차 생소한 시절이었기 때문에, 우리는 '기업 인격 personality of the organization'과 그것이 성과에 미치는 영향을 주로 이야기했다.

1982년, 톰 피터스^{Tom Peters}와 로버트 워터먼^{Robert Waterman}이 쓴 《초우량 기업의 조건^{In Search of Excellence}》이라는 책이 엄청난 인기를 끌면서 갑자기 모두가 앞다투어 조직문화라는 말을 입에 올리기 시작했다. 오래전부터 이 분야에서 선도적 위치를 차지하고 있었던 우리 회사는 롱비치뿐 아니라 뉴욕과 런던에까지 지사를 설립하는 등 사세를 크게 확장하고 미국의 많은 글로벌기업들과 함께 일을 하게 되었다. 우리는 큰 기업의 리더들을 대상으로 컨설팅하면서 "(좋은 소식일 수도 있고 나쁜 소식일 수도 있지만) 조직은 그 조직 리더의 그림자"라는 것과, 경영진의 정렬과 조직문화의 변화는 얼마든지 가능하며, 그것이 사업성과를 향상시키는 열쇠가 된다는 점을 이해시키려고 노력했다.

그리고 2000년에 퇴직하면서 나는 20년가량 센-델라니 리더십컨설팅그룹의 사장 겸 CEO로서 수백만 마일을 이동하며 벌여왔던 컨설턴트 활동을 그만두고 그 후 몇 년간은 가족들과 함께 남프랑스에서 지내게 되었다. 이때 그동안의 컨설팅 활동을 되돌아볼 수 있는 여유를 누리며 그 일을 통해 내가 배운 것들을 정리할 수 있었다. 더 중요한 것은, '도대체 조직문화란 무엇인가?'라는 아주 근본적인 질문에 대한 답을 정리할 수 있었다는 것이다.

이 책은 바로 이 기간 동안 이루어진 평가 및 성찰의 결과물이며, 그 후 2003년부터 현재까지 미국, 영국, 유럽, 아시아, 아프리카, 중동의 많은 CEO 및 경영진들을 상대로 조직문화, 경영진 정렬, 전략 실행, 리더십 등에 관해 컨설팅하며 쌓아온 또 다른 경험들의 결과물이기도 하다.

진짜 같은 거짓말

"그들이 나에 대해 말하는 거짓말의 절반은 사실이 아니다."

-요기 베라

모든 사람들이 조직문화에 대해 이야기하고, 조직문화의 변화를 내세우고, 조직문화에 대한 평가를 제공하고, 눈부신 사업성과나 극적인 실패를 설명하는 데 조직문화를 끌어들이곤 한다. 여러분의 비즈니스에서 아직 경험해보지 못했다 해도 아마 이 책을 통해 그런 실태를 목격하게 될 것이다.

좀 더 현실적으로 생각해보자. 조직문화는 조직의 성공과 실패의 한 단면일 뿐이다. 그러나 책의 판매고를 올리거나 컨설팅 서비스로 이익을 얻기 위해 컨설턴트나 학자들은 조직문화를 모든 것의 가장 핵심적인 원인으로 지목하여 전면에, 그리고 정중앙에 배치한다. 그들의 이야기는 그럴듯하다. 그러나 조직문화가 기업의 종말이나 기업합병 실패의 '원인'의 전부라고 단언하는 것은 로마제국이 망한 이유를 오로지 도덕적인 타락에서 찾는 것과 같은 오류다. 로마제국의 멸망은 그 외에도 지나치게 빠른 영토확장, 황제와 원로원 간의 갈등, 노동계급의 고용실패, 정치적 부패, 근위대의 부패와 지나치게 막강한 권한, 로마군의 전략에 익숙해진 주변 다른 민족들 등 수많은 사회적·환경적 요인들이 작용한 결과였다. 그 가운데 도덕적 타락은 그저 하나의 원인일 뿐이었다. 조직문화도 기업의 성공과 실패의 수많은 원인들 가운데 하나일 뿐이라는 것을 기억해야 한다.

하지만 놓치지 말자. 조직문화는 여러 가지 방법으로 당신의 사업 성과에 영향을 미친다. 그 때문에 나는 여러분이 이 책을 통해, 과장된 말들 속에서 진짜 유용한 것을 가려내고 기본적인 원리에 집중하여 조직문화라는 것을 제대로 이해하고 고객과 직원, 사회, 그리고 주주의 이익을 증대하기 위해 조직문화를 관리하고 활용할 수 있는 몇 가지 방법을 얻어 가길 희망하는 것이다.

Culture
Leverage

1부

조직문화의 등장

"모든 기업에는 그들만의 언어가 있고

그 기업만의 역사와 신화를 가지고 있으며

과거에도 그리고 현재에도 그들만의 전설적인 영웅과 악당이 존재한다."

-마이클 해머

　조직문화라는 용어가 비즈니스 세계에 가히 홍수처럼 넘쳐나기 시작한 것은 1982년에 맥킨지 McKinsey & Company 출신의 컨설턴트 톰 피터스 Tom Peters 와 로버트 워터먼 Robert Waterman 이 《초우량 기업의 조건 In Search of Excellence 》이라는 책을 발표하면서부터다. 이 책은 단숨에 최고의 경영 서적으로 자리매김하게 되었다. 《뉴욕 타임스》에 의해 베스트셀러로 선정되고 4년 동안 300만 권 이상의 판매고를 기록했다. 두 저자 가운데 좀 더 활동적이었던 톰 피터스는 이 책의 성공으로 인해 경영학의 대가로, 대중 강연자로, 그리고 문화 컨설턴트의 선구자로 스타덤에 올랐다. 그는 《초우량 기업의 조건》 이후 12권의 책을 더 집필했는데,

모두 비즈니스 성공의 기본적 토대로서 조직문화의 중요성을 강조하는 내용이었다.

당신이 만일 1982년에 그 책을 읽고 거기에서 소개된 46개 우량기업의 주식을 매수하여 20년간 보유했다면 1,300%의 수익을 올렸을 것이다. 같은 기간 동안 다우지수는 800%, S&P 500 지수는 600% 성장하는 데 그쳤다.[8]

조직문화는 곧 대중적인 개념이 되었고, 얼마 지나지 않아 학문적인 신뢰성을 가진 용어가 된 데 이어, MIT 슬로언 경영대학원 교수 에드거 샤인 Edgar Schein 이 1985년에 《조직문화와 리더십 Organizational Culture and Leadership 》이라는 책을 발표하면서 가장 중요한 이슈로 떠올랐다. 샤인은 이 책을 통해 처음으로 조직문화를 정의해보려고 시도했다.

하버드대학교 교수 존 코터 John P. Kotter 와 제임스 헤스켓 James L. Heskett 은 1992년에 출간한 《조직문화와 성과 Corporate Culture and Performance 》라는 책을 통해 이 용어를 하늘 높이 성층권까지 쏘아 올렸을 뿐 아니라 모든 CEO들의 책상 위에 어려운 숙제로 던져주었다. 이 책에서는 조직문화와 비즈니스 성과 사이에는 좋건 나쁘건 확실한 상관관계가 있음을 주장하고 있다.

고전에 가까운 이 세 권의 책 말고도 많은 교수와 컨설턴트들이 조직문화에 대한 책과 기고문을 수도 없이 발표했다. 최근에 발표된 책들 가운데 대표적인 것을 꼽자면, 에릭 플램홀츠 Eric Flamholtz 와 이본 랜들 Yvonne Randle 이 쓴 《조직문화: 최고의 전략적 자산 Corporate Culture: The Ultimate Strategic Asset 》이 있다. 이 책에서는 미국과 유럽, 그리고 중국의 크고 작은 기업의 사례를 심층 분석한다.

또 학술적인 면은 좀 덜하지만 보다 매력적인 책으로 경영서 베스트셀러 작가이자 경영 구루 guru 로 일컬어지는 패트릭 렌치오니 Patrick Lencioni 의 《무엇이 조직을 움직이는가 Advantage: Why Organization Health Trumps Everything else in Business 》를 들 수 있다.

요즘에는 조직문화가 현대 비즈니스와 일상생활에 얼마나 깊이 영향을 미치고 있는가를 보여주는 것으로, 조직문화를 이해하고 변화시키는 것을 돕는 앱까지 등장했다.

워런 버핏의 편지

지난 30여 년간 실력 있는 투자자로 꼽히는 워런 버핏 Warren Buffett 은 최근 해마다 버크셔 해서웨이 Berkshire Hathaway *의 주주들에게 보내는 편지에 매우 인상 깊고도 심오한 글을 남겼다.

"조직이 어떻게 행동할지를 결정하는 데 있어서 문화는 그 조직의 규정집보다 더 큰 역할을 합니다."

버크셔 해서웨이의 경영자로서 버핏은 버크셔 해서웨이 역시 '개인 소유'의 문화가 지배하고 있다고 주장했다.

---

*   워런 버핏이 이끄는 투자 전문 회사

"우리의 포상프로그램과 연례주주총회, 그리고 연간보고서 등은 버크서 문화를 보다 공고하게 다지고 그 문화에 맞지 않는 관리자들을 걷어 내야 한다는 관점에서 정교하게 설계된 것들입니다."[9]

1. 조직문화란 무엇인가?

"이름이란 무엇일까? 장미라고 부르는 꽃을 다른 이름으로 부른다 해도

아름다운 그 향기는 바뀌지 않을 텐데."

-《로미오와 줄리엣》

우리는 '조직문화^{corporate culture}'라는 개념에 대해 매일같이 말을 하고 글을 쓴다. 그뿐 아니라 꽤 여러 가지 다른 용어를 대신해서 쓰기도 한다. 최근에는 '조직건강^{organizational health}'이라는 용어가 많이 사용되고 있다.

조직문화와 비슷한 의미로 사용되는 비즈니스 용어로는 '조직몰입^{organizational engagement}'이 있고, 간혹 이 말 대신 '직원몰입^{employee engagement}'이라는 용어가 쓰이기도 한다. 조직문화의 넓은 개념만큼 포괄적이지는 않지만, 몰입이란 단어는 조직문화의 매우 중요한 요소 가운데 하나인 것이 분명하고, 많은 저자들이 두 용어를 자유롭게 섞어

쓰는 경향이 있다.

이 책에서 나는 '**조직문화**corporate culture' 혹은 간단하게 '**문화**culture'라는 용어를 사용할 것이다. 비슷하기는 하지만 분명히 다른 개념일 수도 있는 몇 가지 용어를 뭉뚱그러서 '문화'라는 단어로 포괄하여 사용하는 것을 학자들은 문제제기할 수도 있겠지만, 이 책은 학술서가 아니라 CEO와 경영진, 그리고 다양한 사업가들이 자신들의 조직문화를 제대로 파악하고 설계할 수 있도록 돕기 위해 만들어진 실용적인 안내서다. 매우 현실적인 사람이라고 평가받는 한 CEO가 나에게 이렇게 말한 적이 있다.

"복잡한 학술용어나 난해한 컨설턴트는 아주 질색입니다. 내 비즈니스와 직원들을 향상시키기 위해 사용할 수 있는 뭔가를 주세요."

간단하게 살펴보는 조직문화의 역사

조직문화를 다룬 글이라고 하면 크게 두 가지 부류가 있다. 조직문화를 신화적으로 다룬 글, 그리고 조직문화를 학술적으로 다룬 글이다. 전자는 어떤 기업에 대해 자부심 넘치는 주장들과 다양한 서술을 담고 있다. 긴 스토리와 그에 대한 전문가들의 해석, 그리고 그를 뒷받침하는 데이터와 지표들로 구성된다. 반면 후자는 상당히 이론적이며 연구에 기반을 두고 있다(신화적인 글들도 이론적인 언어를 사용해 학술적인 척하기도 한다). 대개의 책들은 이 두 가지가 뒤섞여 있다. 그런데 문제는 조직을 발전시키고 경쟁우위를 개발해야 하는 CEO나 기업가들이 이런 글들을 제대로 이해하기가 쉽지 않다는 것이다.

"오늘의 세계를 제대로 이해하고 싶다면
역사를 공부하라."

내가 아는 한, 경영의 맥락에서 조직문화가 가장 처음으로 다뤄진 것은 캐나다의 정신분석가이며 조직 심리학자인 엘리엇 자크스Elliott Jaques, 1917-2003의 선구적인 연구에서다. 그는 공장에서 특히 관리 단계에 중점을 둔 인간역학과, 상부에서 내려오는 작업지시와 주어진 책무를 이행하기 위해 직원들이 어떻게 행동하는가를 연구한 학자다. 그는 《공장의 문화 변화: 산업환경에서의 권위와 참여에 관한 연구The Changing Culture of a Factory: A Study of Authority and Participation in an Industrial Setting》(1951)라는 책에서 처음으로 조직문화를 언급했다.

"공장의 문화란, 생각과 행동에 대해서 그 안의 모든 구성원들에게 넓게든 좁게든 공유되고 퍼져있는 그들만의 관례와 전통적 방식이며, 새로 그 조직 안으로 들어온 사람이라면 조직원으로 받아들여지기 위하여 반드시 배우고 부분적으로라도 받아들여야 하는 것들이다. 개인이 자신의 인간관계를 관리하기 위해 사용하는 수단과 기법, 그리고 그가 다른 구성원이나 집단 안에서 함께하기 위해 의지하는 수단과 기법이 모두 문화에 포함된다."

1972년, 로저 해리슨Roger Harrison은 《하버드 비즈니스 리뷰》에 발표한 글에서 조직문화를 두 개의 축(격식을 차리는 정도 degree of formality 와 중앙집중의 정도 degree of centralization)을 기준으로 네 가지 유형으로 분류할 수 있다고 제안했다. 훗날 찰스 핸디 Charles Handy 는 자신의 책 《경영의 신 Gods of Management 》(2009)에서 이 모델을 확장하고, 다음과 같이 이름 붙였다.

역할 중심 문화 Role Culture

매우 전문화되어 있으며, 조직 내 의사소통과 이견해소에 많은 과정이 존재하는 문화. 전형적으로 관료조직이 이에 속한다.

권력 중심 문화 Power Culture

강력한 권한을 가진 한 사람 또는 소수의 핵심인물에 의지하는 조직에 나타난다. 이런 조직에서는 많은 과정이나 규정이 존재할 필요

찰스 핸디의 문화 모델

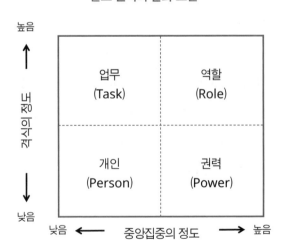

가 없다. 조직은 모든 권한을 독점하다시피 한 개인 혹은 소수의 결정에 의해서 통솔된다.

업무 중심 문화 Task Culture

성과에 초점을 두고, 조직의 목표에 도달하기 위한 팀워크와 융통성과 협력이 중시된다.

개인 중심 문화 Person Culture

조직 내 개인 한 사람 한 사람의 가치를 중시하는 문화. 상품의 생산이나 고객서비스를 겨냥한 조직은 아니다. 사교를 목적으로 하는 모임이나 단체에서 볼 수 있는 유형이다.

1950년대부터 1970년대에 이르기까지 몇몇 다른 학자들도 조직문화에 대해 참고할 만한 연구결과를 내놓았으나 별다른 주목을 받지는 못했다. 그 이유는 아마도 이 시기에 산업계가 2차대전 종전 후 전후복구에 따른 폭발적인 성장의 이점을 안고 있는 회계 전문가와 기업경영자들에 의해 지배되고 있었기 때문일 것이다.

그러나 1980년대 들어 미국 경제는 침체기에 접어들었고, 일본의 고도성장에 세계의 눈이 쏠리면서 일본의 '전사적 품질경영 Total Quality Management'에 관심이 집중되었다(이는 에드워즈 데밍 Edwards Deming 의 글과 강연에 힘입은 바 크다). 전사적 품질경영은 사람을 통한 생산성 향상에 초점을 맞춘다.

미국 기업에 다시 한번 활력을 불어넣고 세계시장에서의 경쟁력을 회복하기를 원하는 강한 열망 속에서 미국에서는 네 권의 책이 돌풍을 일으켰다. 생산성과 사업성과의 향상이라는 관점에서 조직문화를 다룬 책들이다.

UCLA 앤더슨 스쿨^{UCLA Anderson School}의 교수 윌리엄 오우치^{William} ^{Ouchi}는 여러 해 동안 일본의 경영기법을 연구하고 일본의 경쟁력이 미국을 추월한 이유를 규명하기 위해 노력한 학자였다. 그는 1981년, 《Z이론: 일본의 도전에 직면한 미국의 경영^{Theory Z: How American Management Can Meet} ^{the Japanese Challenge}》이라는 책을 발표하며 스스로 논쟁의 한복판에 섰다.

기본적으로 오우치는 경쟁력을 강조하면서, 이를 위해서 북미대륙의 경영이 단순하게 생산성과 비용절감에 초점을 맞추는 수준을 넘어서 직원의 행복과 능력개발에 보다 더 관심을 가져야 한다고 주장했다. 그는 일본의 경영문화가 직원의 생산성과 직원에 대한 존중을 매우 높은 수준으로 추구하고 있다고 말했다.

몇몇 경영자들은 이 책을 통해 앞으로 새롭게 나아갈 방향을 찾게 되었다고 호평했지만, 많은 이들이 서구의 경영교육 및 실제 업무방식과 맞지 않는다며 그 가치를 절하했다. "이 책은 우리에게는 맞지 않아"라는 것이 이 책에 대한 대체적인 반응이었다.

1982년에 교육학자 테런스 딜^{Terrence Deal}과 경영 컨설턴트 앨런 케네디^{Allan Kennedy}의 공저로 《조직문화: 조직생활의 의례와 의식^{Corporate} ^{Cultures: The Rites and Rituals of Corporate Life}》이라는 책이 출간되면서 조직문화에 대한 관심이 크게 높아졌다. 두 저자는 기업 안에서 행해지는 '의례^{rite}와 의식^{ritual}'을 연구함으로써 시장의 위험도^{level of risk in the} ^{marketplace}와 시장반응의 속도^{speed of marketplace feedback}라는 두 가지 차원에

서 조직문화를 분류했다. 이 두 차원을 조합하여 조직문화를 네 가지로 구분하고 2×2 행렬 형식으로 도식화했다.

터프가이·마초 문화 Tough-Guy, Macho Culture

위험을 기꺼이 즐기고 자신의 결정에 대한 시장반응을 빠르게 확인할 수 있는 개인주의자들의 조직에서 흔히 보인다. 이는 '모두 얻든지, 모두 잃든지'의 문화이며, 이런 직장에서 일하는 직원들은 자기만족을 극대화하고 일약 스타가 되기를 꿈꾸며 일한다. 엔터테인먼트 업계나 투자금융 혹은 광고업계에서 이러한 성향의 조직문화를 자주 볼 수 있다.

열심히 일하고 신나게 즐기는 문화 Work-Hard/Play-Hard Culture

이런 문화는 영업의 세계에서 나타난다. 직원들이 스스로 져야 하

딜과 케네디의 조직문화 모델

	낮음 ← 시장위험도 → 높음	
빠름 ↑ 의사결정속도 ↓ 느림	열심히 일하고 신나게 즐기는 문화	터프가이· 마초 문화
	과정을 중시하는 문화	회사에 대한 신뢰의 문화

는 위험부담은 많지 않으면서 자신들의 활동에 대한 결과가 즉시 나타난다. 이러한 문화 속에서 직원들은 매우 높은 수준의 에너지를 발휘하고 긴장을 유지한다. 이 문화 속에서는 최고의 실적을 올린 사람이 영웅으로 대접받는다.

회사에 대한 신뢰의 문화 Bet-Your-Company Culture

의사결정의 위험부담은 크고, 자신의 일에 대한 성과를 확인하기 위해서는 몇 년의 시간이 필요할 수도 있다. 제약회사가 그 대표적인 사례이고 석유나 가스를 탐사하는 회사들도 여기에 속한다. 옳은 결정을 내리는 것이 매우 중요하기 때문에 장기적인 안목에 집중하는 문화를 가지고 있고, 결정을 위해 계획하고 준비하고 행동하는 모든 단계에서 상당한 노력을 기울여야 한다는 집단적인 믿음이 있다.

과정을 중시하는 문화 Process Culture

시장의 반응도 느리지만 위험도 크지 않다. 대형 소매회사나 보험회사, 정부조직이 이러한 문화에 속하는 대표적인 사례다. 각각의 거래가 조직의 성공 여부에 별다른 영향을 미치지 못하고, 어떤 결정의 옳고 그름도 오랜 시간이 흐른 뒤에야 가려진다. 즉각적인 시장반응을 확인하기 어렵기 때문에 직원들은 자신들의 일이 잘한 것인지 평가하기가 어렵다. 그렇기 때문에 무엇을 하는가보다 어떻게 하는가에 관심을 두는 경향이 있다. 이 문화 안에서는 기술적인 탁월함이 중요한 평가요소가 된다.

문화에 대한 고전적인 연구:《초우량 기업의 조건》

맥킨지의 컨설턴트 출신인 톰 피터스Tom Peters와 로버트 워터먼Robert Waterman은 흔히 '초우량 기업'이라 불리는 회사들 안에서 공통적으로 존재하는 문화를 확인하고, 그것을 우수한 기업과 그렇지 않은 기업을 구별하는 기준으로 삼고자 했다. 그들의 연구결과를 담은 책이《초우량 기업의 조건In Search of Excellence》이다.《포브스》지는 이 책을 역사상 가장 훌륭한 10대 경영서적의 하나로 선정했다.

(당연히 우수한 조직문화를 가지고 있을 것이 분명한) 초우량 기업에서는 다음 여덟 가지 특징들이 모두, 혹은 상당수 관찰되었다.

- 실행 중심: 적극적인 의사결정과 '신속한 진행'. 빠른 결정과 신속한 문제해결을 통하여 관료적 통제를 피하는 경향이 보인다.
- 고객 친화적: 업계 종사자나 고객의 이야기를 듣고 배운다.
- 자율성과 기업가정신: 혁신을 장려하고 '챔피언'을 육성한다.
- 사람을 통한 생산성: 직원을 품질의 원천으로 여긴다.
- 솔선수범, 가치중심경영: 능동적 헌신을 보여주는 경영이 매일의 일상을 이끌어가는 철학이 된다.
- 집중: 알고 있는 사업에 집중한다.
- 단순한 조직구조, 소수의 운영자: 최고의 회사들 중 일부는 지휘본부 역할을 하는 조직의 규모가 작았다.
- 느슨함과 엄격함을 동시에: 현장의 자율성과 일원화된 가치가 조화를 이룬다.

일하기 좋은 직장 연구소

대부분의 사람들이 조직문화라는 단어를 입에 올리지 않던 시절인 1984년, 경제부 기자 로버트 레버링 Robert Levering 과 밀턴 모스코비츠 Milton Moskowitz 는 《뉴욕》지 편집장으로부터 《미국의 최고 직장 베스트 100 The 100 Best Companies to Work for in America 》이라는 제목으로 책을 써달라는 의뢰를 받았다. 이 책은 출판되자마자 《뉴욕 타임스》가 집계한 베스트셀러에 올랐다. '최고의 직장'에 대한 책을 쓴 것이 계기가 되어 레버링은 '일하기 좋은 직장 Great Places to Work' 연구소를 설립하고 일하기 좋은 직장과 그렇지 않은 직장의 차이를 구별해내는 연구를 계속했다.

그는 이 연구를 통해서 일하기 좋은 직장은 대부분의 직원들이 상사를 신뢰하고, 자기 일에 자부심을 가지고 있으며, 함께 일하는 사람들을 믿는 경향이 분명하다는 사실을 확인했다. 계속 이어진 연구를 통해 이 세 가지의 특징을 모두 가진 기업은 같은 업종의 다른 기업들에 비해 주당수익률, 성장성, 낮은 이직률 등에서 훨씬 높은 성과를 보인다는 사실도 확인했다.

1997년 《포춘》지는 올해의 '일하기 좋은 직장'을 선정하는 작업을 그의 연구소에 의뢰했는데, 이후 매년 한 차례씩 그해의 일하기 좋은 100대 기업을 선정하여 발표하게 되었다.

이렇게 1981년에서 1984년 사이에 출판된 네 권의 조직문화 관련 서적 가운데서도 톰 피터스의 다소 과장된 스타일(그는 '연구를 기반으로' 강한 문화와 약한 문화를 평가했다고 했지만)의 책 《초우량 기업의 조건》이 여러 해 동안 《뉴욕 타임스》 베스트셀러 자리를 지키면서 조직문화 컨설팅이라는 새로운 업종이 탄생하는 데 결정적인 역할을 했다.

학문으로서의 조직문화

톰 피터스가 탁월한 조직문화를 갖고 있다고 여겨지는 회사들의 고객서비스 등 다양한 활동을 소재로 조직문화에 대한 재미있는 이야기들을 펼쳐가는 동안, MIT의 에드거 샤인 Edgar Schein 교수(훗날 조직문화의 아버지라 불린다)는 1985년에 《조직문화와 리더십 Organizational Culture and Leadership》이라는 책을 출간하면서 조직문화에 대한 튼튼한 학문적 토대를 만들어놓았다.

샤인은 조직문화에 대하여 '인위적인 요소 Artifact', '추구하는 가치 Value', '암묵적 가정 Assumption'의 세 개 층으로 구성된 모델을 설정했다. 다음 그림은 이러한 문화의 다층구조를 설명한다.

표면에는 문화의 인위적인 요소가 드러나고, 중간에는 일상의 사업활동 속에서 명백하게 눈에 보이는 것들이 자리 잡고 있는 반면, 이러한 것들의 원인이 되는 가정은 중심 깊숙한 곳에 숨어있어서 잘 보이지 않는다.

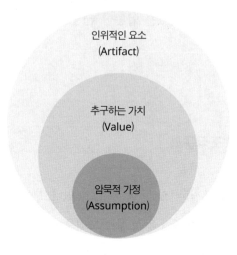

샤인의 조직문화 모델

인위적인 요소
(Artifact)

추구하는 가치
(Value)

암묵적 가정
(Assumption)

인위적인 요소 ^{Artifact}

이는 눈에 바로 들어오는 요소들이다. 그 문화권의 밖, 즉 해당 기업의 외부에 있는 사람들도 쉽게 인식할 수 있다. 예를 들면 기업의 복장규정이나, 사무실 가구, 걸려있는 미술품, 작업장의 구조, 기업 스토리, 작업 과정, 조직의 구조 등이 이에 해당한다. 조직의 밖에 있는 외부인도 쉽게 이를 인식하고 확인할 수 있지만, 왜 이런 결과가 나왔는지까지 알아내고 이해하기는 어려울 것이다.

추구하는 가치 ^{Value}

그 조직의 리더, 또는 대개는 창립자들에 의해서 제시되는 신조나 행동을 가리킨다. 리더들은 철학, 경영전략, 혹은 조직의 목표를 짧게 정리된 문구로 제시하는데, 이것이 그 조직이 추구하는 가치라고 생각할 수 있다.

암묵적 가정 Assumption

이는 특정 문화 안에서 암암리에 공유되는 가치를 말한다. 명료하
게 정의하기 어렵고 뚜렷하게 눈에 보이지도 않지만 조직의 비공식
적인 불문율처럼 여겨진다. 조직이 성장하고 성공과 실패의 경험이
쌓이면서 당초 창업자가 주창했던 가치와 맞서게 되는 경우도 적지
않다.

문화가 성과를 만나다

"1온스의 성과는 1파운드의 약속만큼의 가치가 있다."

-메이 웨스트

조직문화의 등장에 관한 이 짧은 역사는 또 하나의 연구로 완성된
다. 1992년, 하버드대학교의 두 교수 존 P. 코터John P. Kotter와 제임스 L.
헤스켓James L. Heskett이 《조직문화와 성과Corporate Culture and Performance》라는
책을 출간했는데, 이 책은 문화라고 하는 '부드러운 개념'과 경영성과
지표라는 '딱딱한 경제현실' 사이의 관계를 파악하려는 첫 번째 시도
였다. 그들은 휴렛패커드, 제록스, ICI, 닛산 등 200개 기업을 대상으
로 연구를 진행했으며, 시장상황에 맞춰서 변화하는 유연한 조직문화
가 그렇지 않은 경우보다 경제적으로 훨씬 나은 성과를 낸다는 결론을

얻어냈다.

1990년대 중반에 접어들면서 조직문화라는 개념은 국제 경영계에서 공식적인 용어로 자리 잡았다. 하버드와 MIT, 프랑스의 인시아드 INSEAD 등 주요 명문대학교의 경영자 교육과정이나 MBA 과정에서도 조직문화를 가르치기 시작했다. 컨설팅 업계에서 조직문화 변화 프로젝트나 조직문화 조사 등의 영역이 크게 성장하는 수익성 있는 분야로 인정받기 시작하고, 조직문화를 다룬 콘텐츠(기사, 단편적인 주장들, 연구 및 교육과정, 책, 연구보고, 심지어 동영상에 이르기까지)들이 폭발적으로 늘어나고, 컨설턴트와 학자들 그리고 기업현장에서 경험을 쌓은 경영자들이 조직문화에 대한 다양한 정의를 제시하기 시작한 것도 이 무렵부터다.

조직문화의 정의

"분별력에 대한 여러 가지 정의 중 하나는 비현실과 현실을 구분하는
능력이다. 곧 우리는 새로운 정의를 필요로 할 것이다."

-앨빈 토플러

조직문화를 다룬 문헌들이 범람하면서 각자의 생각과 입장에 따라 각기 다른 방향으로 치우쳐있을 수밖에 없는 다양한 정의들이 등장했다. 어떤 것은 다소 행동 중심적이라면 반대로 심리학적인 차원의 정의도 있었다. 현실적인 정의나 학문적인 차원의 정의가 있는가 하면

단순한 구어체의 정의도 나타났다. 앞에서 언급했던 신화적인 서술과 학술적인 서술의 구분도 점점 모호해졌다.

여러 전문가들이 내놓은 조직문화의 정의 가운데 몇 가지만 들어 보기로 하자.

- "우리가 일하는 방식!"(흔히 딜과 케네디 스타일의 정의라고 여겨진다.)
- "조직문화: 성공과 실패를 가르는 변하지 않는 가치들."[10]
- 에드거 샤인 Edgar Schein 은 조직문화에 대해서 고전적이며 학술적인 정의를 내렸다.

  "조직문화: 특정 집단이 외부와의 작용이나 내부적인 통합의 문제를 풀어가는 과정에서 습득된 가정들로, 충분히 잘 작동하여 모두가 유효하다고 받아들이는 것들이다. 그러므로 새로 들어온 구성원들에게도 유사한 문제와 관련하여 이를 옳은 길이라고 인식하고 생각하고 느끼도록 가르친다."[11]

- 헤이르트 호프스테더 Geert Hofstede 는 국가와 민족 그리고 비즈니스의 입장에서 조직문화를 바라보았다.

  "문화는 인간의 마음속에 존재하는 집단 프로그래밍으로 한 그룹의 사람들을 그 그룹에 속하지 않은 사람들과 구별하게 해준다. 이런 의미에서 문화는 집단적으로 보유하는 가치 체계이다."[12]

- "모든 기업들이 오랫동안 발전시켜온 가치관과 신조, 금기, 상징, 의식, 그리고 신화가 혼합된 것."[13]
- "사람들이 자신의 업무에 접근하고, 다른 사람들과 소통하는 방

식을 지배하는 공통의 규범과 예측. 이러한 규범과 예측은 그 조직 구성원들이 서로 어울리고, 일을 처리하고, 동시에 최소한의 생존을 위해서 그들이 어떻게 행동할지를 구체화한다."[14]

• "문화는 집단행동의 표현이다. 문화는 공유되고 있는 규범과 가치에 의해 영향을 받는다. 모든 조직에는 그 나름대로의 문화가 있다. 조직 내의 각각의 부서 안에도 그들만의 문화가 있다. 몇몇 사람들이 모여서 일정한 기간 동안 함께 일하다 보면 그 안에서도 문화는 형성된다. 문화는 무리 안의 사람들이 서로 소통하고 그 무리의 경계 밖에 있는 것들을 마주 대하는 방법을 인도하고, 지시하는 힘이다."[15] -존 슐츠

• "문화는 그룹의 행동규범과, 이러한 규범을 유지하는 데 도움이 되는 기본적 공유가치들로 구성되어 있다."[16] -존 P. 코터 교수

• "문화는 수용할 수 있는 것과 수용할 수 없는 것을 구분하는 보이지 않는 규정이다."

• "개인적인 이야기지만, 나는 사람들이 아무도 없는 곳에서도 어떻게 행동하는가를 보면서 문화가 존재함을 느낀다."[17] -바클레이즈 은행 前 CEO, 밥 다이아몬드

• "조직문화는 조직의 행동과 구조를 통해 드러난다. 수직적인 기업은 대개 개인별로 사무실이 배정되고, 경직된 환경을 가지고 있으며, 출장 허가절차나 복장규정도 까다롭다. 평등과 창의를 강조하는 회사는 그들대로 그들이 중요시하는 가치관을 드러낸다. 예를 들어 애플은 편안한 복장과 멋진 상품 디자인으로 유명하다. 인텔은 격의 없는 열린 토론으로 유명하며, 최고경영자까

지 포함하여 모든 직원이 비슷한 크기의 좁은 방에서 함께 일하고, 경영진도 출장 때문에 비행기 여행을 할 때는 이코노미 클래스 좌석을 이용하는 것을 당연하게 여긴다. 이렇게 쉽게 눈에 띄는 상징적인 장면을 통해서 조직문화에 대한 강력한 메시지를 얻을 수 있다."[18] -파이낸셜 타임즈 용어집

• "조직문화는 특정 조직에 속한 사람들의 공통적인 행동양식이며, 그 조직에 속한 사람들이 특별히 그러한 행동에 집착한다는 의미이다. 문화는 조직의 가치관과 비전, 규범, 업무언어, 시스템, 상징, 행동, 믿음, 그리고 습관을 모두 포함한다. 문화는 신입 조직원들에게 당연히 따라야 할 인식과 사고, 심지어 느낌의 방식으로 가르치는 집단적인 행동과 가정의 패턴이다. 조직문화는 조직에 속한 사람과 그룹이 상호간에, 그리고 고객과 주주들을 상대하는 방식에 영향을 미친다."[19] -위키피디아

• "조직문화: 한 조직의 독특한 사회적·심리적 환경을 형성하는데 역할을 하는 가치관과 행동. 조직의 문화에는 조직의 기대와 경험, 철학, 그리고 공유하고 있는 가치관이 포함된다. 조직문화는 자기 이미지, 내부 작업, 외부세계와의 소통, 미래에 대한 기대 등의 방식으로 표현된다. 문화는 구성원들이 공통적으로 공유하고 있는 태도, 믿음, 관습, 그리고 오랜 시간을 두고 발전되어 형성된 문서화된 규정과 불문율에 기반을 두고 형성되며, 구성원들에 의해서 유효한 것으로 받아들여진다. 기업의 문화는 다음과 같이 드러난다:
- 조직의 영업활동, 직원과 고객 그리고 각종 외부 사회와 맺는

다양한 약속을 통해 드러난다.

- 의사결정과 새로운 아이디어를 발전시키고 개인의 의사를 표현하는 데 얼마나 자유로운가를 통해 드러난다.
- 권력과 정보가 계층 간에 어떻게 전달되는가를 통해 드러난다.
- 얼마나 헌신적인 직원들이, 공통의 목적을 향해 어떻게 나아가는가를 통해 드러난다."[20]

• "문화는 조직의 면역체계다."
• "문화는 조직의 DNA다."

이처럼 문화에 대한 정의는 다양하다. 즉 문화는 한마디로 단정하여 이야기할 수 없는 것이며, 조직의 작동에 결정적인 영향을 미치는 사람들의 상호 연계작용 혹은 거미줄 같은 얽힘이라고 할 수 있다.

"갈수록 더 신기해지는군!"

-《이상한 나라의 앨리스》

유용하고 종합적인 통찰

하버드대학교의 클레이튼 크리스텐슨Clayton Christensen (파괴적 기술 관련 연구의 저자로도 유명하다) 교수는 《하버드 비즈니스 리뷰》에 2006년 8월에 실린 〈조직문화란 무엇인가?What is an Organization's Culture? 〉라는 글을 통해 아주 유용한 종합적 통찰을 제시했다.[21] 단지 8쪽에 불과하지만, 경영 연구자이자 조언자로서 가장 존경받는 인물 중 한 사람인 그가 쓴 이 글은 조직문화에 대한 최고의 설명이라 할 수 있다. 여러분도 읽어볼 만한 가치가 있을 것이다.

2. 조직문화에 대한
오해

"모든 잘못된 곳에서 사랑을 찾고
너무 많은 얼굴에서 사랑을 찾는다."

-조니 리

우리는 가치에 가치를 둔다

조직문화를 놓고 벌어지는 많은 논쟁과 토론 가운데 가장 의미 없는 것이 (학자들, 행동과학자들, 그리고 대다수의 문화 컨설턴트들이) '가치'에 집착하는 것이다. 문화의 가치라든가, 리더십의 가치, 공유된 가치, 그리고 가치선언문$^{value statement}$ 등등……

1980년대 중반, 즉《초우량 기업의 조건$^{In Search of Excellence}$》이 출판된 이후 많은 컨설턴트들이 시장 여기저기에 우후죽순처럼 등장해 '방향

잃은' 조직들을 찾아다니며 미션과 비전을 수립해주겠다고 나섰다. 새로운 비전과 잘 정렬되는 문화로 만들어가기 위해서는 가치나 가치선언문 같은 것이 있어야 할 것 같았다. (휴……! 사실 나도 경영자들의 연설에 완전히 지쳐있었다.)

엔론Enron* 조차 명문화된 가치와 고상한 선언문22을 작성했다. 물론 (대부분의 조직에서도 그렇듯이) 아무도 주목하지 않았지만.

> "말하는 것은 쉽다. 의회에서 하는 말은 제외하고는."
>
> -컬린 하이타워

엔론의 가치선언문

소통(Communication)
우리는 소통에 대한 의무가 있다. 우리는 서로 충분한 시간을 갖고 대화를 나누고 경청한다. 우리는 정보를 공유해야 하며 정보는 사람을 움직인다는 사실을 믿는다.

존중(Respect)
우리는 상대방으로부터 존중받기를 원하는 만큼 상대방을 존중한다. 무례하거나 모욕적인 행위를 용납하지 않는다.

진심(Integrity)
우리는 정직하고 열린 마음으로 그리고 진실되게 고객과 함께한다. 우리가 무언가를 하겠다고 말했다면, 반드시 할 것이다. 우리가 무언가를 할 수 없다거나 하지 않을 것이라고 말했다면, 실제로 하지 않을 것이다.

탁월(Excellence)
우리는 우리가 하는 모든 일에서 가장 뛰어난 것에 만족한다. 우리는 모두를 위하여 목표를 계속 높일 것이다. 그 안에서 느끼는 즐거움은 우리 모두의 한계가 어디까지인지를 발견하는 데 도움이 될 것이다.

---

*   텍사스에 본사를 둔 미국의 석유 및 물류 회사(2001년 파산)

가치를 보여줄 수 있나요?

지난 35년간 리더십, 조직문화의 변화, 성과의 향상, 사업분야의 혁신 등 여러 가지 일을 하며 수많은 CEO들과 경영진을 만났다. 나는 그들에게 종종 '가치'를 눈으로 본 적이 있느냐고 물었다.

"가치를 내게 보여주실 수 있나요?"

그들은 짐짓 난감한 표정으로 고개를 저었다. 나는 또 그들에게 가치를 평가할 수 있는 핵심성과지표와 기업의 가치를 개선하기 위한 프로그램 운영계획에 대한 보고서가 있으면 보여달라고 요청했다. 하지만, 그런 것은 없었다.

기업의 경쟁력을 개선하고 성공적이며 지속가능한 기업을 만들고 싶다면, 경영자들의 가치에 대한 집착은 그다지 유용하지 않다. 가치란 무엇이 중요하고 의미 있는 것인가를 설명하는 추상적인 개념이다. 국가기념일에 국기를 높이 들어 힘차게 흔드는 것은 애국심이라는 가치관을 드러내는 행동이다. 공개적인 회의석상에서 당신이 맡은 프로젝트가 3주간 지연될 것이라고 알리는 것은 '책임감'과 '솔직하고 열린 소통'이라는 가치를 드러내는 행동이다. 그러나 이것은 행동이지 가치는 아니다. 우리는 가치를 보거나 만지거나 관리할 수 없다. '상대방에 대한 존중'이라는 가치는 일본에서 온 사업가에게 다르고, 스웨덴 출신의 사업가에게 또 다를 것이다. 모두가 자라온 환경과 문화가 다르기 때문이다. 가치선언문에 대한 해석은 매우 다양할 수 있다. 그러나 행동은 훨씬 더 간명하게 이분법적으로 평가될 수 있고, 쉽게 관찰할 수 있다.

조직문화는 그 기업의 구성원들에게 내부적 또는 외부적 자극이 가해질 때 어떻게 행동하는지를 관찰하면 이해할 수 있다. 행동은 여러 가지 방식으로 관찰되고, 이해되고, 어느 정도 성과를 창출하기 위해 관리될 수도 있다. 반면 가치는 따로 관리할 수도 없고, 보이지도 않는다.

그러나 어찌된 일인지 조직문화와 가치라는 개념이 뒤섞여 사용되고 있다. 최근 구글 검색 결과 '기업가치'는 7,830만 건, 조직문화를 정의할 때 행동과학자들이 선호하는 표현 가운데 하나인 '공유된 가치'는 4,430만 건의 문서가 검색되었다. 기업의 가치선언문과 기업가치의 사례를 보여주는 수십 가지의 형형색색 파워포인트 슬라이드들도 함께 검색되어 나왔다.

경영컨설팅회사인 부즈 앨런 해밀턴^{Booz Allen Hamilton}은 2005년에 아스펜 연구소^{Aspen Institute}와 함께 공동으로 9,500명의 기업 경영진을 상대로 설문조사를 벌인 바 있다.

그 결과, 조사대상 기업의 89%는 기업가치선언문을 작성한 것으로 확인되었다. 이 연구결과를 토대로 다양한 업종의 기업들의 가치선언문이나 연차보고서, 그리고 내부문서에 '가치'가 얼마나 자주 등장하는지를 보여주는 도표가 만들어졌다.

기업이 표방하는 가치가 실제 경영활동에서 별로 소용이 없다고 여겨지는 가장 중요한 이유는 그것들이 애매모호하고, 막연하고, 사람마다 다르게 해석될 소지가 있기 때문이다. 다음 도표에 나온 여러 가지 개념의 가치 가운데 기업가치선언문에 자주 등장하는 '직원에 대한 헌신'이라는 것을 하나의 사례로 생각해보자.

어느 회사에 근무하는 직원들 가운데 20명쯤을 무작위로 골라서 이 용어의 의미를 물어보면 아마도 20개의 전혀 다른 답변을 듣게 될 것이다. 충분한 급여를 지급하는 것이라고 대답하는 사람도 있을 것이고, 직원들에게 충분한 교육기회를 제공하여 그들의 전문성을 향상시키는 프로그램을 운영하는 것이라고 말하는 사람도 있을 것이다. 또 일과 삶의 조화를 이루는 것이라는 대답도 나올 것이다. 이렇게 사람마다 해석이 다른 것은 회사의 가치관의 차이에서 오는 것이 아니라 각자의 가치관의 차이에서 오는 것이다.

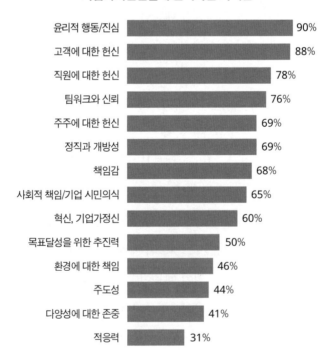

기업가치선언문에 들어가는 가치들

가치	비율
윤리적 행동/진심	90%
고객에 대한 헌신	88%
직원에 대한 헌신	78%
팀워크와 신뢰	76%
주주에 대한 헌신	69%
정직과 개방성	69%
책임감	68%
사회적 책임/기업 시민의식	65%
혁신, 기업가정신	60%
목표달성을 위한 추진력	50%
환경에 대한 책임	46%
주도성	44%
다양성에 대한 존중	41%
적응력	31%

그러므로 명문화하여 대외적으로 발표된 한 회사의 기업가치가 모든 사람에게 이해되고 내재화되기를 바라는 것은 꿈같은 일이다!

"개인은 가치를 갖고 있다.
조직문화는 행동과 규범을 갖고 있다."

'적어보세요' 테스트

"삶은 잔인한 스승이다.
우선 시련을 주고, 그다음에야 교훈을 준다!"

내가 경영진들 앞에서 강연을 할 때 자주 하는 간단한 테스트가 있다. 우선 이런 질문을 던진다. "조직을 효율적으로 운영하는 데 가치와 가치선언문이 중요하다고 생각하시는 분이 있으면 손을 들어보시지요." 거의 대부분이 손을 든다. 그러면 다음 질문을 던진다. "여러분이 근무하는 조직이나 회사가 이미 명문화된 가치와 가치선언문을 가지고 있다면 손을 들어보시지요." 역시 90% 이상이 손을 든다.

그러면 나는 그들에게 각자 빈 종이를 꺼내서 그 내용을 정확히 적어보라고 한다. 그러면 여러분도 상상할 수 있겠지만 뭔가 갑갑한 듯 어색한 침묵이 흐르고, 두리번거리는 사람도 생기고, 심지어 다른 의자로 자리를 옮기는 이들도 있다.

지금까지 35년간의 내 경험으로는 자신이 몸담고 있는 회사의 가치선언문을 정확하게 적어 낸 사람은 절반이 채 되지 않았다. 기업의 경영진이라는 사람들이 이렇다! 최근에는 런던의 한 금융회사 경영진을 상대로 이 테스트를 했는데, 4개의 간단한 용어로 구성된 그 기업의 가치선언문을 제대로 적은 사람은 그 많은 이들 가운데 단지 8명뿐이었다!

기업을 효율적으로 운영하기 위해 명문화된 가치선언문이 그렇게 중요하다면, 그것을 제대로 알고 있는 임원이 이렇게 적어서야 되겠는가? 또 그것을 마음에 새기고 살아가는 사람은 왜 그리도 적은가? 나의 절친한 벗이기도 한 캐롤린 테일러 Carolyn Taylor 는 그녀의 책《워킹 더 토크 Walking the Talk》에서 말과 행동의 차이를 설명한 바 있다.

많은 회사들은 가치선언문을 꼭 있어야 할 필요조건 중 하나 정도로 인식한다. 기업홍보 담당부서는 말한다. "우리 회사도 명문화된 가치를 가지고 있어야죠. 회사의 잘 보이는 곳에 걸어놓거나 연차보고서 표지에 인쇄해야 해요." 그러나 막상 당신이 그 고상한 선언문을 기억조차 못 하고 있다면 어떻게 그 가치에 기반을 둔 조직문화를 수립하고 경영할 수 있겠는가?

> "기업가치를 적어놓고, 액자에 담아 걸고,
> 문서로 출판하는 따위의 일은 자기기만과 자만이다.
> 한마디로 헛소리라는 얘기다."
>
> -배리 J. 기븐스

인간의 가치관은 뿌리 깊은 것이고 어린 나이에 형성되는 것이다.

성격이나 기본적인 인격, 그리고 가치관은 어린 시절 부모나 친척, 혹은 누구든 자신에게 큰 영향을 준 사람들의 행동과 태도를 모방하고 차용하면서 형성되었다. 롤모델로 삼았던 사람이나 나에게 영향력이 있었던 사람이 자주 습관적으로 하던 행동이 내 삶의 중요한 신조나 원칙을 형성하는 데 상당히 큰 작용을 한다. 당연히 사람의 가치관은 일단 한번 형성되면 쉽게 바뀌지 않는다. 실패한 미국의 형벌제도가 그것을 거듭해서 우리에게 보여주고 있다.

이러한 개인이 신입사원으로든, 경영진으로든 어느 조직에 들어갔다고 해도 조그만 책자에 인쇄되어 있는 기업의 가치에 맞추기 위해 자신의 가치관을 바꾸기는 어렵다. 그러나 그들이 자신의 행동과 업무방식을 그 조직 내의 영향력 있는 집단의 특징에 맞출 수는 있고, 실제로 맞춰나갈 것이다. 즉 문화는 가치의 문제가 아니라 행동의 문제라는 것이다.

문화를 개인의 가치관에 대한 개념으로 보는 것은 맞지도 않을뿐더러 CEO와 비즈니스 리더들에게 별로 도움이 되지도 않는다. 조직문화는 그 회사의 일하는 방식으로 관찰되는 행동들을 통해 더 쉽게 이해할 수 있다. 이러한 공통된 행동방식이 정해지는 것은 구성원들 모두가 조직과 서로서로에게 적응하고 인정받아야 할 필요성을 느끼기 때문이다. 새로 입사한 회사에서 통용되는 보편적인 문화와 업무방식을 무시하고 자신의 자아를 고집할 수 있을 정도로 강한 사람은 거의 없다. 새로 들어온 사람이 그 조직문화에 반하는 행동을 계속 고집한다면 결국 스스로 그 회사를 떠나게 되거나, 아니면 조직문화가 그를 회사로부터 '밀어낼' 것이다.

"사람에게 가치관이 있다면, 조직문화에는 행동이 있다.

문화는 '가치'를 다루는 개념이 아니라 '업무방식'을 다루는 개념이다.

사람은 새로운 문화권 안에 들어가면, 자신의 가치관을 바꾸지는 않지만

새로운 업무방식이나 행동방식을 받아들이는 것은 가능하다."

가치를 행동으로 옮긴 사례

비즈니스 혹은 개인의 책임에 대한 선언문이나 명문화된 경영철학이 의사결정과 실행에 큰 영향을 미칠 수도 있다. 존슨앤존슨의 기업 책임의식은 1865년에 창업자 로버트 우드 존슨이 실시한 신입사원 오리엔테이션 프로그램에서부터 그 기초가 형성되었다. 이후 '존슨앤존슨 신조'는 전략적 결정과 사업전략을 들여다보는 창과 같은 역할을 해왔고, 경영진과 관리자들은 지금도 이 신조에 대해서 주기적으로 토론하며 이것이 제대로 적용되고 의미를 발휘하고 임직원들에게 제대로 이해되고 있는지 확인한다. 타이레놀 독극물 사건 때 존슨앤존슨이 보여준 빠른 대응은 임직원들이 기업책임선언문을 얼마나 잘 이해하고 있고, 최선의 결정을 내리는 데 얼마나 유용하게 작동했는지를 보여주는 좋은 사례다.

'존슨앤존슨 신조'는 단지 종이에 인쇄된 문장의 차원에 머무르지 않았다. 경영진과 중간관리자들의 주기적이고 일상적인 행동에 스며들어 생명력을 발휘했다. 개방성과 투명성, 그리고 주기적이고 활발한 토론, 또 리더십 롤모델링 등을 통해 종이에 적힌 말은 존슨앤존슨

의 진정한 문화로 진화해갔다.

"우리가 쓸 수 있었던 유일한 대책은 FBI의 수장이든, FDA의 수장
이든, 백악관 관계자든, 타이레놀 독극물 사건과 관계있는 모든 기관
들의 인사들로부터 신뢰를 받는 것이었다. 존슨앤존슨에 대한 신뢰는
손상되지 않았다."[23]
-제임스 E. 버크

존슨앤존슨의 경우는 1865년 뿌리내린 후 계속 발전시키고 정제
해온 기업책임의식이 확실하고 명확한 행동으로 옮겨진 케이스다.

미션선언문(mission statement)은 이제 그만!

스탠퍼드대학교 경영대학 출신의 실리콘밸리 CEO 그렉 맥커운
Greg McKeown은 〈하버드 비즈니스 리뷰〉 블로그에 올린 '진부한 말로 가
득한 미션선언문을 또다시 읽는다면 나는 미쳐버릴 거야'라는 제목의
글에서 무의미한 미션선언문에 대해 이야기했다(2012). 문화 컨설턴
트들로부터 받은 아이디어를 가공해서 만든 것이 분명해 보이는 진부
하기 짝이 없는 미션선언문, 이것은 조직의 사업적·문화적 열망을 표
현하는 하나의 방법이다. 이런 미션선언문은 그 기업의 모든 것을 말
해주어야 함에도 불구하고 그렇지 못한 것들이 대부분이다. 대부분의
미션선언문은 모호하고, 감상적이고, 진부한, 딱히 쓸모없는 문장들의
나열일 뿐이다.

여기에 몇몇 세계적인 은행들의 미션선언문을 모아보았다. 과연 어느 것이 어느 은행의 미션선언문인지 구별해낼 수 있겠는가?

1. "우리는 빠르게 진화하는 세계 금융시장 환경 속에서 고객들의 성공에 기여함으로써 명실상부한 글로벌 리더이자 인정받는 파트너가 되기 위해 최선을 다한다."

2. "우리의 미션은 가장 존경받는 글로벌 금융서비스회사로 성장하는 것이다. 다른 상장기업과 마찬가지로 우리는 주주들의 이익과 성장을 도모해야 할 의무가 있다. 이에 못지않게 중요한 것은 이익을 창출하고, 책임 있게 성장을 이루어가는 것이다."

3. "우리는 세계 최고의 금융서비스회사가 되기 위해 노력한다. 우리는 위대한 유산과 훌륭한 플랫폼이 있기 때문에, 이 목표를 달성할 수 있다고 확신한다."

4. "우리는 580만 명의 고객들에게 은행서비스를 제공한다. 고객들의 신뢰는 우리의 재정적 경쟁력의 핵심이다."

5. "우리의 제품: 서비스. 우리의 부가가치: 금융적 조언. 우리의 경쟁력: 직원들."

6. "우리의 핵심 철학과 가치에 충실함으로써 세계 최고의 전문 은행그룹이 되겠다는 목표를 달성하기 위해 혼신을 다한다."

정답은 1. Bank of New York 2. CitiGroup 3. J P Morgan Chase & Co. 4. Fifth Third Bank 5. Wells Fargo Bancorp 6. HSBC Bancorp.

정답을 맞혔는가?

모두 말은 그럴듯하지만, 이런 은행에서 일한다는 것 또는 고객이 된다는 것은 어떤 의미일까? 오늘날 은행업계의 딱한 상황을 알고 있는 나로서는 미션선언문과 현실은 완전히 다르다고 감히 말하고 싶다. 은행원들이 이러한 미션을 달성하기를 바라지 않기 때문이 아니라, 대부분의 미션이 내부의 비즈니스 프로세스와 정렬되지 않거나, 일상적인 리더십 행동이나 역할모델이 담기지 않은 그저 그럴듯한 말들을 모아놓은 종이쪽지에 불과하기 때문이다.

페이스북^{Facebook}의 공식 미션선언문은 이러하다.

"페이스북의 미션은 사람들에게 공유하는 힘을 주고, 세상을 더 개방적으로 연결시키는 것이다."

나의 한 고객이 말했다. 진정한 페이스북의 미션선언문은 "페이스북 친구가 있는 것으로 멋있는 척할 수 있도록 사람들을 돕는 것"이라고.

문화 컨설턴트라는 사람들로부터 비용청구서를 받고 머리를 쥐어뜯으며 CEO들은 무슨 생각을 할까?

"많은 사람들 눈에 익은 진부한 문구 몇 줄을 얻자고 이 돈을 써야 하다니, 직원들은 우리를 참 멍청하다고 생각하겠지."

대부분의 미션선언문들은 싱겁고 별다른 영감을 주지 못하며, 그 회사나 회사의 문화를 제대로 언급하지 않고 있다. 그러나 몇몇 예외도 존재한다. 룰루레몬^{Lululemon Athletica}의 미션선언문이 그렇다. 그들 스스로 '매니페스토^{Menifesto}'라고 부르는 이 선언문은 룰루레몬이 다른 전

문 소매회사들과 어떻게 다른지를 확실
하게 알려준다.

룰루레몬의 매니페스토가 담고 있는
수십 가지 내용들 가운데 몇 가지만 여
기에 소개한다.

©Lululemon Athletica Canada Inc., 2004

- 친구는 돈보다 중요하다.
- 당신이 두려워 주저하던 일을 하루
  에 한 가지씩 하라.
- 듣고, 듣고, 또 듣고 나서 전략적인 질문을 던져라.
- 인생은 좌절로 가득 차있다. 성공은 좌절을 어떻게 다루는가에
  따라 결정된다.
- 당신의 인생관에는 당신이 자기 자신을 얼마나 좋아하는지가 반
  영되어 있다.
- 춤추고, 노래하고, 치실을 사용하여 치아를 관리하고, 여행하라.
- 세상은 너무 빠른 속도로 변하고 있다. 그 변화를 확인하기 위해
  기다린다면 당신은 두 발짝 뒤처지게 된다. 지금 행동하라, 지금
  행동하라, 지금 당장 행동에 옮겨라!
- 깊이 숨을 들이쉬고, 그 순간을 감사하라. 그 순간을 산다는 것
  이 인생의 의미일 수도 있다.
- 하루에 한 번은 땀을 흘려라. 피부재생에 도움을 준다.

잘 작성된 의미가 명확한 미션선언문은 직원과 경영자들이 조직의

전략과 문화에 정렬되는 결정을 내리는 데 도움을 줄 수 있다. 효과적인 미션선언문에는 최소한 세 가지의 요소가 필요하다.

- 명료하고, 정직하고, 직접적인 언어: 회사의 청소부나 경비원도 그 내용을 이해하고 공감한다면, 그 미션선언문은 누구에게나 효과를 발휘할 수 있다.
- 측정 가능한 행동 요구: 언제, 어떤 행동을, 얼마나 하기를 원하는가?
- 누구나 쉽게 이해할 수 있는 결과: 스티브 잡스는 아이팟을 출시하면서 "천 곡의 노래를 당신의 주머니에 넣어주겠다"라는 아주 분명한 목표를 제시했다.

처음부터 제대로 다시

조직문화를 정말 효과적인 비즈니스 수단으로 활용하는 방법을 배우고 싶다면, 우선 낡은 미션선언문과 기업가치를 과감히 폐기하라. 그리고 기업 내 다양한 그룹들에게 우리는 누구인가에 관한 진실, 우리의 열망, 그리고 현재의 회사 모습 등을 담은, '현실을 제대로 반영한' 몇 줄의 선언문을 만들어보라는 과제를 내보자. 솔직하고 직설적일수록 좋다. 그리고 그들에게, 그 선언문이 현장직원이나 사무실을 청소해주는 이들도 이해하기 쉽도록 만들어진다면 다른 모든 사람들에게도 완벽할 것이라고 권고하라.

당신은 그 결과에 크게 놀라고 기뻐하게 될 것이다. 그리고 그들이 미션선언문을 만드는 과정에서 자신이 하고 싶은 말을 할 기회를 가졌다는 바로 그 경험이, 보다 개방적이며 직접적이고 정직하고 생산적인 형태의 문화를 형성하는 데 장기적으로 기여하게 될 것이다.

©2001 by Randy Glasbergen

"우리 회사의 오래된 미션선언문은 말은 그럴듯하고 고상하기는 한데,
별로 효과적이지는 않은 것 같아요."

3. 조직문화를 '본다'는 것과 '이해'한다는 것

"보면 알 수 있다."

-연방법원 판사 스튜어트 포터의 포르노그래피에 대한 정의

영국의 은행업계를 보면, 런던 중심가에 있는 주요 은행들의 상품이나 이자, 시장리뷰, 신용조회, 제공하는 서비스 등이 대개 비슷비슷하다. 스코틀랜드왕립은행 RBS 이나 내셔널 웨스트민스터 은행 NatWest, 바클레이즈 Barclays, 산탄데르 은행 Santander, 로이드뱅크 Lloyds 의 지점들로 한번 들어가 보라. 이들은 최근에 지점 혁신을 단행했음에도 불구하고 어느 지점이나 별다른 차이가 없다. 고객은 겨우 구멍 몇 개 뚫린 방탄유리 뒤쪽에 앉아있는 창구직원과 대화를 나누고 있고, 매니저 사무실은 대개 보안문 뒤에 있다. 당신에게 도움을 주기 위해 직원이 따로 접근하는 경우는 거의 없다. 출입문에는 웃음기 없는 덩치 큰 경비원이 서있다. 여러분, 최신식 은행에 입장하신 것을 환영합니다!

그런데 메트로뱅크^{Metro Bank}는 어느 지점으로 들어가든 영국의 다른 은행들과는 분위기가 확연히 다르다는 것이 느껴진다. 우선 고객과 창구직원 사이에 방탄유리가 없다. 직원들은 현장에서 모두 밝은 색상의 옷을 입고 있고, 고객들에게 밝고 매력적인 인사를 건넨다. 또 (고객이 아니더라도) 동전계수기를 무료로 이용할 수 있다. 일주일 내내 문을 열고, 고객이 개를 데리고 오거나 물이나 비스킷을 들고 와도 출입을 막지 않는다. 같은 도시에 있는 같은 업종인데도 조직문화가 완전히 다르다!

> "그림이 천 마디의 말과 같은 가치가 있다면,
> 비유나 사례는 그보다 훨씬 더 많은 것을 이야기해준다."

'조직의 성격' 유추하기

> "내 성격과 태도를 혼돈하지 마라.
> 나의 성격은 내가 어떤 사람인가를 말해주지만,
> 나의 태도는 당신이 어떤 사람인가에 달려있다."

한 사람의 성격은 그가 주변의 세계와 교류할 때 보통 어떻게 행동하는가에 의해 가장 쉽게 파악될 수 있다. 어떤 이들은 개방적인 성격을 가지고 있는 반면, 방어적이고 폐쇄적인 성격을 가진 사람도 있다. 어떤 사람은 호기심이 많고 위기를 기꺼이 감수하는 성격을 가진 반면, 어떤 사람은 냉소적이고 위험을 가능한 한 회피하려고 한다. 또 누군가는 매우 분석적이고 세밀한 성격을 가진 반면, 오로지 직감에만 의존하여 사는 사람도 있다. 이렇게 다른 성격을 가지고 있는 사람은 다른 행동을 하기 마련이다.

래리 E. 센Larry E. Senn이 1970년에 UCLA에서 쓴 〈비즈니스 조직 분석의 도구로서의 조직적 특성Organizational Character as a Tool in the Analysis of Business Organization〉 박사논문을 보면, 그는 조직이 정의 가능한 '성격' 또는 특정한 행동방식을 가지고 있다고 보았고, 그것이 성과를 얻어내는 능력에 영향을 미치며, 나아가 필요한 변화를 스스로 이끌어내는 능력에도 영향을 미친다는 사실을 간파하고 있었다.

IBM, 브리티시 텔레콤British Telecom, 액센츄어Accenture, KPMG, 그리고 그랜트 손튼Grant Thornton 같은 회사는 회사 내의 경영컨설팅 부서조차도 고객을 대하고 사업상의 문제를 풀어나가는 과정에서 형식을 중요시하고 상당히 분석적으로 접근한다. 반면 버진그룹Virgin이나 비스카이비BSkyB, 버라이즌Verizon, 그리고 자포스Zappos.com 같은 회사는 좀 더 대담하고 위험을 감수하는 문화를 가지고 있다. 실수나 실패는 고객을 더 잘 이해하기 위한 자연스러운 학습과 개선 과정의 일환이라 여기며 다양하고 새로운 시도를 꺼리지 않는다.

항공업계의 경우, 모든 회사가 비슷한 비행기를 가지고 같은 공항에서 같은 목적지를 향해 왕복하고 있음에도 불구하고 각 회사마다 놀라울 정도로 다른 문화가 존재한다. 버진항공Virgin Airlines과 아메리칸항공American Airlines에서 각각 관찰할 수 있는 서로 다른 성격을 비교해보자.

나는 수백만 마일의 비행기 여행을 한 고객으로서 두 항공사의 카운터 직원들과 승무원들의 행동방식이 매우 다르다는 점을 자신 있게 말할 수 있다. 정확하게 알 수는 없지만 버진항공은 다른 항공사와는 확연하게 다른 채용기준이 있을 거라 생각된다. 그것은 버진항공이 가진 조직문화의 성격에 맞는 사람을 찾아 채용하기 위한 기준일 것이다. 반면 아메리칸항공의 채용기준은 버진항공보다 덜 엄격할 것이라고 확신한다.

승객이 비행기 탑승수속을 할 때 회사의 성격은 확연하게 드러난다. 버진의 승무원들은 어딘가 활기차고, 즐겁고, 승객을 따뜻하게 응대하고, 매력적이다. 그러나 아메리칸의 승무원들은 고객에 대한 진정한 열정이나 관심 없이 그저 주어진 임무를 수행해나가고 있는 것같이 보인다. 나는 아메리칸항공을 이용할 때마다 그 항공사의 승무원들은 그저 승객들이 빨리 자기 자리를 찾아가서 빨리 안전벨트를 매고 앉기만을, 얼른 이 지루한 비행이 끝나기만을 바라고 있는 것 같다는 느낌을 지울 수가 없다!

당신의 조직은 어떤 성격을 갖고 있는가? 상사가 보고 있지 않을 때 직원들은 어떻게 행동하는가? 만일 당신이 회사의 문화를 직접 경험하여 확인하고 싶다면, 아무도 알아볼 수 없도록 신분을 위장하고 회사의 이곳저곳을 '암행'해보는 것도 효과적인 방법이다. 한마디로 미스터리 쇼퍼가 되어보라는 것이다. '평범한' 고객이 되어보라. 당신 회사를 상대로 컴플레인을 하고 회사가 어떻게 대응하는지 관찰해보라. 공급업체나 협력업체를 만나 당신의 회사를 고객으로 둔다는 것이 어떤 의미인지 이야기를 나눠보라. 돌아다니면서 파티션에 어떤 메모가 붙어있는지, 화장실 벽에 어떤 글귀가 적혀있는지 보라. 이렇듯 조직의 성격은 어디서든 찾아볼 수 있다.

조직문화의 비유

조직문화의 총체적이고 복잡한 성격 때문에, 조직문화가 무엇이고 어떻게 기능하는가를 더 쉽게 이해하기 위한 방법으로 비유적인 설명이 다양하게 사용된다. 여러 문헌이나 컨설팅그룹이 즐겨 사용하는 몇 가지의 비유를 소개한다.

조직문화란:
- 운영체제다.
- DNA다.
- 나침반이다.
- 사회적 접착제다.
- 신성한 소*다.
- 눈가리개다.
- 경기장이다.

---

* 조직이나 기업에서 절대로 반대할 수 없는 경영 신조, 관행

문화는 빙산과 같은 것

조직문화를 설명하기 위해 자주 사용하는 비유 가운데 하나는 '빙산'에 빗대어 설명하는 것이다. 눈에 보이는 요소와 수면 아래 보이지 않는 요소를 모두 가진 빙산과 같다는 것이다.

빙산으로 설명하는 문화: 보이는 요소와 보이지 않는 요소

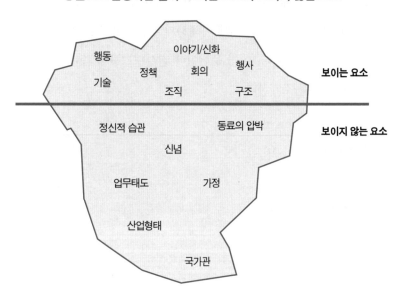

세계 최고의 경영 전문가 가운데 한 사람이며 맥길대학교 교수였던 헨리 민츠버그 Henry Mintzberg는 조직문화와 조직구조를 비교해달라는 요청을 받고 이렇게 대답했다.

"문화는 조직의 영혼이다. 즉 신념과 가치관이며 그것을 구현하는 방법이다. 조직구조는 뼈와 살과 피다. 문화는 이것들을 한 데 모아 생명력을 불어넣는 영혼이다."[24]

문화는 홀로그램이다

"모든 것은 불가능한 것이다. 그것이 실현될 때까지는."

-〈스타 트렉: 넥스트 제너레이션〉의 장 뤽 피카드 선장

〈스타 트렉: 넥스트 제너레이션〉은 내가 가장 좋아하는 TV 프로그램 중의 하나다. 나는 커크 선장, 미스터 스폭, 맥코이 박사 등이 등장하는 오리지널 버전을 마치 종교를 대하는 신자 같은 마음으로 보았다. 나는 대학에 입학했고, 새로운 버전은 18년이나 더 지나서 나왔다. 〈스타 트렉: 넥스트 제너레이션〉은 오리지널 버전에 비해 덜 마초적이며, 리더십은 (감히 말하건대) 더 감성적이고 더 수평적이고 덜 '전지적'으로 그려졌다. 피카드 선장은 현대적인 지도자다.

그러나 새 시리즈물에서 가장 나를 사로잡은 것은 홀로데크holodeck였다. 이는 컴퓨터가 원하는 모든 장소의 모습을 홀로그램으로 재현해주어 승무원들이 그곳의 상황에 대한 가상체험을 할 수 있게 해주는 커다란 방이다. 19세기 서부의 황량한 황야를 재현해주고, 마샬이라는 작은 마을에 무법자가 되어 잠입한다거나 해적선을 타고 가상의 항해도 할 수 있도록 도와준다. 아주 재미있는 상상이 아닐 수 없다.

홀로그램이란 꽤나 흥미 있는 개념이다.
나는 수학이나 물리학에 대해서는 그리 아
는 것이 없지만, 사진과 비교해 홀로그램을
설명할 수 있을 것 같다. 한 장의 사진을 위
아래로 찢으면 왼쪽 조각과 오른쪽 조각으
로 나뉜다. 이 두 조각을 합치면 다시 전체
적인 하나의 사진이 될 것이다. 만약 사진을 네 조각으로 찢는다면 원
본 사진은 네 조각으로 분리된다.

그런데 홀로그램은 이와는 다른 종류의 그림이다. 만일 홀로그램
사진을 반으로 자른다면 각각의 절반은 모두 원본과 같은 모양이 될
것이다. 네 조각으로 나눈다는 것은 원본과 완전히 같은 그림 네 개를
생산하는 것과 같다. 다만 크기가 작아질 뿐이다. 만일 하나의 홀로그
램을 100조각으로 자른다면 100개의 원본 그림을 얻게 된다. 물론 크
기는 훨씬 작아진다.

조직문화는 2차원의 사진보다는 홀로그램에 가까운 것이다. 다만
〈스타 트렉〉에 등장하는 홀로데크는 실제 존재하는 기술이 아니지만,
조직문화는 실제로 존재하는 것이다. 누군가 의식적으로 조직문화를
창조하든 아니면 자연스럽게 발전하도록 허용하든 간에, 문화는 비즈
니스 목표를 달성하는 회사의 능력에 영향을 미친다.

문화는 곧 브랜드다

"기업 브랜드는 그 회사가 무슨 말을 하느냐가 아니라
무엇을 하는가에 의해서 우선적으로 만들어진다."

-아마존 CEO, 제프 베조스

브랜드라는 것은 광고, 웹사이트, 슬로건, 로고, 매장, 상품디자인, 포장, 그리고 고객서비스를 통해 한 기업이 고객에게 다짐한 약속이다. 브랜드는 고객이 만지고, 보고, 경험하는 모든 것에 반영되어 있다.

애플 Apple 브랜드는 '삶에 대해서 다소 반항적이고 과감하게 접근하는 신선하고, 혁신적이고, 자유로운 표현'이라는 메시지를 고객들에게 던져준다. 모든 애플 제품은 고객들로 하여금 그들만의 자부심과 정체성을 느끼도록 한다. 애플의 제품에는 애플의 업무처리방식이 반영되어 있다. 애플의 방식으로 살아가는 삶. 애플 제품은 한마디로 '멋'이 있다!

미국을 상징하는 오토바이 생산기업인 할리 데이비슨 Harley Davidson 은 상징성과 역동성이 풍부하게 담긴 브랜드를 만들어냈다. 모든 할리 데이비슨 제품들은 자부심과 장인정신, 독립심, 열정, 흥분, 그리고 개인주의의 이미지가 뿜어져 나오도록 설계되고 제작된다. 이것이 할리 데이비슨의 본질이다.

브랜드를 통해 우리는 그 회사의 문화의 일면을 들여다볼 수 있다. 직원들이 회사에서 일하면서 보고 만지고 경험하는 모든 것이 문화를 반영한다.

　브랜드를 통한 기업의 약속이 고객에게 전달되지 않을 때, 우리는 종종 기업의 조직문화와 브랜드 행동이 서로 정렬되지 않는 것을 목격하게 된다. 예를 들어 디즈니 체험처럼 고객을 '특별한 손님'으로 대해준다는 것이 기업의 약속이라면, 경영진은 일터에서 직원을(그리고 직원은 다른 동료직원을) 특별하게 대해줄 필요가 있다. 직원들이 회사의 내부경영활동이나 회사의 정책을 통해서 특별하게 대우받고 있음을 느끼지 못한다면, 직원들이 어떻게 고객들을 특별하게 대할 수 있겠는가?

> "내가 갖고 있지 않은 것을 남에게 줄 수는 없다!"
>
> -토머스 D. 월하이트

'문화'와 '조직 분위기'는 어떻게 다른가?

　문화를 다루는 많은 전문가들의 글에서 흔히 발견되는 문제점은 그들이 '조직문화'와 '조직의 분위기'를 제대로 구별하지 못하고 있다는 것이다. 문화와 분위기(혹은 조직문화와 조직 분위기)는 동의어처럼 사용되곤 한다. 두 단어 사이에는 어떠한 차이가 있을까? 나는 많은 글과 연구결과 속에서 어떤 경우에는 두 단어가 같은 것을 설명하는 데 사용되고, 또 어떤 경우에는 매우 다른 의미로 사용되기도 한다는 사실을 발견했다(조직문화 연구가 그다지 '과학적'이지 않다는 또 다른 사례다).

나는 '**문화** culture'와 '**분위기** climate'라는 두 용어를 정확하게 구별하여 사용할 것이다. 나는 이 구별을 정확하게 함으로써 CEO나 다른 독자들이 자신의 조직 안에서 일어나는 다양한 역학관계를 더 잘 이해하게 될 것이라고 믿는다.

이렇게 생각해보자.

문화는 조직의 행동방식의 근본적인 요소를 설명한다. 비유를 해보자면, 문화는 조직의 지질학이라고 할 수 있다. 미국 남서부의 그랜드 캐니언을 직접 가본 사람도 있고 사진으로 접한 사람도 있을 것이다. 협곡의 한쪽 끝에 서서 건너편 절벽을 바라보면 여러 색으로 구분된 지질학적 지층들을 볼 수 있는데, 각각의 지층은 아주 오랜 기간에 걸쳐서 퇴적된 것이고, 이들이 함께 모여 우리가 지금 그랜드 캐니언이라고 부르는 아름다운 자연물 전체가 만들어진 것이다. 문화는 이러한 바위들의 층처럼, 오랜 시간 동안 쌓이고 스며들어 형성된 것이다.

반면 **조직의 분위기**는 현재의 일기예보, 또는 특정한 시점의 사기 또는 기류 같은 것이다. 오후에는 폭풍이 몰아쳐도 내일 아침에는 밝은 해가 관찰되는 것처럼 날씨는 매일 바뀐다. 마찬가지로 회사의 분위기도 회사 안팎에서 벌어지는 상황과 사건에 따라 얼마든지 바뀔 수 있다. 반면 문화는 그 뿌리가 워낙 깊어서 쉽게 바뀌지 않는다.

많은 컨설턴트들이 기업 분위기에 대한 연구나 분위기에 대한 평가를 제공하면서 그것을 '회사의 조직문화 보고서'인 것처럼 내보인다. 절대 그렇지 않다! 그것은 요즘 직원들의 분위기를 보여주는 일기예보일 뿐이다. 예를 들어, 방위산업과 관련된 기업을 경영하는 사람이 있다. 그가 꽤 많은 이익이 보장되는 장기계약을 갑자기 여러 건 체결하게 되었다. 그때 기업 분위기를 관찰한 보고서에는 어떤 내용이 담기게 될까? 업무와 조직에 대한 낙관적인 전망과 만족감으로 넘쳐날 것이다. 그리고 컨설턴트는 훌륭하고 강력한 조직문화를 가진 기업이라고 평가할 것이다.

그리고 2년 후에는 군대의 지출감소와 의회의 예산동결정책이 가시화되면서 같은 조사에서 전혀 다른 결과가 나온다. 낙관론은 사라지고 일에 대한 우려와 경영진의 리더십에 대한 비관론이 등장한다. 만일 얼마 후에 방위력을 늘리는 계획이 수립된다면 어떻게 될까? 같은 조사에 대해서 이번에는 또 다른 보고서가 등장할 것이다.

불과 2년이라는 짧은 기간 동안 한 회사의 분위기(혹은 날씨)는 극적으로 바뀌었지만, 조직문화는 거의 바뀌지 않았다. 그들은 일에 대해서, 직원들 서로에 대해서, 그리고 고객에 대해서 늘 같은 방식으로 응대해왔다.

그러니 만약 당신에게 회사의 HR 담당자나 컨설턴트가 '문화 서베이'를 실시한다며 찾아온다면, 이 점을 꼭 기억하길 바란다. 그들은 현재 회사의 일기예보만 파악해 가서는 안 되며, 반드시 회사의 문화에 대해 자세히 조사해야 한다. 단지 회사의 분위기를 조사한 결과를 바탕으로 섣부르게 조직문화를 변화시키려는 작업에 착수한다면, 그 결과는 기업에 전혀 도움이 되지 않을뿐더러 처음부터 실패할 가능성이 높다.

상호작용의 망으로서의 문화

문화망 Cultural Web 이라 불리는 통합적 모델은 1992년 게리 존슨 Gerry Johnson 과 케반 스콜스 Kevan Scholes 에 의해 고안되었다. 이는 문화가 조직 안에서 작동하는 핵심요소들 간의 일련의 상호작용이라는 것을 보여준다. 나는 이 모델이 말하고자 하는 바를 독자들에게 좀 더 명확하게 전달하기 위해 핵심요소를 설명하는 몇 개의 용어를 수정했다.

창업자와 리더 Founders & Leaders

창업자나 초기 리더들의 사업에 관한 신념, 채용결정, 업무습관, 비전은 회사 내부의 일하는 방식에 결정적인 영향을 미친다.

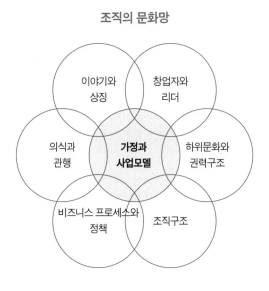

조직의 문화망

이야기와 상징 Stories & Symbols

회사 안팎에서 회자되는 과거의 사건이나 인물에 관한 것이다. 상징이란 이름 그대로 회사의 상징이며, 회자되는 이야기와 일반적으로 일치한다. 이야기와 상징 속에서 선택된 사건과 사람은 회사 안에서 무엇이 받아들여질 수 있고, 또 무엇이 받아들여질 수 없는지에 대해 많은 것을 이야기해준다.

의식과 관행 Rituals & Routines

그 조직 안에서 어떤 행동이 받아들여지는지를 설명해주는 사람들의 일상적인 활동이나 행동을 말한다. 주어진 상황에서 어떤 일이 기대되며 경영진이 무엇에 가치를 두는지를 결정한다.

조직구조 Organizational Structure

조직도에 의해 정의된 구조뿐 아니라 비공식적인 조직과 실제로 일이 어떻게 처리되는지까지 포함한다.

비즈니스 프로세스와 정책 Business Processes and Polices

조직이 통제되는 방법을 말한다. 회계 시스템, 품질관리 시스템, 포상 정책 등이 포함된다.

하위문화와 권력구조 Subcultures & Power Structures

회사 내의 핵심 권력구조를 말한다. 여기에는 한두 명의 핵심 임원이나 실제 영향력을 발휘하는 관리자 그룹 혹은 부서까지 포함될 수 있다. 무엇보다 이들은 의사결정과 실행, 전략수립에 미치는 (공식적 그리고 비공식적) 영향력이 매우 크다.

이러한 여섯 가지 요소가 상호 연결되고, 중앙의 통합적 요소인 시장과 전략에 대한 기본가정 및 사업모델에 부합되면, 조직문화가 전체적인 목적에 정렬되는 것으로 볼 수 있다. 결과적으로 그 조직문화는 사업 목적과 목표를 달성하는 데 기여한다. 반면 이 여섯 개 요소 가운데 하나 또는 몇 가지가 다른 것들과 정렬되지 못하면, 그 문화는 조직의 전략을 효과적으로 수행하는 데 방해가 된다.

현실적 정의(정말로 필요하다면)

나와 함께 일했던 CEO들과 경영진들은 조직문화에 대한 다음과 같은 포괄적이고 이해하기 쉬운 정의를 발견했다.

"조직문화란 경영진과 일반직원이 문제를 해결하거나 동료·고객·클라이언트·공급업체와 상호작용할 때 일반적으로 '늘상' 그렇게 해온 (공식적이고 비공식적인) 행동·신념·가정·업무방식의 조합을 말한다."

조금·더 쉬운 말로 하면, "사업상의 문제를 해결하거나 고객이나 서로를 대할 때 우리가 일반적으로 사용하는 방법"이라 할 수 있다.

문화는 영업비밀이다

"누구든 당신의 전략을 따라 할 수는 있지만
당신의 문화를 복제할 수는 없다!"

제트블루Jet Blue는 미국의 신생 항공사로, 대부분의 신생기업들이
그렇듯 그 시장에서 먼저 활동하고 있는 큰 기업들로부터 고객을 빼앗
아 와야 하는 입장이다(게다가 미국의 항공업계는 이미 경쟁이 치열한 시장
이다). 고객이 기존에 거래하던 항공사에 대한 충성심을 버리고 신생
항공사와 거래하기로 마음을 바꾸도록 하기 위해서는 그들에게 차별
화된 어떤 것이 필요했다. 사실 비행기는 다 똑같다. 모든 비행기는 같
은 공항에서 이륙하고, 심지어 기내의 선반 크기도 같다.

제트블루의 CEO 데이비드 바거David Barger가 지적한 바와 같이, 회
사의 문화는 외부에서 복제하거나 상품화할 수 없는 유일한 영업비밀
이다.

"바거는 "우리는 업계에서 가장 낮은 요금을 받는 저가항공사가 되
겠다는 것을 목표로 세워본 적은 없다. 우리의 미션은 공정한 운임을
받고 좀 더 많은 가치를 제공하는 것"이라고 말했다. 이 항공사는 "여
러 상을 수상한 브랜드, 훌륭한 노선 시스템, 연비와 안락함을 갖춘 비
행기들, JFK공항의 새로운 터미널, 든든한 전략적 투자자, 뛰어난 비
즈니스 파트너, 탁월한 이사회, 탄탄한 재무구조, 그리고 무엇보다도
시장에서의 승리에 가치를 두는 문화와 태도"를 갖고 있다."[25]

독점적인 기술도 리버스 엔지니어링$^{reverse\ engineering}$* 될 수 있고, 최고의 직원들도 경쟁사에 스카웃되어 회사를 떠날 수 있다. 그러나 성공적인 조직문화는 어떠한가? 그것은 어떤 사람이나 기술혁신보다도 큰 가치를 지니며, 사람과 기술 모두 살아남을 수 있게 만든다.

사우스웨스트항공$^{Southwest\ Airlines}$의 장기적인 성공은 그들의 직항노선 전략과 결합한 독특한 문화에 기인한 바가 크다. 2012년 6월에 사우스웨스트항공은 40년 연속 흑자운행을 달성했는데, 이는 항공운송업계에서 타의 추종을 불허하는 기록이었다. 분명 문화와 비즈니스 성과 사이에 어떠한 연관성이 있을 것이다.

다 알겠어, 하지만 문화는 부수적인 것 아닌가?

"자기 회사의 문화를 이해하지 못한다면
사업도 이해하지 못하는 것이다."

나는 "문화가 정말 중요한가요?"라는 질문을 자주 받는다. 그때마다 나는 질문에 답을 하기보다 이렇게 반문한다.

"당신 직원들이 고객을 대하는 방식, 그리고 계획대로 업무가 진행되지 않았을 때 받는 비난과 손가락질의 횟수가 당신의 사업성과와 수익에 영향을 미친다고 생각하십니까?"

---

* 다른 회사의 상품을 분해하여 그 생산방식을 알아낸 뒤 복제하는 것

그러면 대개 반응이 빠르게 돌아온다.

"아, 알겠어요. 내가 바보 같은 질문을 했군요!"

1999년에 인터넷 전용 온라인 신발판매회사에 투자할 사람이 있었을까? 아마 없었을 것이다. 특히 소매산업에서 고객이 직접 제품을 물리적으로 경험해보는 것, 즉 상품을 직접 눈으로 보고, 착용감을 느끼고, 전문적인 지식과 경험을 가진 판매직원의 도움을 받는 것이 얼마나 중요한지 모두들 잘 알고 있다. 반면 1999년 당시에는 인터넷 소매업은 물론이고 인터넷 자체가 아직 초기 수준에 머물러 있었고, 사람들은 컴퓨터는 물론 전화기를 통해 신용카드 세부정보를 넘겨주는 것에 전혀 익숙하지 않았다. 월스트리트 애널리스트를 포함해 비즈니스 분야의 전문가들 대부분이 당시 자포스Zappos.com는 가망이 없다고 보았다.

그러나 자포스의 리더이자 CEO인 토니 셰이Tony Hsieh의 전략은 간단했다. '훌륭한 고객서비스를 제공할 수 있는 강력한 조직문화를 구축한다'는 것이었다. 궁극적인 과제는 마케팅이나 제품가격전략이 아니라 실행이었다. 수많은 종류의 브랜드 신발을 인터넷을 통해서 판매하면서 동시에 세계 최고 수준의 고객서비스를 제공해야 한다는 것이 바로 그들의 도전과제였다. 토니와 동료들은 조직문화가 회사의 기반이 되어야 한다고 확신했지만, 동시에 세계 수준의 고객서비스를 지속적으로 제공하기 위해서는 그들의 독특한 문화에 맞는 탄탄한 비즈니스 프로세스가 만들어져야 한다고 생각했다. 이러한 두 가지 원칙을 바탕으로 하여 1999년 0달러에서 시작한 자포스의 매출은 2009년에는 10억 달러로 성장했고, 이 시기에 아마존에 매각되었다. 0달러에서 시작해 10년 만에 10억 달러가 된 것이다!

자포스는 그들의 조직문화를 담은 책《딜리버링 해피니스^{Delivering} ^{Happiness}》를 출간했다. 이 책에서 내가 흥미롭게 여긴 대목은, 문화라는 것이 엄격한 채용정책을 통해서만 만들어지는 것이 아니라는 것이다. 자포스만의 독특한 서비스 문화를 지속시키는 데 도움이 되는 수많은 탄탄한 비즈니스 프로세스(외부인들은 피플 프로세스라고 부르는)들을 통해서 그들의 문화는 형성되고 유지되었다. 예를 들어 자포스의 주문입력기술 플랫폼은 고객의 주문을 8분 만에 처리할 수 있다! 고객이 주문 버튼을 클릭하여 주문을 마친 순간부터 배송기지에서 배송을 준비완료하기까지 8분이 걸린다는 이야기다. 그런데도, 고객서비스가 중요하지 않다고 생각하는가?

실제로 고객이 올린 구입후기를 소개한다.

"자포스가 물건을 이렇게 빨리 보내줄 수 있다는 사실은 믿을 수 없을 정도다. 어제 저녁 7시 30분쯤 딸의 코트를 주문했는데 오늘 오전 10시에 물건을 받았다. 어떻게 이렇게 빨리 배송할 수 있는지 믿기지 않는다."

조직문화는 사업전략에 적합하게 설계된 탄탄한 비즈니스 프로세스와 정렬되었을 때 아주 강력한 경쟁우위를 창출해낸다. 강한 문화를 갖고 있더라도 비즈니스 프로세스가 좋지 않으면, 서비스는 붕괴되고 고객에 대한 브랜드의 약속은 깨진다. 또 강한 비즈니스 프로세스와 취약하고 부정적인 문화가 만나면, 모든 면에서 성과가 일관성을 유지하기 어렵다.

그래서 문화가 중요한 것이다! 0달러에서 시작하여 10년 만에 10억 달러의 매출을 달성한 것은 고객서비스라는 강력한 조직문화가 잘 설계되고 실행에 옮겨진 덕분이었다.

문화가 수익의 중심이 될 수도 있다

회사 내의 수익 부서가 어디냐는 질문을 받았을 때 문화라고 답하는 기업은 거의 없다! 금융서비스 분야의 회사들은 특히 더 그렇다. 한 분야가 수익센터 역할을 하려면 투자 대비 수익률이 구체적이고 상당할 필요가 있다. 당신의 회사는 조직문화에 대한 투자를 통해 측정 가능한 상당한 수익이 나오고 있는가?

베어드Robert W. Baird and Company 사[26]는 아주 독특한 금융서비스 회사다. 이 회사는 "고객들에게 최고의 금융 관련 조언과 서비스를, 동료들에게는 가장 일하기 좋은 장소를 제공한다"라는 미션을 내걸고 있다.

본사는 위스콘신주 밀워키에 있고, 전 세계에 2,600명의 직원을 두고 있으며, 재무관리·자산관리·사모펀드 등의 업무를 통해 9억 달러 이상의 연간매출을 올리고 있다. 이 회사는 직원의 자발적인 이직이 4.7%에 불과하다(업계평균 16%). 또 이 회사가 관리하는 고객자산은 1,050억 달러에 달한다. 베어드사는 2004년부터 매년 《포춘》지가 선정하는 일하기 좋은 100대 기업에 이름을 올리고 있고, 2013년에는

14위에 올랐다.

제대로 이해하고 관리한다면, 문화는 중요한 수익센터의 역할을 할 수 있다.

호치민에서 얻은 교훈

"미국에서 모든 차량들이 거리로 나와 꼬리에 꼬리를 물고 늘어서는 날이 있다면, 아마도 노동절 주말일 것이다."

-더그 라슨

베트남 호치민을 처음 방문했을 때 나는 커다란 충격을 받았다. 냄새, 색깔, 소음도 끔찍했지만 무엇보다도 교통체증, 특히 겁 없이 달리는 오토바이들의 파도 같은 행렬에 감짝 놀랐다. 게다가 더욱 짜증 나는 것은 오토바이들이 끊임없이 경적을 울리고 또 울려댄다는 것이었다.

이 경적의 한복판에서 처음으로 든 생각은 '이렇게 무례한 사람들이 어디 있어? 서로 길을 비키라고 경적을 울려대고 있다니.'라는 것이었다. 아무래도 서양식 문화에 익숙한 나의 입장에서 경적은 거칠고 무례한 행동으로 해석되었다.

어느 날 저녁, 나는 식사를 하면서 베트남인 가이드에게 그 이야기를 하며 사람들의 무례함 때문에 불쾌감을 느낀다고 말했다. 그러자 가이드는 내 생각이 오해이며 동남아시아에서는 경적이 전혀 다른 의미를 가지고 있다고 차분하게 설명해주었다. 경적을 울리는 것은 앞에 있는 이들에게 뒤에 자기가 있다는 것을 알려주는 행위이고, 앞 차량의 운전자는 경적소리 덕분에 뒤에 있는 오토바이의 존재를 인식하게 된다는 것이다. 북아메리카의 도시에서 길을 비키라거나 피하라고 경적을 울리는 것과는 전혀 다른 의미라는 이야기였다.

완전히 다른 의미를 가진 같은 행동! 조직문화를 이해하려면 어떤 행동, 활동 또는 사물의 이면을 들여다보고 그 뒤에 숨겨진 진정한 의미를 찾아낼 수 있어야 한다.

조직문화는 단순하게 조직 안에서 관찰되는 행동이 아니라 그 행동에 담긴 의미이다!

문화에 따라 다른 의미를 가지는 또 하나의 사례가 있다. HSBC 은행은 내가 자주 이용하는 히드로공항에 효과적인 광고캠페인을 운영하고 있는데, 나는 귀뚜라미에 관한 다음의 광고문구가 눈에 확 띄었다.

"미국에서는 해충, 중국에서는 애완동물, 태국 북부에서는 애피타이저."

"내가 말한 것을 당신은 당신 생각대로 이해했다는 것을 안다.
당신이 들은 것이 내가 의미한 바가 아니라는 것을
당신이 알고 있는지는 확실하지 않다."

-미 국무부 대변인, 로버트 맥클로스키

4. 조직문화가
성과에 미치는 영향

"위험은 자신이 무엇을 하는지 모르는 데서 비롯된다."

-워런 버핏

비즈니스 세계의 불확실성이 점점 더 커지고 있다는 것은 부인할 수 없는 사실이다. 시티그룹CitiGroup, AIG, JP 모건 체이스JP Morgan Chase, 스코틀랜드왕립은행RBS, 뱅크오브아메리카Bank of America, 골드만삭스Goldman Sachs, 제너럴모터스General Motors, 크라이슬러Chrysler Corporation, 웰스파고Wells Fargo 등 세계적인 금융기관이나 상징적인 기업들이 단지 사업을 유지하기 위해 수조 달러의 세금으로 구제를 받았다. 이제는 그 누구도 빠르게 변화하는 세계 경제환경 속에서 급증하는 위험으로부터 안전할 수 없다.

영국의 런던시티대학교 카스 비즈니스 스쿨Cass Business School 교수들이 실시한 위기에 관한 최근의 연구는 현대 조직이 직면하고 있는 심각한 위험과 조직문화의 역할을 보여주고 있다.

여기서는 지난 10년 사이에 유명 기업이 붕괴된 18건의 사례(AIG, 아서 앤더슨Arthur Andersen, BP, 캐드버리 슈웹스Cadbury Schweppes, 코카콜라Coca-Cola, EADS 에어버스EADS Airbus, 엔론Enron, 파이어스톤Firestone, 노던록 은행Northern Rock, 셸Shell, 소시에테 제네랄 은행Societe General 등)가 연구되었다.[27] 위기발생 이전에 이들의 기업가치 총합은 6조 달러 이상이었다. 그런데 이 11개 회사 중 7곳이 파산에 직면했고, 그중 3곳은 정부에 의해 구제되었다. 그 와중에 11명의 회장 또는 CEO가 해고되었으며, 경영진 4명이 감옥으로 갔다. 18개 기업 대부분은 회복하기 힘든 막대한 손실을 입었고, 브랜드는 장기적인 큰 타격을 받았다.

이 연구는 이들 기업을 재앙으로 이끈 일곱 가지 중요한 위험 유형을 다음과 같이 분류했다.

- 이사회의 능력부족과 비상임 이사들의 실질적인 권한행사 불가
- 비즈니스 모델이나 평판 등이 가져오는 내재적인 위험에 둔감
- 문화와 가치에 대한 부적절한 리더십
- 내부소통과 정보공유에 문제 있음
- 조직의 복잡성과 변화에 대한 두려움
- 묵시적이든 명시적이든, 부적절한 인센티브
- 최고경영진의 잘못된 의사결정과 행동으로 인해, 발생하는 위기에 맞서거나 지적할 수 없는 기업 내부 리스크관리 전문가들의 무기력함

여기서 조직문화의 미묘하면서도 강력한 영향력을 어렵지 않게 찾아볼 수 있다. 특히 "위기가 무엇인가?"라는 질문을 "왜 이런 중대한 위험이 발생하도록 애초에 허용되었는가?"라는 질문으로 대체해보면 더욱 확실하게 보인다. 그렇다면 이 질문의 답은 무엇일까? 그들의 리더십의 문화(리더의 태도와 사고방식)가 리스크를 수용 가능하다고 여겼거나 리스크의 징후를 무시했던 것이다.

이와 같은 명확한 위험요소는 모든 조직 안에 내재되어 있으나 그 위험을 조직이 인식하지 못하거나, 더 심하게는 그 위험에 대해 말하거나 대응하지 못하게 할 때 그것이 미래 비즈니스 성공에 대한 잠재적이고 치명적인 위험으로 작용하게 된다고 카스의 연구는 밝히고 있다. 이 책을 계속 읽다 보면 독자들도 느끼게 되겠지만, 조직문화를 효과적으로 다루는 데 있어서 가장 큰 어려움 중 하나는 경영진이 조직문화를 정직하게 있는 그대로 바라보지 않는다는 것이다. 그 이유는 대부분 그들이 이미 그 문화에 동화되어 있기 때문이다.

1980년대 초반에 나는 스리마일섬 원자력발전소Three Mile Island Nuclear Power Station 소유회사인 GPU 누클리어GPU Nuclear의 새롭게 구성된 경영팀으로부터 함께 일하자는 제의를 받았다. 1979년 3월 28일, 방사능 물질 누출사고가 발생한 후 GPU 누클리어에는 미국 원자력해군과 원자력규제위원회 출신 인사로 이루어진 새로운 경영진이 구성되었다. 원자력규제위원회에 의해 작성된 스리마일섬 사건 보고서에서는 제대로 기능을 하지 못한 조직문화가 사건의 큰 원인이 되었음을 밝히고 있다.[28]

내가 맡은 일은 스리마일섬 원자력발전소의 조직문화를 부서 간

경쟁과 소통부재, 기술에 대한 과신의 문화에서 안전에 모든 초점을 맞춘 새로운 조직문화로 바꾸는 것이었다. 결과적으로 이곳은 세계에서 가장 생산적이고 안전한 원자력발전소로 바뀌었다.

한편 쓰나미로 인한 일본 후쿠시마 원자력발전소 사고는 역기능적인 조직문화dysfunctional culture의 또 다른 사례이다. 이 경우는 국가 전체의 문화에서 비롯된 뿌리 깊은 관행이 문제가 되었다.[29]

"나는 IBM으로 오기 전에는, 문화란 단지 비전과 전략, 마케팅,
금융 등과 함께 조직을 구성하고 성공하는 데 필요한 여러 요소들 가운데
하나일 뿐이라고 말해왔다. 그러나 IBM에서 일하면서 알게 됐다.
문화는 게임의 한 측면이 아니라 게임 그 자체라는 것을."

-루 거스너

문화와 성과에 대한 의미 있는 첫 번째 자료

"비슷한 두 기업 사이에 나타나는 영업이익의 차이는
그 절반이 문화로 설명 가능하다."

-하버드 비즈니스 스쿨, 제임스 헤스켓

《초우량 기업의 조건In Search of Excellence》이 미국에 큰 충격을 안겨준 이후 탁월하고 성공적인 문화에 대한 검증되지 않은 이야기들이 폭발적으로 쏟아져 나왔다. 그러나 문화와 비즈니스 성과 사이의 관계를 규

명해줄 정확한 통계나 확실한 증거는 그다지 제시되지 않았다. '직원들이 그 회사에서 일하는 것을 좋아한다고 해서 실제 사업지표도 반드시 우수한가?'라는 의문은 분명하게 해소되지 않고 있었다.

이후 하버드대학교의 존 코터John P. Kotter 와 제임스 헤스켓James L. Heskett의 연구에서 문화의 중요성을 입증하는 첫 번째 결정적인 증거가 등장했다. 이는《조직문화와 성과Corporate Culture and Performance》(1992)라는 책으로 출판되었다.

높은 성과를 내는 문화와 낮은 성과를 내는 문화를 각각 '적응형adaptive' 문화와 '비적응형non-adaptive' 문화로 구분하기 위해 그들은 휴렛패커드, 제록스, ICI, 닛산 등 200개 기업의 사례를 연구했다. 그리고 바뀌는 시장상황에 따라 변화가 가능할 정도로 유연한 문화, 즉 적응형 문화를 가진 기업은 그렇지 않은 기업보다 훨씬 더 나은 경제적인 성과를 낼 수 있다는 결론을 얻었다.

조직문화와 성과

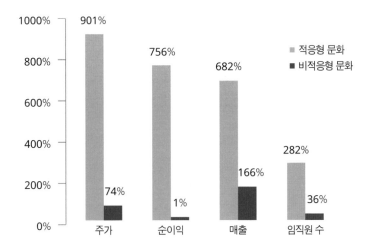

■ 적응형 문화
■ 비적응형 문화

1000%
901%
800%
756%
682%
600%
400%
282%
200%
166%
74%
1%
36%
0%
주가   순이익   매출   임직원 수

"조직문화는 장기적 관점에서 기업의 경제적 성과에

중대한 영향을 미친다."

-코터 & 헤스켓

조직문화와 기업성과 간의 관계에 대해 코터와 헤스켓이 처음으로
의미 있는 연구결과를 발표한 이후, 조직의 역량에 미치는 문화의 긍
정적·부정적 영향에 대해 수많은 연구가 시도되었다. 그리하여 이제
는 전략을 수행하고 중요한 변화 프로그램을 추진하는 기업 역량에 조
직문화의 요소들이 큰 영향을 미친다는 사실이 연구를 통해 충분히 입
증되어 있다. 문화는 전략이나 사업 실행을 촉진할 수도, 방해할 수도
있다.(《맥킨지 쿼털리 McKinsey Quarterly》 2006년 3호, 2007년 3호)

에이온휴잇 Aon-Hewitt Associates[*]이 2010년 전 세계 900여 개 조직을 대
상으로 한 연구에 따르면, 직원들의 업무몰입도가 높은(책임감 있는 행
동과 직원의 적극적 참여의 문화가 강하게 드러나는) 기업은 전체 주식시장
지수를 능가하는 성과를 냈고, 주주수익률도 시장평균보다 19%나 높
았다. 반면 그 반대의 기업들은 시장평균보다 44% 낮은 주주수익률을
기록했다.

이와 같은 결과는 사업성과와 직원의 업무몰입도가 높은 50개 금
융기관들을 12개월간 추적한 타워스 페린 Towers Perrin[**]의 연구를 통해서
도 잘 드러난다. 높은 몰입도를 보이는 회사들은 중요한 세 가지 금융

---

[*]   미국의 경영 컨설팅 업체
[**]   미국의 금융 컨설팅 회사

실적 기준, 즉 영업이익·순이익·주당순이익에서 몰입도가 낮은 회사들을 능가했다. 12개월간의 추적연구가 진행되는 동안 몰입도가 높은 기업들은 19.3%의 영업이익 증가율을 보여준 반면, 같은 기간 동안 그렇지 않은 기업은 32.7%의 감소세를 보였다. 여기서 몰입도는 조직문화와 동일시하여 볼 수 있다. 그 이유는 몰입도나 조직문화 모두 조직에 대한 직원들의 일시적인 태도가 아니라 반복적이고 꾸준한 태도를 의미하는 것이기 때문이다.

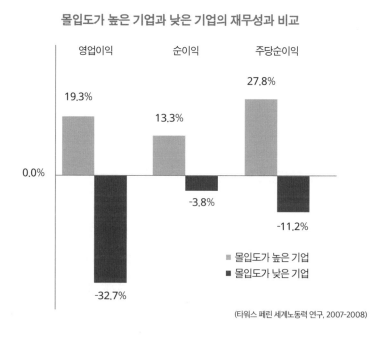

몰입도가 높은 기업과 낮은 기업의 재무성과 비교

영업이익	순이익	주당순이익
19.3%	13.3%	27.8%
-32.7%	-3.8%	-11.2%

■ 몰입도가 높은 기업
■ 몰입도가 낮은 기업

(타워스 페린 세계노동력 연구, 2007-2008)

2003년에 하버드 비즈니스 스쿨은 〈무엇이 실제로 작동하는가?What Really Works?〉라는 기사에서, 160개 기업에 대한 10년간의 성과를 분석한 결과 200가지 비즈니스 요소 가운데 사업성과와 결과에 큰 영향을 미치는 것은 단 네 가지에 불과하다고 보고하고 있다. 바로 '전략strategy', '실행execution', '문화culture', '구조structure'이다. 그런가 하면 CLC Corporate Leadership Council 의 2002년 연구 〈높은 성과를 내는 인력 구축하기: 성과관리전략의 효율에 대한 정량적 분석 Building the High-Performance Workforce: A Quantitative Analysis of the Effectiveness of Performance Management Strategies 〉에서는 위험감수, 내부소통, 유연성 등의 문화적 특성이 성과를 이끌어내는 가장 중요한 동인이며, 개인의 성과에도 큰 영향을 미칠 수 있다고 밝히고 있다.

"자포스의 조직문화는 우리의 가장 중요한 자산이다."

-자포스 CEO, 토니 셰이

문화가 매출성장과 ROI에 미치는 영향

미시간대학교의 대니얼 데니슨Daniel R. Denison 교수팀은 문화와 성과의 상관관계를 명확하게 보여주는 조직문화 평가조사 모델을 개발했다. 그는 2000년부터 2010년까지 130개 조직을 대상으로 한 조사를 통해 데니슨 문화모형Denison Culture Profile 과 '총자산이익률ROA', '매출액 증가', '시가-장부가 비율market-to-book ratio'의 성과지표(모두 표준 비즈니스 성과지표들이다) 간의 명확한 상관관계를 보여주었다.

데니슨 조직문화연구 모형을 사용하여 2000년부터 2010년까지 130개 기업들을 대상으로 평가한 결과 최고와 최저를 기록한 기업에 대한 연구결과		
	하위 25%에 속한 기업들	상위 25%에 속한 기업들
총자산이익률	2.3%	3.2%
매출액 증가	1.4%	23.1%
시가-장부가 비율	2.6	4.0

닻을 올려라

전략-구조-문화가 상호 연계되고 최고의 성과를 내기 위해 이 세 요소가 서로 정렬되어야 한다는 점을 이해한다면, 문화와 조직구조 정렬 사이의 관계는 쉽게 눈에 들어온다. 간단하게 말하면 이러하다.

"우리가 어디로 가고 있는지 모두 알고 있다."(전략)

"조직 내에서 누가 무엇을 하는지 명확하다."(구조)

"함께 일하고, 성과를 만들어내기 위한 기본적인 원칙을 우리 모두가 이해하고 있다."(문화)

변화의 속도가 지금보다 느렸던, 덜 격동적이었던 시대에는 조직들이 이 세 가지 중요한 요소들 사이의 정렬을 이루기가 더 쉬웠고, 그 결과 효과적인 성과와 장기적인 성장을 이뤄낼 수 있었다. 벨^{Bell}사의 전화 시스템이나 텔레비전 방송과 같은 공공부문에 대해 특정 기업의 독점이 허용되던 시대가 바로 그러하다. 그때는 전략-구조-문화가 정렬되도록 강요됨으로써 얻어진 안정이라는 사치를 누릴 수 있었다.

그러나 기술의 폭발적인 발전과 빠른 글로벌화, 공격적이고 새로운 경쟁, 급변하는 규제 등으로 인해 오늘날의 기업은 계속해서 새로운 전략을 수립하고 실행해야만 하는 환경에 놓였다. 그리고 그때마다 새로운 전략에 맞는 조직으로 개편해야 한다.

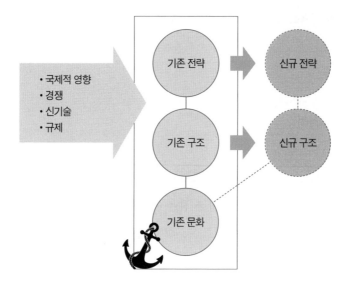

문제는 새로운 변화를 경영진이 받아들이면 성과의 개선은 자연스럽게 따라온다고 생각하는 데 있다. 대개 CEO나 경영진은 조직 안의 진정한 내부문화로부터 소외되는 경우가 많기 때문에 문화와 성과 사이의 연결고리를 쉽게 발견하지 못한다. 또 기존의 문화가 사업에서 새롭게 요구되는 것들에 더 이상 정렬되지 않는다는 것도 제때 알아차리지 못한다.

이때 조직문화를 재편하기 위한 노력이 이루어지지 못하면 기존 문화는 배의 닻과 같은 역할을 하게 되어, 효과적인 전략 실행의 속도를 늦추거나 심하면 멈추게 할 수도 있다. 그러므로 변화하는 외부환경에 맞춰 신규 전략을 실행하려 한다거나 조직 전체를 보다 효과적으로 재정비하려 할 때는 문화도 새롭게 재편하는 것이 매우 중요하다.

죠스의 귀환

"당신은 더 큰 배가 필요해질 거야."

-피터 벤츨리

나와 래리 센의 1999년 저서 《성공하는 문화의 비밀: 높은 성과를 내는 팀 만들기The Secret of a Winning Culture: Building High-Performance Teams》는 문화와 문화가 성과에 미치는 영향을 시각적으로 알기 쉽게 설명해준다. 1975년에 개봉한 공포영화 〈죠스〉를 기억할 것이다. 영화의 성공으로 세 편의 속편도 제작되었다. 부정적이며 변화를 거부하는 생각이 바로 괴물 상어 죠스라고 생각해보라!

중요한 변화의 필요성이 제기되었을 때 경영자들이 직원들로부터 변화에 대한 동의와 변화의 책임에 대한 위임을 얻지 못하면, 기존 문화는 새로운 변화를 성공적으로 이루어내는 것을 방해하는 장벽이 된다. 영역다툼, 부서이기주의, 경영진의 주도권에 반기를 들기로 한 하위문화, 상호비방, 의사소통 부재, 부족한 피드백 등이 변화를 만들어내려는 노력에 부정적인 영향을 미치고, 속도를 떨어뜨리고, 심하면 변화를 아예 차단해버린다. 이쯤 되면 마치 변화를 이루어내기 위해서는 '문화라는 이름의 죠스'를 넘어야만 하는 것처럼 느껴진다.

이는 문화가 성과에 어떻게 영향을 미칠 수 있는지를 나타내는 훌륭한 시각적 비유이다. 그러나 문화라는 것이 언제나 죠스처럼 명확하고 사납게 달려드는 것은 아니다. 문화에 의해 변화의 흐름이 차단되거나 중단되는 것은 사실 매우 미묘하고도 애매하게 나타난다. 나는 저항의 문화가 끼치는 부정적인 영향은 대부분 '수천 군데 상처를 입은 끝에 이르는 처절한 죽음' 같은 것이라고 생각한다. 변화의 계획이 매우 잘 준비되어 있는 경우에도 문화는 아주 모호한 방식으로 그것을 차단하고, 좌절시키고, 탈선시킬 수 있다. 상대방의 전화에 늦게 답을 한다거나, 터무니없는 정보를 과도하게 요구하고, 또 '실수'로 이메일을 잃어버리거나, 답변을 늦추기도 하는 등, 이른바 '악의적인 복종malicious obedience'이라고 할 수 있는 모든 행위들이 축적되어 변화의 계획에 타격을 주는 저항적 문화를 형성한다.

반대로 변화에 개방적이고 유연한 문화, 오늘날 많은 문헌에서 적응적 문화adaptive culture라고 부르는 문화에서는 새로운 변화의 계획을 돕는 것은 물론, 문화가 실제적으로 변화를 추진하기도 한다. 죠스가 아니라 변화를 쏘아 올리는 로켓 발사대 같은 역할을 하는 것이다.

조직문화와 기업가

지금의 비즈니스 세계에서는 기업가와 스타트업이 사람들의 주목을 끌고 있다. 젊은이들이 자기 집 부엌 식탁에서 시작한 사업이 나중에 거대한 글로벌 기업으로 성장했다는 전설적인 이야기가 낯설지 않고, 새로운 사업에 대한 진입장벽이 그 어느 때보다 낮아졌다. 지금은 앱 개발부터, 서비스회사, 혹은 신기술 혁신기업에 이르기까지 아이디어만 있으면 누구나 창업을 할 수 있다.

스타트업에 대한 비즈니스 서적이나 사람들에게 알려진 이야기들을 보면, 조직문화가 그들의 중요한 성공비결로 언급되는 경우가 많다. 제트블루항공의 회장이자 스탠퍼드대학교 경영대학원 강사이기도 한 조엘 피터슨Joel Peterson은 창업에서 실패하는 다섯 가지 이유를 다음과 같이 열거했다.[30]

- 유동성: 현금 부족
- 채용과 해고에 대한 의사결정능력 부재
- 문화가 비즈니스 전략과 정렬되지 않음(그리고 문화에 대한 무시, 문화의 표류)
- 회사의 급성장 속도에 적응하지 못한 창업자
- 시장의 빠른 변화와 고객의 피드백에 맞춰 제품이나 서비스를

바꾸려 하지 않음

문화와 성과에 대한 최근의 연구와 조사결과를 보다 보면, 아직도 많은 CEO와 경영진 그리고 정부의 고위 관계자들이 사업목표와 전략목표를 달성하는 데 조직문화가 큰 영향을 미친다는 사실을 간과하거나 무시하고 있음을 확인하게 된다. 그럴 때마다 나는 안타까움을 느낀다. 문화가 비즈니스의 중요한 '레버리지(지렛대)'라는 사실을 그들이 이해하지 못하는 이유는, 조직문화에 대해서 좀 안다고 자처하는 어설픈 컨설턴트들에 의해 문화에 대한 왜곡된 인식을 갖게 된 반면, 문화에 대한 학술적 자료는 너무 어렵게 작성되어 있기 때문일 것이다.

이 책을 읽는 모든 독자들이 문화 그 자체의 중요성은 물론, 문화가 경영성과를 내는 데 도움이 되거나 심지어 직접적으로 향상시키기도 한다는 사실을 이해하고, 평가하고, 인식할 수 있게 되길 바란다.

조직문화에 법적 책임까지?

조직문화는 법정에서도 인용될 수 있다. 미국 노동부 광산안전보건국MSHA은 2010년 4월에 발생한 어퍼 빅 브랜치Upper Big Branch, UBB 광산 사고에 대한 책임을 물어 알파천연자원Alpha Natural Resources*에 벌금 1,080

---

*   미국의 석탄회사

만 달러 이상을 부과하였으며, 이와는 별도로 법무부가 추가로 2억 900만 달러를 합의금으로 부과했다. 이는 미국 정부기관이 단일사건에 대하여 부과한 벌금으로는 역사상 최고액이다.

 "조사 결과 PCC^{Performance Coal Company} 와 매시에너지^{Massey}가 어퍼 빅 브랜치에서 기본적인 안전수칙을 무시한 결과 석탄분진이 폭발로 이어지는 물리적 환경이 만들어졌지만, 폭발사건이 일어난 더 근본적인 이유는 PCC와 매시의 불법적인 정책과 관행에 있다고 보고서는 적시하고 있다. 그 가운데는 광부들에게 가해진 협박, 불시점검 실시 전 공지, UBB 내부의 생산 및 관리 점검책자에는 기록되어 있으나 공식적인 점검책자에는 기록되어 있지 않은 위험 등이 포함된다. 또 운영자가 법을 어기면서까지 채굴작업에 몰두해야 할 정도로 안전보다 생산량을 중요하게 여기는 **조직문화**를 홍보하고 강요해왔음이 드러났다."[31]   - MSHA News Release 11-1703-NAT

 이제 좀 관심이 생기시는가?

Culture
Leverage

2부
조직문화의 형성과 발전

"개미는 지구상에서 가장 복잡한 사회적 조직을 가진 동물이다.

인간 다음으로."

-하버드대학교 교수, E. O. 윌슨

장님과 코끼리의 비유를 모르는 사람은 없을 테지만 다시 한번 소개한다.

옛날 어느 마을에 앞을 볼 수 없는 세 사람이 살고 있었다. 어느 날 마을 사람이 그들에게 말했다.

"이것 보세요, 오늘 우리 마을에 코끼리 한 마리가 들어왔어요."

이전에 한 번도 코끼리를 직접 느껴본 적이 없었던 그들은 "좋아, 우리가 비록 볼 수는 없지만 이번 기회에 어떤 식으로든 코끼리를 한번 느껴보자" 하고 마음먹었다. 그들은 코끼리가 있는 곳으로 다가가서 손으로 더듬어보았다.

"코끼리라는 것은 기둥 같은 것이군."

처음으로 코끼리를 만진 사람이 말했다. 그는 다리를 더듬은 것이다.

"아냐, 밧줄 같구먼."

꼬리를 더듬은 두 번째 사람이 말했다.

"에이, 말도 안 돼. 뱀 같은데, 뭐."

세 번째 사람은 코끼리의 꼬불꼬불한 코를 만진 것이다.

그들은 서로 다투기 시작했다. 모두 자기의 말이 맞다고 우겼다. 그때 현인이 지나가다가 그들의 다툼을 듣고 물었다.

"왜들 싸우시는 겁니까?"

"코끼리의 생김새 때문에 그렇습니다."

세 사람은 각자 자신이 느낀 대로 코끼리의 생김새를 이야기했다. 그들의 말을 다 듣고 난 현인이 대답했다.

"다들 옳습니다. 여러분의 의견이 갈린 이유는 각자 코끼리의 다른 부분을 만졌기 때문입니다. 코끼리는 여러분이 생각하는 세 가지의 모습을 다 가지고 있답니다."

사람들은 모두 각자 다른 훈련을 받아왔고 다른 관점을 가지고 있기 때문에, 조직문화에 대한 정의가 서로 다른 것도 이상한 일이 아니다. 심리학자들은 개인, 집단, 하위집단의 행동에 초점을 맞춘다. 고객으로부터 의뢰를 받아 수입을 올려야 하는 컨설턴트들은 사업성과를 저해하는 문화 요소에 초점을 맞춘다. 학자나 경영학 교수들은 통계와 연구를 통해서 문화를 정의하려고 한다. 비즈니스 분석가들은 문화도 측정의 대상으로 본다. 유명한 작가들은 우수한 성과와 고객서비스에 관한 우화나 실화를 소재로 하여 문화를 묘사한다. 이들 가운데 잘못된 것은 하나도 없지만, 문화에 대한 총체적이고 제대로 된 그림도 없다.

문화는 복잡한 것이다. 그러므로 문화를 보다 제대로 이해하고, 문화를 지속가능하고 경쟁력을 가져오는 힘으로 활용하기 위해서는, '문화란 무엇인가' 하는 것뿐 아니라 '문화는 어떻게 만들어지는가'에 대해서도 제대로 이해할 필요가 있다.

"여러분에게 반복해서 설명해줄 수는 있습니다.

그러나 충분히 이해시켜줄 수는 없습니다."

-에드 코흐 전 뉴욕시장이 끈질긴 기자들에게

5. 문화는 어떻게
만들어지는가?

"태초에 우주가 창조되었다.

이것은 많은 사람들을 화나게 했으며 나쁜 선택으로 간주되었다."

-더글러스 애덤스

사업을 발전시킬 도구로 활용하기 위해 문화를 제대로 배우고 싶어 하는 CEO들을 답답하게 만드는 것은, 그들이 접하는 책이 온통 문화에 대한 여러 정의와 문화가 무엇인지를 설명하는 내용으로 가득 차 있는 반면, 문화가 어디에서 어떻게 생겨나고 발전하는지에 대한 설명은 좀처럼 찾기 힘들다는 것이다.

문화는 어떻게 발전하는가? 당신이 문화를 디자인하고 구축할 수 있는가? 아니면 자연스럽게 형성되는 것인가? 문화의 원동력은 무엇이며 어떻게 구성되는가? 조직문화의 지속성과 발전에 가장 큰 영향을 주는 것은 무엇인가? 문화를 변화시키는 결정적인 지렛대는 무엇인가?

이것들은 참으로 중요한 질문이다. 조직문화의 토대가 무엇인지 이해하고, 문화가 어떻게 형성되고 발전하는지를 제대로 알게 될 때, 우리는 비로소 조직문화를 구축하고 관리하고 필요하면 재편할 수 있는 효과적인 지렛대를 가질 수 있기 때문이다.

> "이유를 아는 자는 언제나 방법을 아는 자를 이길 수 있다."
>
> -토머스 D. 윌하이트

문화의 결정요인: 고전적 관점

우리는 MIT 에드거 샤인 Edgar Schein 교수의 연구와 통찰을 살펴보는 것으로 문화가 어디서 어떻게 형성되고 발전되는가에 대한 탐구를 시작할 수 있다. 샤인은 '외부의 비즈니스 압력 external business pressure', '내부 프로세스 internal process', '직원들의 사회적 요구 employee social need'에 따라 지속성을 지닌 조직문화가 발전한다고 가정했다.

조직문화는 조직이 살아남고 성장하는 데 필요한 요소이기 때문에, 경쟁이 치열한 비즈니스 세계에서 기업 스스로 지탱할 수 있는 능력을 키우기 위해 문화는 스스로 발전되고 유지된다. 만일 그 문화가 외부의 압력(경쟁, 고객의 구매선호도, 시장의 변화속도 등)에 성공적으로 대처할 수 있다면 지속가능성이 있는 잠재력을 갖게 된다. 강력한 문화는 거의 모든 상황에 대해 적절하게 대응할 수 있도록 돕는 안내자의 역할을 해준다. 따라서 매번 어떤 상황이 발생할 때마다 일일이 반응하여 대응책을 고민할 필요가 없게 한다.

문화는 사업상의 필요에도 대응해야 하지만 동시에 조직 내에서 일하는 사람들의 내부적 요구에도 대응해야 한다. 이 경우 정보의 흐름, 의사결정, 보고 및 측정, HR 정책 등에 관한 내부 관행들이 문화의 내부 비즈니스 구성요소가 된다.

다음으로 사회적인 결정요인과 관련해서는, 회사에 참여하는 사람들은 무엇이 이 조직에서 받아들여지고 무엇이 받아들여지지 않는지 빠르게 배우고 그것을 이야기로, 공식적·비공식적 상벌제도와 관행으로, 동료들의 압력과 집단역학 등의 방식으로 제도화한다. 그리 오랜 시간이 지나지 않아 이런 요소들은 '회사의 기본 원칙' 혹은 '서로 어울리고 생존하는 방식'으로 폭넓게 받아들여지게 된다. 대부분 성문화되지는 않지만 비공식적으로 널리 알려지고 강력하게 받아들여진다. 그리고 그것은 집단의 결속을 형성하고 유지하는 데 도움을 준다.

스토리를 들려주세요

"말하기 전에 두 번 생각하십시오.

당신의 말과 영향력이 다른 사람의 마음속에서

성공과 실패의 씨앗이 되어 자라나게 될 것이기 때문입니다."

-나폴레온 힐

어떤 회사와 그 회사 사람들의 '스토리'는 단순한 '사실'과는 다르다. 그것은 문화의 가장 강력한 결정요인이 될 수 있다. 창업 초기의 영웅적인 무용담이나 아주 훌륭했던 경영자 혹은 최악의 경영자에 관한 이야기, 위기의 돌파구를 만들어낸 직원들과 반대로 큰 실패를 겪은 직원들의 이야기는 조직문화에 강력한 영향을 미친다.

사회적인 생명체인 인간에게 이야기는, 문자가 사용되기 훨씬 전 인간사회 발전의 초기단계부터 개인과 집단이 생존하는 데 필수적인 정보였다. 초기 인간사회에서 있었음 직한 다음과 같은 상황을 상상해보자.

어느 마을에서 한 사냥꾼이 옆에 있는 동료에게 이렇게 말한다.

"이봐, 오그, 식량을 구할 좋은 생각이 떠올랐어. 남자 몇 사람을 모으고, 막대기를 날카롭게 깎자. 추위 속에 잠을 자면서 얼어붙은 땅을 며칠간 가로지르다 보면 거대한 울리맘모스를 만나겠지. 그러면 날카로운 막대기로 죽을 때까지 찔러. 그리고 그 고기를 조각 내서 마을까지 운반하는 거야. 물론 도중에 늑대나 검치호랑이를 만나면 요령껏 피해야겠지. 어때! 잘만 하면 한 달 먹을 식량을 얻을 수 있어."

이때 돌아올 대답은 예상 가능하다.

"정신 나갔어?"

머릿속에서 생각한 것을 있는 그대로 설명하는 것은 동료를 모으는 효과적인 방법도 아니고, 좋은 생존전략도 아니다. 사냥꾼은 대신 이렇게 이야기를 풀어놓는다.

"이봐, 오그, 너는 마을에서 가장 똑똑하고 강한 사람 중 하나야. 우리들의 시조에 관한 전설을 너도 들어봤겠지? 울리맘모스를 잡아서 마을 사람들이 한 달 먹을 식량을 한 번에 구했다지? 우리는 지금도 그분을 존경하잖아? 똑같은 방법으로 마을 사람들에게 맘모스 고기를 많이 구해준다면, 너도 영웅이 될 수 있지 않을까? 네 이름은 영원히 우리 부족의 칭송을 받게 될 거야. 네 자손들이 튼튼하게 자라서 너의 영웅담을 이야기하고 노래로 부르게 되겠지. 마을은 번영하고 우리는 강력한 부족이 될 거야. 너의 집안은 온 땅에서 존경을 받게 될 테고.

자, 오그, 마을 사람들이 한 달 버틸 만한 식량을 구할 묘책이 하나 있어. 네 도움이 필요해. 너와 내가 몇 사람을 모아서 함께해야 성공할 수 있어."

이것은 동굴벽화로 그려져 수천 년 동안 전해진 이야기들이다. 이야기는 사실을 단순하게 설명하는 것보다 훨씬 더 설득력이 있다.

칩 히스Chip Heath와 댄 히스Dan Heath 형제가 쓴 《스틱!Made to Stick: Why Some Ideas Take Hold and Others Come Unstuck》의 한 대목을 보면, 저자 중 한 명이 강의 중에 경험한 일을 소개하고 있다. 그는 학생들에게 특정한 비즈니스 주제에 관해 발표한 후 서로의 발표에 대해 순위를 매겨보라고 지시했다. 그러자 뚜렷하게 차별화된 매력적인 차트 등을 동원해 생동감 있고 전문적인 발표를 한 이들이 최고의 프레젠테이션을 한 것으로 평가받았다. 같이 수업을 듣는 동료 학생들이 매긴 순위에서 이런 학생들이 상위권에 올랐다.

몇 주 후에 저자는 그때의 발표 내용을 기억하여 다시 순위를 매겨보라고 요구했다. 그러자 이번에는 생생한 스토리를 이야기한 학생들이 상위에 랭크되었다. 시간이 지나고 나니 다른 것들은 다 잊히고 생생한 스토리만 여전히 머릿속에 남아 기억되고 있었던 것이다. 그에 반해 차트까지 동원하여 사실들을 차근차근 열거했던 학생들은 하위권으로 밀려났다. 차트의 내용은 학생들의 기억 속에서 희미하게 사라져버렸기 때문이다.

"이야기는 통계보다 13배나 더 잘 기억된다.

사실은 말(tell)로 전할 수 있지만, 이야기는 돈을 받고 팔(sell) 수도 있다!"

선임직원이나 경영진이 신입사원에게 회사에서 어떻게 적응하고 생존할 수 있는지에 관해 들려주는 이야기는 안내서 같은 책자에 나열된 정책들이나 회사의 문화를 소개하는 책자에 등장하는 설명들보다 훨씬 강하게 뇌리에 입력된다. 이야기는 신입직원의 적응을 도와주기 때문에 그들에게 꼭 필요한 것 중 하나다. 아주 강인하고 자기확신에 가득 찬 사람만이 자신이 속한 집단에 순응하지 않겠다는 선택을 할 수 있다. 하지만 조직 전체와 어울리지 않거나 어울리고 싶어 하지 않는 대부분의 직원들은 몇 주 안에 말 그대로 '문화에 의해 내쳐지거나' 스스로 조직을 떠나고 만다.

문화는 신입을 비롯한 그곳 직원들이 집단의 일부가 되고 함께 어울리고자 하는 강한 필요에 의해 형성된다. 그리고 그 과정에서 '스토리'가 중요한 역할을 한다.

동화될 것인가 소멸할 것인가?

"우리는 보그족이다. 저항은 헛된 것이다. 그대는 동화될 것이다. 우리는
당신들의 생물학적이고 기술적인 특성을 우리의 것으로 추가할 것이다."

-〈스타 트렉〉의 보그족 여왕

〈스타 트렉〉에서 피카드 선장과 엔터프라이즈호 우주선의 승무원
들이 겪었던 매혹적이면서도 위험한 장면을 하나 꼽자면, 보그^{Borg}*라
고 불리는 외계인들과의 만남을 들 수 있다. 보그족은 모든 것을 알고
있으며 굉장한 힘을 가진 집단이다. 그들은 다른 종족을 그들 안으로
끌어들여 그들의 '생존정신'을 강제로 주입한다. 그들은 이를 '동화'라
고 부르며, 상대를 동화시키는 과정에서 폭력과 납치, 그리고 나노프
로브^{nanoprobe}라고 부르는 미세한 기계를 주사하는 등 강제력을 동원한
다. 보그족의 궁극적인 목표는 '동화'를 통해서 '완벽함을 달성'하려는
것이다.

보그족을 다루는 〈스타 트렉〉의 에피소드는 매우 흥미롭다. 나는
〈스타 트렉〉을 통해 조직문화가 어떻게 발전하는지에 대한 깊은 통찰
을 발견한다. 〈스타 트렉〉과 우리 사회의 실제 조직에서 관찰되는 동
화의 현상은 끔찍할 정도로 비슷하다. 다만 차이가 있다면, 우리 사회
의 실제 조직에서는 스스로 그만두거나 해고될 수도 있지만, 보그족의
경우 오로지 소멸되어야만 그 집단에서 벗어날 수 있다는 것이다!

---

* 〈스타 트렉〉에 등장하는 외계종족 중 하나

조직문화를 다룬 대중적이거나 학술적인 문헌들을 보다 보면 문화에 대한 가장 강력하고 결정적인 두 요소, 즉 '동료로부터 받게 되는 압력'과 '어울리고자 하는 인간의 사회적 욕구'를 다루고 있는 글이 드물다는 것을 알 수 있다. 내 경험으로는 이 둘은 매우 강력한 힘을 발휘하지만 기업의 문화가 발전하는 과정에서 간과되거나 과소평가되는 경향이 있다.

인간이 얼마나 쉽게 동화되는가를 보여주는 기초적인 연구가 있다. 심리학자인 린 버치 Leann Birch 는 완두콩을 싫어하는 미취학 아동(그게 나였다!)을 점심 때마다 완두콩을 좋아하는 아이들 세 명과 같은 테이블에서 식사하도록 했다. 4일이 지났을 때 완두콩을 싫어하는 아이는 서슴지 않고 완두콩을 먹게 되었다.[32] 선생님이나 부모님이 아무런 간섭이나 강요도 하지 않았는데 새로운 식사 습관이 생긴 것이다.

"인간은 적응하지 않을 수 없도록 강력하게 연결되어 있다!"

연구결과에 따르면, 하는 업무가 무엇이든 간에 같은 기업에 소속되어 일을 하는 직원들은 같은 업무를 하지만 다른 회사에서 근무하는 사람들보다 30%나 더 유사한 행동(구체적으로 말하면 학습하고, 추론하고, 계획하고, 참여하고, 실행하는 방식)을 보인다는 통계가 나왔다.

그것은 같은 업종이나 같은 지역에서 일하는 사람들과 비교해도 마찬가지다. 혼다에서 일하는 미국인 여성 엔지니어가 있다. 그녀가 혼다에서 일한다는 사실은, 그녀가 미국인이라는 사실이나 그녀가 자동차 산업에 종사하고 있다는 사실보다 그녀의 행동적으로 드러나는 작업습관에 더 큰 영향을 미친다. 게다가 업무방식은 포드의 미국인 엔지니어보다 혼다의 일본인 구매관리자와 더 흡사할 것이다.[33]

조직역학과 행동에 대한 통찰력 있는 글을 통해 정신과 의사에서 경영 자문가이자 작가로 변신한 레안드로 헤레로Leandro Herrero 는 '동료들로부터 가해지는 압력peer pressure'과 '적응하고자 하는 인간의 욕구human need to fit in'가 조직문화를 형성하고 사업의 변화 과정을 이끌어내는 중요한 요소임을 주장한 몇 안 되는 사람 중 하나다. 헤레로는 이 두 가지의 힘이 조직 내부에서 어떻게 작용하는지를 이해함으로써 대대적으로 조직을 전환하고 문화를 변화시키는 파격적이면서도 매우 효과적인 접근법을 고안해냈다.

그의 책《호모 이미탄Homo Imitans》과《바이럴 체인지Viral Change》는 나온 지 얼마 되지 않아 조직의 변화 필요성을 느끼고 있던 비즈니스 리더들 사이에서 고전으로 자리 잡았다. 그의 컨설팅그룹 칼포드 프로젝트Chalford Project 는 동료들의 압력과 조직에 적응하고자 하는 사람의 본능적 욕구를 이용하여 몇몇 문화변화 프로젝트를 성공적으로 개척해왔다(우리는 이 책의 5부에서 헤레로 박사의 접근방식에 대해 좀 더 살펴볼 것이다).

창업자와 초기 리더의 역할

샘 월튼Sam Walton 의 사업 스타일이 월마트의 검소하고 혁신적이며 경쟁력 있는 조직문화의 발전에 중요한 역할을 했다는 것은 널리 알려진 사실이다. J. C. 페니의 설립자인 제임스 캐시 페니^{James Cash Penney}는 절약과 근면의 신봉자였다. 그는 1940년에 아이오와주 디모인의 한 조그만 가게에서, 샘 월튼에게 가능한 한 적게 리본을 사용하면서 제대로 포장하는 방법을 훈련시켰다고 한다. 그런가 하면, 동업자였던 윌리엄 휴렛^{William Hewlett}과 데이비드 패커드^{David Packard}는 거대한 기술 기업으로 성장한 휴렛패커드의 초기 문화 형성에 상당한 영향을 미쳤다.

창업자나 초창기 경영진은 그들의 일관된 행동이나 수시로 직원들에게 해주는 이야기, 직원들에 대한 지도 등을 통해 자신들의 신념이나 업무윤리를 조직에 강력하게 각인시킨다. 버진그룹은 확실히 창업자 리처드 브랜슨^{Richard Branson}의 반 대기업, 소비자 옹호라는 신념의 그림자라 할 수 있다. 또 1960년대 초반 체이스맨해튼은행^{Chase Manhattan Bank}의 세계적인 성장과 신사적인 문화는 데이비드 록펠러^{David Rockefeller}의 성장과정과 그의 인격이 반영된 그림자였다.

창업자들과 초창기 리더들이 비즈니스와 인간에 대한 자신들의 가치관과 신념을 어떻게 조직문화에 각인시켰는지 알아보는 것은 어렵지 않다. 대개의 경우 그들은 초창기 임원들의 채용과 해고에 전권을 가지고 있었고, 자신의 신념과 가치관 그리고 업무방식이 비슷한 사람들을 선호했다.

창업자가 끼치는 강력한 영향력에 더하여, 경영진의 행동도 직원들에게는 어떤 것이 조직에 받아들여지는 바람직한 행동인지를 가늠하는 신호로 작용한다. 따라서 경영진이 잘 정렬되고 효율적인 팀워크를 이루며 행동할 때, 개방성과 훌륭한 팀워크를 가진 문화가 발전할 수 있다. 한편 경영진이 숨은 쟁점으로 삐걱거리고 영역다툼, 상호 비방, 책임감 부족 등으로 잡음을 일으키는 경우에도 그들의 행동은 직원들에게 어떻게 해야 회사에서 살아남고 승진할 수 있는가에 대한 신호로 작용한다.

"선생님, 무슨 말씀이신지요?
그렇게 큰 소리로 이야기하니 하나도 안 들립니다."
-새뮤얼 존슨

직장에서 선배들이 의식적으로 후배들에게 문화를 지도하는 경우는 흔하지 않다. 그러나 후배들은 누구나 회사 조직에 적응하고 승진하기를 바라기 때문에 의식적으로 선배들의 행동을 관찰하며 그 안에서 '용납되는 처신'의 단서를 찾고 싶어 한다.

따라서 리더 계층에서 어떤 말을 하고 나서 그 말과 다른 행동을 한다면, 직원들은 그들의 진의가 무엇인지를 신속하게 살필 것이다. 예를 들어 어떤 경영진이 핵심가치로서 존중의 중요성을 강조한 뒤에 오히려 매우 폭력적인 성향의 중간관리자를 승진시킨다면, 직원들 사이에서는 '진짜 중요한 것이 무엇인가'에 대한 이야기가 금방 돌게 된다.

경영진이 말로는 소통과 열린 마음을 틈나는 대로 강조했다 해도 그들이 출근하면서 회사 건물로 들어와 자기 사무실로 들어갈 때까지 한 번도 고개를 들지 않고 누구와도 인사를 나누지 않는다면, 그들이 평소에 한 말이 아니라 그런 행동에 관한 이야기가 금방 매점이나 술집에서 화제가 될 것이다. 행동이 말과 일치되지 않은 것이다.

주요 고객을 대상으로 비즈니스 제안을 수행하는 데 있어서 팀워크와 협업을 핵심적인 문화행동과 비즈니스 동력으로 삼고 싶다면, 경영진부터 이를 행동에 옮겨야 한다. 최고 수준의 컨설턴트로부터 판매 교육이나 협업 워크숍을 받는다 해도 그것만으로는 부족하다.

예를 들어 두 명의 임원이 서로 협력하지 않고 공개적으로 서로를 험담한다면(실제로 요즘도 많은 조직의 공동책임자들 사이에서 일어나는 일이다), 현장에서 주요 고객들에 대한 사려 깊은 협력은 고사하고, 조직 내부에서 부서 간에 의미 있는 지원과 협력조차 이루어지지 않을 것이다.

비즈니스 프로세스가 행동을 만든다

문화 변화, 턴어라운드, 성과 향상이라는 문제를 놓고 다양한 조직의 경영진들과 35년간 함께 일해오면서, 나는 그 조직이 설계하고 실제로 사용하고 있는 비즈니스 프로세스가 조직문화를 결정하는 데 커다란 영향을 미친다는 사실을 알게 되었다. 습관적인 행동(일하는 방식)은 직원들이 특정한 비즈니스 프로세스와 작업지침을 매일 반복하여 따르면서 형성된다.

비즈니스 프로세스(연간계획, 부서별 예산, 지출보고, 요구시간과 시간엄수 등)와 관리 프로세스(성과평가나 승진절차)는 일차적으로 개인의 행동방식을 형성하는 데 크게 영향을 주고, 나아가 집단의 행동에도 영향을 미친다. 그리고 궁극적으로는 조직문화에 영향을 준다. 사람들은 벽에 걸려있는 회사 가치나 멋들어진 사명선언문에 대해 그럴듯한 말을 할 수 있다. 하지만 그 누구도 내부적인 비즈니스 프로세스와 매일 마주치는 것을 피할 수 없다. 결국 회사에서 통용되는 비즈니스 프로세스를 따르지 않는 사람은 거의 없으며, 만약 있다 해도 그런 사람은 머지않아 회사에서 사라지게 된다.

이런 프로세스들은 사업적인 결과와 행동적인 결과를 함께 가져오는데, 경영자나 관리자가 잘 이해하지 못하는 것은 행동적인 결과들이다. 새로운 정책이나 프로세스는 (속도, 퀄리티, 생산성 등의) 사업지표들을 달성하기 위해 만들어지지만, 그 정책은 모든 직원들을 시간이 흐르면서 주입되는 어떤 방식에 따라 행동하게 만든다. 그리고 대개의 경우 의도치 않았던 부수적인 집단행동이 나타나며, 이는 대체로 비생산적이다.

예를 들어 판매생산성이나 영업성과를 측정하기 위한 프로세스가 오히려 여러 가지 역기능적인 행동을 야기하기도 한다. 개인에 대한 성과포상제도가 직원들로 하여금 결과에 집착한 나머지 과도한 모험을 하게 만드는 요인이 될 수 있다. 최근 투자은행들 사이에서 종종 거액의 거래손실이 일어나고, 금리 담합 스캔들이 급증하는 것이 대표적인 사례이다.

이에 더해, 제대로 설계되지 않은 비즈니스 프로세스는 '악의적인 복종'과 냉소주의를 낳고, 동시에 시간만 잡아먹는 소모적인 해결책으로 인해 생산성을 저하시키고 성과를 축소시키기도 한다. 투자은행들이 적용하고 있는 성과급 연봉제가 그 대표적인 사례이다. 그들의 프로세스는 (높은 성과를 내는 사람들이 그 성과를 유지하도록 하고 높은 회사 수익을 지속시키기 위해서는 그들에게 고액의 성과급을 지급해야 한다는) 잘 못된 가정에 근거하고 있을 뿐 아니라, 매년 경영진의 귀중한 시간을 '중요한' 직원들과의 끝없는 상여금 협상에 소모하게 한다. 그들의 개인적인 기대(혹은 요구)와 회사에서 책정한 상여금 규모 간에 적정선을 찾기 위해서 말이다. 이 경우 (개별 보너스 협상이라는) 명문화되지 않은 프로세스가 조직문화의 중요한 한 단면을 형성하게 되는 것이다.

기업의 리더들은 조직의 내부에서 통용되고 있는 비즈니스 프로세스를 면밀하게 들여다보아야 한다. 그렇게 하면 분명 사업환경이 지금과는 많이 달랐던 시대에 만들어져서 지금 당신이 추구하는 문화에 배치되는 일련의 행동들을 조장하는 '시대에 뒤떨어진 프로세스'를 찾아낼 수 있을 것이다.

가장 중요한 세 가지

조직에서 사용하고 있는 내부 비즈니스 프로세스들 가운데서도 조직문화에 보다 큰 영향을 미치는 것들이 있다. 그중 세 가지를 들자면 **채용과 해고, 승진**이다.

조직문화를 결정하는 가장 강력한 요인 중의 하나는 **채용** 과정, 즉 새로운 직원을 선발하는 과정이다. 리더십 IQ Leadership IQ*의 마크 머

---

* 리더십 교육훈련 회사

피 Mark Murphy가 이끄는 연구팀의 연구 결과, 기업에 의해 새로 선발된 직원의 40% 이상이 18개월 안에 각자의 기술적 역량과 무관하게 회사를 떠난다는 사실이 드러났다. 이들 조기 이직자의 89%는 자신이 입사하여 새로 맞닥뜨리게 된 새로운 문화에 맞추지 못한 것이 이직의 원인이 되었다고 한다. 그들이 실패한 것은 그들의 매니저나 팀에 대한 문화적 적응에 실패하였기 때문이다.

그렇다면 채용 과정에서 직무적인 요구사항뿐 아니라 문화적인 요구사항에도 그 지원자가 잘 맞는지를 확인하고 채용할 수 있다면 어떤 결과가 나올까? 다른 말로 하자면, 당신이 만들어보고자 하는 문화에 맞는 사람들이 당신의 사업 전략과 목표의 달성을 가능하게 하는 최적의 인재들이라는 이야기다.

직원들이 핵심적인 신념과 가치를 공유하게 되면, 업무를 통제하고 관리하는 데 필요한 정책을 일일이 만들지 않아도 된다. 오히려 직원들이 스스로 당신이 지향하는 문화에 맞는 고객서비스와 업무상 문제 해결방법을 만들어낼 것이다.

문화적으로 적합한 사람들을 뽑는 것이 어렵다고 생각되는가? 꼭 그렇지만은 않다. 그리고 한번 시도해볼 만한 가치가 있다. 럭셔리 호텔 체인인 리츠 칼튼 Ritz Carlton의 급성장을 기억하는가? 말콤 볼드리지 품질상 Malcolm Baldridge Quality Awards을 두 차례나 수상한 유일한 호텔 체인이다! 이 호텔의 CEO 호스트 슐츠 Horst Schulz를 포함한 경영진이 절묘한 서비스 문화를 만들기 위해 도입한 두 가지 핵심원칙은 '집중적인 측정기준 focused metrics'과 '집중적인 직원선발 focused employee selection'이었다. 여기에 핵심이 있다!

그들은 네브라스카주 링컨시에 본사를 두고 있는 심리연구회사인 텔런트 플러스Talent Plus에 의뢰하여 조직문화에 적합한 직원들을 선발하기 위한 채용면접 프로세스를 개발했다.[34] 경영진부터 객실 청소부까지 이러한 면접 과정을 거쳐 선발했다. 리츠 칼튼 특유의 집중 인터뷰 과정을 거치지 않고 고용된 사람은 단 한 사람도 없다. 그들은 자신들의 기업문화를 내부적으로 이렇게 설명한다. "신사숙녀들에게 서비스를 제공하는 신사숙녀들." 이것이 확실한 문화적 행동과 집중적인 선발과정의 출발점이 된다.

문화에 맞는 집중적 선택을 통해 성공을 거둔 조직이 리츠 칼튼만 있는 것은 아니다. 집중적 선발은 월트 디즈니Walt Disney 테마파크가 수십 년 동안 채택해온 직원채용 방식이다. 좀 더 최근의 예를 들자면, 미국에 본사를 둔 자포스Zappos.com가 1999년에 설립된 이래 탁월한 고객서비스를 바탕으로 세계적인 온라인 신발 판매업체로 성장한 것은 그들이 원하는 문화를 명확히 제시하고 그 문화에 적합한 사람들을 고용한 덕분이었다.

문화의 적합성을 기준으로 집중적인 직원선발 과정을 운영하는 기업은 단언컨대 매우 드물다. 왜 그럴까? 적어도 두 가지 이유가 있다. 하나는 경영진이 문화의 중요성과 사업성과와 직원행동 사이의 상관관계를 제대로 이해하지 못하기 때문이고, 두 번째는 기업들이 문화적 가이드라인이나 명문화된 가치관을 가지고 있다 하더라도 그것이 단지 글로 적힌 단어 나열의 수준을 넘어 생생하게 살아서 역할을 하지 못하기 때문이다.

'문화에 적합한 채용'이라는 채용지침도 잠재적으로는 부정적인 측면 또한 있을 수 있다. 이 지침이 부적절하게 사용되면 미묘한 차별을 불러올 수 있고 편파적이거나 불공정한 채용의 원인이 될 수 있기 때문이다. 그러나 이러한 채용 시스템이 높은 수준의 전문성을 가지고 개발되고 관리된다면, 잠재적 위험요소를 효과적으로 줄이면서 지원자 모두에게 공정한 기회를 제공할 수 있다.

채용과 관련하여 조직문화에 큰 영향을 미치는 또 다른 관행이 있다. 경영진이나 중간관리자들의 상당수를 꾸준히 외부에서 영입하는 채용방식도 직원들에게 회사의 문화에 대한 강력한 메시지를 던져준다. 나는 오랜 기간에 걸쳐서 수많은 기업의 직원들과 중간관리자들로부터 이런 말을 심심치 않게 들었다.

"우리 회사는 내부적인 경험이나 직원들의 로열티를 중요하게 생각하지 않는 것 같아요. 기존의 직원들은 제외시키고 외부에서 사람들을 불러들입니다."

조직문화 안에 이렇게 패배주의가 만연하게 되면 생산성과 혁신은 기대하기 어렵다.

누군가 **해고**되고 나면 얼마 지나지 않아 그 해고를 둘러싼 뒷이야기가 무성하게 돌아다닌다. 해고 사유에 대해 회사는 있는 그대로 밝히기보다는 매우 정치적인 설명을 한다. "그녀는 개인적인 이유로 회사를 떠났습니다"라든가 "그 사람은 좀 더 나은 뭔가를 추구하기 위해 우리를 떠났습니다"라는 종류의 설명이 뒤따른다.

직원들은 바보가 아니다. 그리고 떠도는 이야기들은 회사 경영진이 직원과 임원들의 행동을 어떻게 평가하는지를 설명해주는, 문서화되지는 않았지만 강력한 단서로 남게 된다. 회의 중에 품질불량이나 기술적으로 더 빠른 방법 등 불편한 이슈들에 대해 거침없는 의견을 말했던 관리자가 얼마 지나지 않아 퇴사를 한다면, 직원들은 소신발언을 하거나 목소리를 높이거나 문제를 제기하는 것이 곧 회사에서 잘리는 길이라는 인식을 하게 된다.

그러고는 누가 승진했는지, 왜 승진했는지 쑥덕거리기 시작한다!

숨어있는 위력자: 중간관리자

경영진은 중간관리자와 직원 사이에서 일어나는 상호작용을 면밀히 관찰하기 어렵다. 그 결과 조직문화에 결정적인 영향을 미치는 중요 요소가 간과되고 제대로 관리되지 못한다. 중간관리자는 조직문화는 물론 이직률에까지 결정적인 영향을 미치는 존재들이다.

갤럽Gallup이 100만 명 이상의 직장인과 8만 명 이상의 중간관리자를 대상으로 직원들이 회사를 떠나는 이유를 조사했다. 보고서로 발표되고 《리더십@매니지먼트First, Break All the Rules》라는 책으로 출간된 이 연구는 본래 직원참여에 관한 것이었지만, 문화의 힘을 이해하는 데도 큰 도움이 된다(마커스 버킹엄 & 커트 코프맨, 1999). 이 연구를 통해 알 수 있는 것은 다음 두 문장으로 요약된다.

- 직원들의 퇴사는 관리자를 떠나는 것이지 회사를 떠나는 것이 아니다.
- 재능 있는 직원들은 떠나고 썩은 고목 같은 사람들은 남는다.

이 두 문장, 특히 두 번째 문장은 조직문화가 어떻게 형성되고 지속되는지에 대해 많은 것을 이야기해주고 있다. 떠나지 않고 남아있는 사람들을 반드시 '썩은 고목'이라고 분류할 필요는 없겠지만, 남아있는 직원들이 자신들의 직속상관이나 관리자들과 자연스럽게 어울리거나 적응하는 경향이 있다는 사실을 이해하는 것은 중요하다.

한번 생각해보라. 중간관리자는 조직의 절반 이상을 감독하고, 직접적인 영향을 미치며, 직원들에게 큰 영향력을 행사한다. 중간관리자는 행동이나 태도, 직업윤리가 자기 마음에 드는 직원들에게 좀 더많은 보상을 하는 반면, 벽에 붙어있거나 회사의 소책자에 적혀있는가치관에 맞게 행동하는 직원들에게는 특별한 이익을 주지 않는다. 현장에서 무슨 일이 일어나는지도 모르는 경영진들 없이도, 중간관리자가 하루에도 수십 번씩 직원들에게 활력을 불어넣을 수도 있고, 사기를 떨어뜨릴 수도 있다. 강력하고 정렬된 조직문화를 만들고 싶다면, 당신이 특별하게 원하는 그 문화에 맞는 중간관리자를 고용하고계발시키는 것이 매우 중요하다.

산업의 역동성(Industry Dynamics)

대부분의 사람들은 산업의 역동성이 조직문화에 큰 영향을 미친다는 사실을 잘 인식하지 못하고 있다. 극단적인 사례로 패션산업의 작업 속도와 변화의 속도는 제약업과는 확연하게 다르다. 패션산업은수시로 변하는 소비자의 기호와 경쟁업체의 할인정책 등에 즉각적으로 대응해서 자신의 전략을 끊임없이 바꾸고 반응해야 하는 반면, 제약업은 신약 하나를 개발해 시험하고 승인을 받아 시장에 내놓기까지 짧으면 몇 년, 길면 수십 년도 걸릴 수 있을 정도로 산업의 사이클이 길다. 이 같은 각 산업의 역동성에 따라 기업은 각기 다른 유형의 성격을 지닌 사람을 선호하는 경향이 나타난다. 계속해서 새로운 것에 도전하고 끊임없이 새로운 활동을 하기를 좋아하는 사람, 거대하고 복잡한 기술적 과제를 인내심을 가지고 해결하는 것보다 고객을 직접 상대하는 일을 좋아하는 사람은 거대 제약회사에는 잘 맞지 않는다.

비슷한 산업분야에서도 비즈니스의 역동성에 따라 각각 다른 성격을 가진 사람들을 필요로 하게 된다. 같은 금융업이라 하더라도 소매금융업과 투자은행은 다른 성격의 사람들을 필요로 하고, 그에 따라 매우 다른 문화가 만들어진다.

회사의 의식(ritual)

《초우량 기업의 조건 In Search of Excellence 》에서 저자들은 강한 조직문화를 결정하는 핵심요소 중 하나로 회사의 의식을 강조했다. 동료들 간의 신뢰관계가 잘 형성되었다고 평가되는 기업에서 그러한 의식은 더 많이 발견되는데, 이는 결과적으로 보다 나은 고객서비스를 가져오고, 높은 성과를 낳는 업무습관의 형성을 도우며, 구성원들 간에 신뢰와 팀워크를 길러주기도 한다.

회사의 의식으로는 종종 직원들에 대한 특혜도 포함된다. 그 가운데 가장 유명한 것은 구글 직원들이 누리는 환상적인 혜택, 즉 자녀돌봄, 세탁과 드라이클리닝, 이발, 운동시설, 카페테리아, 게임룸, 상주하고 있는 의료진 등을 들 수 있다. 이러한 의식과 특혜 모두 회사의 전략 및 사업목표와 정렬되는 조직문화를 만들어내는 데 강력한 영향력을 발휘할 수 있다.

가장 효과적인 의식은 회사의 경쟁력과 성과를 높이는 데 도움이 되고, 가능한 한 많은 직원들이 참여하며, 행사와 의식 이후에도 어떤 눈에 보이는 상징성을 지니는 그런 것들이다.

군대의 경우, 군인들은 군복에 훈장과 종군휘장을 부착한다. 금속과 천조각에 불과한 이들을 강력한 상징과 서로간에 공유되는 중요한 문화요소로 만드는 것은 바로 전 군대와 가족 앞에서 그것을 수여받는 의식이다. 이러한 상징물은 돈으로 살 수도 없고, 단지 호의만으로 주고받을 수도 없다. 이것은 어떤 행동의 결과로 받게 되는 것이고, 회사의 전 직원 앞에서 그것을 수여받은 그 사람이 '우리의 일부'라는 사실을 드러내는 것이다.

나는 오랫동안 적지 않은 회사들이 회사 내의 의식이나 상징적인 수상식을 가볍게 여기는 것을 보아왔다. 어떤 회사들은 단지 불필요한 비용을 절감한다는 차원에서, 또 어떤 회사들은 직원들이 관심이 없다는 이유로 이런 행사를 치르지 않았다. 어떤 곳은 직원들이 이를 '불공정'하고 '정치적'인 것으로 받아들이고 있다는 인사부서의 분석에 따라 행사를 없애기도 했다. 그러나 이는 큰 실수다. 회사의 의식은 응집력 있고 정렬된 문화를 형성하는 데 도움을 준다. 그리고 이를 통하여 직원들에게 어떤 행동을 해야 하는지를 알려줄 수만 있다면, 강한 조직문화를 만들고 유지하는 데 도움이 되는 것은 분명하다.

내가 운영했던 국제적인 경영컨설팅회사에서는 신입직원들이 정규직원이 되기 위해 필요한 기본적인 기술과 지식을 습득하는 수습기간을 마친 후에 매우 중요한 의식을 치러주었다. 실제 현장에서 뛰게될 컨설턴트이든, 내부 사무직원이든 구분 없이 모두 해당되었다. 전직원이 참석하는 분기별 직원총회에서 새로 정직원이 된 이들에게 양복 상의 옷깃에 달거나 목걸이로 걸 수 있는 24K 골드 로고 핀을 수여한 것이다. 로고 핀을 직접 건네주는 사람은 (수습기간 동안 그들을 안내하고, 지원하고, 돕고, 가르치고, 상담역도 되어주고, 친구도 되어주도록 지정된) 후견인들이다. 또 이 회의에서는 고객 중 한 명을 초청하여 우리가 했던 일과 그 성과를 발표하는 순서도 가졌다. 그 고객을 맡은 팀의 선임 컨설턴트가 감사의 박수 속에서 고객에게 우리의 골드 로고 핀을 선물했다.

내가 회사를 떠난 지 얼마 지나지 않아 어느 공항에서 오래전 우리 회사의 고객이었던 여성 CEO를 우연히 만난 적이 있다. 그녀는 여전히 그 금색 로고 핀을 착용하고 있었다. 그녀는 자신과 회사가 그 의미를 얼마나 소중하게 생각하는지에 대해 한참 이야기했다.

우리 회사의 강력하고 잘 정렬된 문화를 형성하는 데 일조한 또 다른 의식은 우리 회사만의 연례 휴일제도였다! 방법은 간단하다. 미리 정해놓은 이익 및 매출목표를 달성하면 다음 해 1/4분기 중에 어느 기간을 선택하여 전 직원 휴무를 선포하고, 모든 직원은 물론 배우자 혹은 동거인과 자녀들까지 일주일 동안 이국적이며 특별한 어딘가에서 휴가를 보내는 것이다. 결과가 없다면 여행도 없다. 간단한 규칙이다.

내가 CEO로 있는 동안은 매년 일주일간 업무를 접고 휴가지로 회사를 옮겨버렸다. 하와이, 멕시코 카보산루카스, 카리브해, 바하마, 플로리다 키웨스트, 팜스프링스, 그 밖의 따뜻하고 햇볕 잘 드는 곳들로. 물론 엄청난 비용이 든다. 그러나 직원들은 그보다 훨씬 많은 돈을 회사를 위해 벌어주었다. 게다가 그 일을 통해 우리는 팀워크와 상호지원 그리고 동료들을 향한 긍정적인 의미의 압력을 형성하는 문화를 구축할 수 있었고, 그 문화는 고객들에게 보다 나은 서비스를 제공하고 불필요한 비용을 줄이는 데 도움이 되었다. 직원의 배우자들조차 이렇게 말했다.

"어서 일하러 가요. 그래야 내년에 또 이런 여행을 할 수 있잖아!"

회사 의식의 형태와 규모는 다양하다. 원하는 효과를 얻기 위해 꼭 많은 돈을 들이거나 해외로 나갈 필요는 없다. 하지만 반드시 투명하고, 정직하고, 원하는 조직문화를 만드는 데 도움이 되는 방향으로 진행되어야 한다.

컬처 데크(Culture Deck)

최근 새로 창업하여 뜨는 기업을 중심으로 컬처 데크^{Culture Deck}* 가 유행처럼 번지고 있다. 특히 빠른 성장과 장기적인 성공을 위해 재능

---

*   문화 지침서를 말하며, 넷플릭스의 컬처 데크가 유명하다.

이 풍부한 인재를 빨리 끌어들여야 하는 회사들이 이를 애용하고 있다. 이는 실리콘 밸리(혁신의 메카라고 여겨지는 다른 곳들도 포함하여)의 신생 창업기업에서 많이 발견된다. 이미 SNS 등을 통해 널리 퍼진 가장 유명한 컬처 데크는 자포스와 넷플릭스의 것인데, 조직문화가 자신들의 가장 중요한 경쟁력 중 하나라고 굳게 믿는 기업들이다.

컬처 데크는 대개 파워포인트로 제작된 일련의 프레젠테이션이나 슬라이드로 이루어져 있으며, 창업기업의 성공에 문화가 얼마나 중요하고 그것을 구축하기 위해 어떤 구체적인 행동이 필요한지 등을 상세히 담아낸다. 더 나아가, 받아들여지지 않거나 심지어 해고에 이를 수도 있는 구체적인 업무방식이나 관행까지 설명하기도 한다.

이는 회사의 내부 특성을 보여주는 것으로 이용되기도 하지만, 무엇보다도 채용과정에서 기준으로 사용된다. 메시지는 간단하다. 우리 회사의 문화나 분위기는 이러하니 마음에 들지 않으면 지원을 하지 말고, 지원하고 싶다면 그 문화를 진지하게 받아들여라!

지역문화 또는 국가문화

"당신은 '포테이토'라고 하고, 나는 '포타토'라고 하지.

당신은 '토메이토'라고 하고, 나는 '토마토'라고 하지.

다 잊어버리자고!"

-조지 거슈윈과 아이라 거슈윈 형제

비즈니스가 성장하고 글로벌화되면서 한 지역의 문화나 국가문화가 원래의 기업문화에 영향을 미쳐 또 다른 하위문화가 만들어지는 경향이 있다. 한 나라에서 형성된 문화가 다른 나라로 넘어갔을 때는 그 원형을 온전하게 유지하기 어렵고, 다른 나라에서 똑같이 해석되지도 않는다. 미국과 영국은 모두 영어를 사용하는 나라이지만 국가문화는 확연히 다르다. 동일한 단어나 문구가 각기 다르게 해석되기도 하고, 같은 행동이 다르게 받아들여지기도 한다. 많은 미국 기업들이 영국, 호주, 남아프리카공화국 등 같은 영어권 국가에 공장이나 사업장을 세우고 나서 상당한 기간이 지나도 생산성이 향상되거나 직원들의 사기가 오르지 않아 당황하곤 한다.

네덜란드의 심리학자인 헤이르트 호프스테더Geert Hofstede는 국가별 문화 차이에 대해 많은 고전적인 연구와 글을 남겼다. 호프스테더 교수는 90개국에서 모은 통계자료를 바탕으로 직장행동(조직문화)이 국가문화로부터 어떻게 영향을 받는지에 관한 포괄적인 연구를 수행했

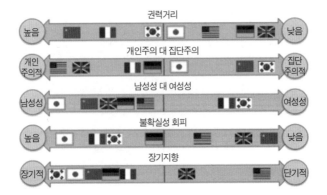

다섯 가지 척도로 본 국가별 문화 차이

다. 국가의 문화와 조직문화를 비교한 그의 연구와 주장은 그의 대표
작인 《세계의 문화와 조직 Cultures and Organizations: Software of the Mind 》에서 잘
설명되고 있다.

이 책의 내용을 모두 이야기할 수는 없지만 대신 옆의 그림을 통해
각 나라의 문화가 다섯 가지 측면에서 어떻게 다른지 전반적으로 살펴
볼 수 있다.

권력거리 Power Distance

권력거리는 조직 안에서 권력을 갖고 있지 않은 직원이나 그 조직
안의 제도가 권력의 불평등한 배분을 수용하거나 기대하는 정도를 말
한다.

개인주의 대 집단주의 Individualism vs Collectivism

이는 개인이 집단 안에 통합되는 정도를 가리킨다. 개인주의적인
사람이란 자기 자신, 그리고 자신의 직계가족만 관심을 갖고 돌보는
사람이다. 집단주의적인 사람은 태어날 때부터 강력하고 결속력 있
는, 무조건 충성하는 대가로 그들을 보호해주는 대가족(삼촌, 숙모, 조
부모)과 같은 배타적인 소규모 집단에 통합되어 있는 사람이다.

남성성 대 여성성 Masculinity vs Femininity

이는 남녀 간의 정서적인 역할분배를 가리키는 것이다. 여성성이
강한 나라에서는 여성이 남성과 같은 수준으로 겸손과 돌봄의 가치를
갖고 있다. 남성성이 강한 나라의 여성들은 더욱 단호하고 경쟁적임

에도 불구하고 남성만큼은 아니어서, 이런 나라에서는 남성의 가치와 여성의 가치 사이에 차이가 드러난다.

불확실성 회피 Uncertainty Avoidance

그 사회가 불확실성과 모호성을 용납하는 정도를 가리킨다. 불확실성을 회피하려는 성향이 강한 문화에서는 엄격한 법과 규칙을 적용하여 그런 상황이 발생할 가능성을 최소화하려고 노력한다. 불확실성 회피 성향이 강하지 않은 문화에서는 불확실성을 키울 수 있는 상황에 대해 관대하고 가능한 한 적은 규칙을 가지려고 한다.

장기지향 Long-Term Orientation

장기지향은 미래의 보상을 지향하는 실용적인 덕목들, 즉 절약, 지속성, 변화에 대한 적응 등을 추구하는 것이다. 반면 단기지향적인 사회는 국가적 자부심, 전통에 대한 존중, 체면 중시, 사회적 의무 이행 같은 덕목을 중요하게 여긴다.

"대개의 경우 국가문화가 기업문화보다 강하다."

비즈니스 리더는 자신의 기업이 글로벌화됨에 따라 국가 간의 문화 차이가 기업문화와 성과에 어떤 영향을 미치는지를 이해하려는 노력을 게을리해서는 안 된다.

국가문화는 현대 비즈니스의 필요와 요구에 반드시 잘 맞는 것은 아니다. 예를 들어서 후쿠시마 원전사고를 조사한 사람들의 말을 들어보면, 일본 문화의 뿌리 깊은 관습이 사고의 배후원인으로 작용했다고 한다. 스리마일섬에서 발생한 원전사고도 상당 부분 미국 특유의 개인주의 문화에 기인한다. 개인주의 문화 속에서 부서 간의 팀워크는 약화되고 내부경쟁은 심해졌다. 두 경우 모두 안전에 도움이 되는 문화는 아니다.

"젊었을 때 나는 여행을 많이 다니면서 서로 다른 여러 나라들을 둘러볼 수 있었다. 가난한 사람들을 위해 더 많은 공공 지원을 하고, 그들이 스스로를 책임지지 않을수록, 당연히 그들은 더 가난해졌다. 반대로 그들을 위해 무언가를 더 해주지 않을수록 그들은 스스로를 위해 무언가를 했고, 결국 더 부유해졌다."

-벤저민 프랭클린

조직문화의 구성요소

조직문화는 그것을 인위적으로 만들어가든, 자연스럽게 만들어지도록 내버려 두든 상관없이 발전해가는 것이다. 조직문화를 만들어내는 것으로 보이는 주요 구성요소들의 상대적 영향력을 목록으로 작성해보았다. 이 도표는 내가 여러 해에 걸쳐서 관찰하고, 문헌을 뒤지고, 수백 명의 CEO 및 경영진과 조직문화에 대한 이야기를 나눈 끝에 만들어진 것이다.

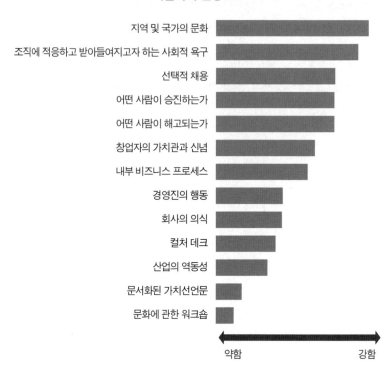

조직문화의 결정요소

	약함 ← → 강함
지역 및 국가의 문화	
조직에 적응하고 받아들여지고자 하는 사회적 욕구	
선택적 채용	
어떤 사람이 승진하는가	
어떤 사람이 해고되는가	
창업자의 가치관과 신념	
내부 비즈니스 프로세스	
경영진의 행동	
회사의 의식	
컬처 데크	
산업의 역동성	
문서화된 가치선언문	
문화에 관한 워크숍	

의견 차이

"믿거나 말거나, 대부분의 직원들은 회사에 더 큰 이익을 만들어주기 위해서
아침에 벌떡 일어나는 것은 아니다!"

딜로이트 컨설팅Deloitte Consulting은 2013년, 대기업에 근무하는 1,000
명 이상의 직원들과 300명 이상의 임원들을 상대로 '핵심 신념과 문
화Core Beliefs & Culture'라는 제목으로 그들의 문화와 사업성과에 대한 인식

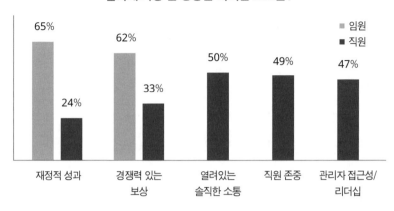

문화에 가장 큰 영향을 미치는 요소는?

- 임원
- 직원

| 재정적 성과 | 경쟁력 있는 보상 | 열려있는 솔직한 소통 | 직원 존중 | 관리자 접근성/ 리더십 |

65% / 24% · 62% / 33% · 50% · 49% · 47%

을 조사했다. 예상했던 대로, 무엇이 조직문화의 핵심요소인가를 놓고 직원 그룹과 임원 그룹 사이에 큰 차이를 보였다. 이 조사를 통해 중요한 질문이 던져졌다. 누가 바라보는 조직문화가 정확한가?

이는 조직문화를 사업성과 향상을 위한 지렛대로 활용하고자 하는 이들에게 다양한 통찰력을 제공해준다.

문화와 타임워프

"우리가 제도를 만들고, 그 제도가 다시 우리를 만든다."

-윈스턴 처칠

문화는 고정된 것이 아니다. 문화는 갑자기 생겨나거나 처음부터 완전한 모습을 갖추고 있는 것이 아니라 조직이 존재하는 동안 성장해가는 것이다. 대부분의 조직에서 문화는 자연스럽게 발전하게 되어 있다. 건강하고 높은 성과를 가져오는 문화를 만들고 싶어 하는 강력한 리더십의 간섭 없이도 문화는 다음과 같은 방식으로 진화해나간다.

창업과 초기 발전단계에서 문화는 비즈니스의 핵심요소에 의해, 그리고 조직의 영향력 있는 사람들에 의해 그 틀이 만들어진다. 문화는 이러한 요소에 **의존하며** 그에 의해 형성된다. 초기단계에서의 성공과 실패, 리더십 스타일, 전략에 대한 결정, 경영원칙, 고용, 시장, 인사정책, 그리고 동기부여 방식에 대한 믿음 등이 초기 문화에 영향을 주고 흔적을 남긴다. 엄지손가락으로 부드러운 점토를 누르면 지문이 선명하게 남을 것이다. 마찬가지로 초기 문화에는 그 시절의 사건들과 리더십의 흔적이 고스란히 담겨있다. **조직이 태동하는 이 시점에도 이미 문화는 존재한다.** 이때의 문화는 **의존적인 변수**이고 발전하는 젊은 조직을 구성하는 많은 요소들 중 하나다.

시간이 흐르고 직원들은 회사와 함께 3~5년 정도의 경험이 쌓인다. 경영자가 직원이나 고객, 경쟁자를 대하는 방식에서 습관적인 행동이 나타나기 시작한다. 강력한 '규칙과 역할'을 지닌 하위문화와 직원그룹이 형성되기 시작한다. 여기에 또 다른 변화가 추가되면 문화적 차이는 뚜렷해진다. 회사가 빠르게 성장하여 새로운 직원들이 합류하면 그들과 함께 외부의 문화가 들어온다. 사람들은 부서, 기능, 그리고 계층 문제를 이야기하기 시작하고, 이런 어렵고 때로는 논쟁적인 문제를 설명하는 데 '문화'라는 단어가 사용되기 시작한다. 지문은 깊어지고 점토는 점점 굳어간다.

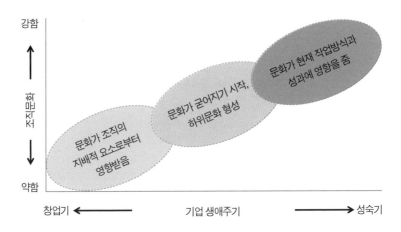

조직문화 속성의 변화

강함

조직문화

약함

문화가 조직의 지배적 요소로부터 영향받음

문화가 굳어지기 시작, 하위문화 형성

문화가 현재 직업방식과 성과에 영향을 줌

창업기 ← 기업 생애주기 → 성숙기

10년쯤 지나면 경영진은 떠나는 사람과 새로 들어오는 사람으로 인해 본래의 성격이 희석된다. 새로운 아이디어가 등장하고, 변화에 대해 이야기한다. 하위문화나 전반적인 습관적 행동, 고객을 대하는 방식이나 서로를 대하는 방식 등이 명문화된 규정은 아니지만 사실상의 규칙으로 받아들여진다. 그것은 직속상사나 영향력 있는 직원에 의해 신입직원에게 직접 전달된다. 복도에서 혹은 퇴근 후 술집에서 현재 존재하는 문화에 대해 좋은지 나쁜지 토론이 오간다.

문화는 조직 내부에서 일어나는 모든 일에 영향을 미친다. 문화는 이제 조직의 내부는 물론 주변에서 일어나는 모든 일에도 영향을 미치는 **독립적인 변수**가 된다. 고객과 공급업체는 물론이고 경쟁사까지도 문화를 의식한다.

"하나님은 나에게 내가 바꿀 수 없는 것을 받아들이는 마음의 고요와,

내가 바꿀 수 있는 것을 바꿀 용기,

그리고 이 둘을 분별할 수 있는 지혜를 허락하셨다."

-라인홀트 니부어

6. 문화는
계속 움직인다

"문화는 만들어지는 것이 아니다. CEO 이하 모든 구성원들이 진심으로
키워내는 것이다. 조직문화의 건강성에 무관심한 것은 수족관의 물을
더럽히는 것과 같다."

-숀 파르

강한 조직문화는 함께 공유하는 목표와 열망, 공식적·비공식적인
강화 메커니즘을 통해 형성되는 타협 불가능한 행동과 업무방식 등을
통해 구성원들을 하나로 묶는다. 강화 메커니즘에는 상사나 존경받는
핵심적인 직원의 암묵적 승인이나 인정 같은 매우 미묘한 과정도 포
함된다. 또 공식적으로 인정받거나 전 직원 앞에서 상을 받는 등의 공
공연한 과정도 포함한다. 필요한 행동이 분명할수록 강화 메커니즘의
영향력도 커지고, 이를 위반할 때 따라오는 고통도 커지며, 문화는 강
력해진다.

그러나 문화가 지나치게 강해질 수도 있을까? 옳고 그름에 대한 개인의 기본적인 가치관을 압도할 정도로 강해질 수 있을까? 혹은 그룹의 힘과 집중력이 개인의 상식을 압도할 정도로 너무 강해서 조직에 독이 되는 경우도 있을까?

답부터 말하자면 분명히 그럴 수 있다. 인간이 인간에게 잔혹행위를 가했던 사건은 역사 속에서 얼마든지 찾을 수 있다. 이는 오늘날의 세계에서도 여전히 되풀이되고 있는 극단적인 사례들이다. 강력한 지휘와 통제, 독재적인 지도자 스타일, 엄격한 행동규범과 위반자에 대한 강력한 처벌이 가해지는 군사·종교·정치·사회 조직에서는 있어서는 안 될 독소적인 문화toxic culture가 쉽게 용인되고 심지어 받아들여지는 사례가 얼마든지 있다.

군사조직이 아닌 기업의 세계에서는 어떠할까? 엔론Enron, 글로벌 크로싱Global Crossing, 그리고 월드컴WorldCom이 파산하고 경영자들이 감옥으로 간 것은 탐욕과 자기만족의 문화 때문이 아니었을까?

다행히도 이처럼 부정적이고 독소적인 문화를 갖고 있는 조직은 그렇게 많지 않다. 그리고 그 반대편의 극단에는 컬트적인 조직문화cult-like culture가 존재한다. 독소적인 문화가 여러 가지 면에서 조직에 해를 끼치는 것과는 정반대로 컬트적인 문화는 직원, 고객(흔히 '게스트'라고 불리는), 그리고 상장기업의 경우 주주, 심지어 환경에도 좋은 작용을 한다.

조직문화 연속체

여기서 잠시, 조직문화를 설명하기 위해 여러 문헌에서 정리되지 않고 흔히 사용되는 용어들을 정확하게 정의해볼 필요가 있다. 다음의 모델 및 정의는 내가 수많은 CEO들과 대화를 나누고 수백 개의 조직들을 진단하고 관찰하면서 오랜 시간 발전시켜온 결과다.

문화는 갑자기 생겨나는 것이 아니다. 문화는 서서히 발전하고 시간이 흐름에 따라 이리저리 움직일 수도 있는 것이다. 한때 훌륭한 기능을 발휘하던 문화가 다양한 이유(리더십의 빈곤, 시장과 기술의 변화, 또는 이런 여러 가지의 복합적 작용 등)로 인해 이전처럼 훌륭하게 기능을 하지 못하게 되고, 심지어 독소적인 문화가 되기도 한다. 조직문화는 정지해 있는 것이 아니다. 조직문화는 정적이거나 얼어붙어 있는 것이 아니라 살아있는 유기체처럼 외부자극에 확실하고 예측가능한 방식으로 반응한다.

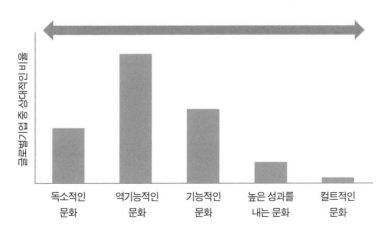

조직문화 연속체(The Corporate Culture Continuum)

나는 조직문화의 모습이 시간의 흐름에 따라 좌우로 이동하면서 여러 가지 다른 모습을 띠며 계속해서 변해가는 것을 관찰할 수 있었다.

기능적인 문화 Functional Culture

기능적인 문화는 모든 이해관계자들에게 좋은 방향으로 작용하며, 전략과 구조와 문화가 높은 수준의 정렬을 이룬다. 대부분의 직원이 회사가 어디로 가고 있는지 알고 있고, 회사의 경쟁우위를 이해하고 있다. 시간낭비를 최소화하면서 일을 처리하는 방법을 알고 있으며, 시간적으로나 질적으로 적절하게 일을 완수하기 위해 어떤 행동이 필요하고 요구되는지도 알고 있다. 기능적인 문화는 사업여건과 시장변화에 쉽게 적응하도록 돕는다. 모든 이들이 경영진에 대한 높은 수준의 신뢰를 가지고 있고, 회사를 일하기 좋고 스스로를 발전시키기 좋은 곳이라고 생각한다. 기능적인 문화는 대체로 괜찮은 수준의 비즈니스 성과를 낼 수 있다.

기능적인 문화 속에서 종사하는 사람들은 회사의 문화보다는 일 자체, 그리고 직업 자체의 이점에 좀 더 집중하는 경향이 있다. 이런 회사의 직원은 직속상관을 좋아하고 일을 좋아하기 때문에, 가끔 자신을 소소한 좌절에 빠뜨리는 상황이 발생하더라도 참고 견디려고 하는 경우도 있다. 회사에 대한 질문을 받으면 대개는 "괜찮은 편이에요"라고 대답한다. 친구들에게 자신의 자리를 양보하고 회사를 떠나는 경우는 거의 없다. 이런 회사의 리더십은 대개 '좋은 상품과 재정상태가 좋은 문화를 만들고, 그곳에서 직원은 좋은 경력을 쌓을 수 있다'는 점에 초점을 맞춘다.

역기능적인 문화 Dysfunctional Culture

어떤 때는 상당히 좋은 성과를 내다가도 또 갑자기 월스트리트와 주주들을 실망시키기도 하는 등 들쭉날쭉한 성과를 보여준다. 따라서 이런 기업은 성과지표 예측이 불가능한 기업으로 분류된다. 이러한 문화 속에서는 낮은 성과에 대한 비난과 변명이 난무한다. 취업시장의 상황에 따라 다르겠지만 이직률은 대체로 평균 이상이다. 하위문화가 강력하고 공고하며, 고객이나 회사에 대한 충성도보다 조직구성원에 대한 충성도가 더 높은 경향도 나타난다. 경영진은 고객과의 사이에서 나타나는 외부적인 문제보다 내부적인 문제를 살피고 해결하는 데 더 많은 시간을 소모한다. 대개 주요한 의사결정과 권력이 최상위권에 집중되어 있고, 회의는 많이 열리지만 직원들은 이를 시간낭비라고 생각한다. 경영진은 부서 간 상호협력적인 팀워크나 전반적인 전략목표보다 자신의 부서 역할에 더 관심이 많다.

나는 전 세계의 기업들이 이 범주에 속한 경우가 가장 많다고 생각한다. 그런 기업들이 품질 좋은 제품의 생산이나 성장, 효과적인 경쟁이나 사업목표 달성이 불가능하다는 의미는 아니다. 그들도 얼마든지 할 수 있다. 그러나 실제로 필요한 것보다 더 많은 노력과 일을 해야한다. 많은 에너지가 내부의 영역싸움, 사내정치, 재작업과 재설계, 문제해결, 배송지연에 따른 비용, 그날그날의 위기와 '진화작업'에 낭비되고, 더불어 스트레스나 정서적·육체적 학대와 같은 인적자원의 손실도 발생하기 때문이다. 역기능적인 문화 속에서 일하는 것은 풀숲

속을 달리는 것처럼 어렵다. 이런 회사에 근무하는 직원들에게 회사에 대해서 물으면 "그렇게 좋지는 않아요. 해야 하니까 하는 거죠."라고 대답할 것이다.

> "소인(小人)은 위대한 일을 시도해도
> 항상 보통 수준으로 축소시켜 일을 끝낸다."
>
> -나폴레옹 보나파르트

건강한, 높은 성과를 내는 문화 Healthy, High-Performance Culture

근래의 연구를 보면 높은 성과를 내는 문화는 대체로 건강한 조직으로 묘사된다. 또한 건강하고 생산적인 직장에 대한 연구를 바탕으로, 일하기 좋은 직장과 높은 성과를 내는 문화를 만들기 위한 활발한 움직임이 전 세계적으로 일어나고 있다(레버링, 2010).

100건 이상의 연구결과에 의하면, 가장 적극적인 직원들, 즉 업무에 전적으로 헌신하고 회사에 충성도가 높은 직원들이 그렇지 않은 직원들보다 훨씬 더 생산적이며, 고객만족도를 높이고, 훌륭한 업무성과를 보인다고 한다. 그러나 자신이 그러한 직원이라고 스스로 답한 사람은 20% 정도에 불과했다.[35]

> "일하기 좋은 직장이란 상사를 신뢰하고,
> 하는 일에 자부심을 느끼며,
> 함께 일하는 동료들로 인해 즐거운 그런 곳이다."
>
> -'일하기 좋은 직장' 연구소를 세운 로버트 레버링

높은 성과를 내는 문화를 가진 기업은 신뢰의 토대가 탄탄하다. 직원들은 경영진과 동료를 믿고 신뢰와 존경, 공정성을 바탕으로 행동한다. 이러한 신뢰는 앞서가는 인사정책이나 배려와 관심의 리더십, 엄격한 채용정책, 성과에 대한 인정 등을 통해 형성되고 발전한다. 회사는 스스로 자부심을 가질 만한 상품을 생산하고 서비스를 제공한다. 구성원들은 외부인에게 회사에 대해 긍정적으로 이야기한다. 사람들은 서로를 좋아하고, 이러한 문화에서 일하는 것을 좋아한다. 성장성, 수익성, 그리고 주가는 평균을 웃돈다. 높은 성과를 내는 문화는 안에서부터 구축된다.

한계를 초월하다

조직문화 연속체의 양극단에는 컬트적인 문화와 독소적인 문화가 있다.

> "내 생각으로는 자신의 임기 내내 개인 숭배에 가까울 정도로
> 지도력을 확고히 유지한 리더는 리 아이아코카가 처음이었던 것 같다."
>
> -톰 피터스

컬트적인 문화 Cult-like Culture

컬트적인 문화는 보기에도 참 매력적이다. 여기서 나는 '컬트적'이라는 단어를 매우 긍정적인 의미로 사용했다(일부 종교 교파에 대하여

이 단어를 사용하면 부정적인 의미로 해석될 수 있겠지만). 물론 여기에 속하는 기업이 그렇게 많지는 않은데, 이런 기업의 특징은 직원은 물론이고 고객까지도 회사에 대해 강력한 열정과 헌신을 보여준다는 것이다. 컬트적인 문화는 문자 그대로 직원과 고객들을 '끌어들인다'(직원과 고객을 확보하기 위해 '치열하게 밀고 당기는' 과정을 거쳐야 하는 다른 곳들과는 달리).

짐 콜린스Jim Collins와 제리 포라스Jerry Porras는 그들의 명저이자, 가장 큰 영향력을 끼친 비즈니스 서적으로 꼽히는《성공하는 기업들의 8가지 습관Built to Last》에서 컬트적인 문화는 성공한 기업들의 기본 속성 중 하나라고 말했다.

보통 컬트적인 문화는 다른 회사의 제품 및 서비스에서는 찾아볼 수 없는 방식으로 고객과 직원의 행복을 증진하는, 어떤 핵심이념에 대한 열정과 헌신에 기반한다. 컬트적인 문화는 저절로 나타나는 것이 아니라 설립자나 경영진에 의해서 설계되고, 육성되고, 유지되는 것이다. 그러나 그렇다고 해서 전적으로 그들에 의해서만 발전하는 것은 아니다. 사람들이 매력을 느끼고 추종하는 것은 이념이지, 사람이 아니다. 컬트적인 문화 안에서는 직원만족도, 고객만족도, 단위 면적당 판매량, 수익성, 성장성, 혁신 등 모든 분야에서 탁월한 성과가 나타나는 경우가 많다.

컬트적인 문화가 가장 오래 지속된 기업 중의 하나로 월트 디즈니Walt Disney를 들 수 있다. 월트 디즈니는 회사의 핵심이념을 상징하고 강화하는 새로운 용어를 만들어내기도 했다. '직원'이나 '종업원'이라는 말 대신 '캐스트 멤버cast member'라는 말을 썼고, 고객을 '초대받은 손님 guest'이라고 불렀다. 그리고 디즈니 안에서 행해지는 공연에서는 '배역'이나 '담당'이라는 말 대신 '파트 part'라는 용어를 사용했다. 심지어 일반적인 직원면접을 '오디션 audition'이라는 용어로 대체하기도 했다. 또 면접을 통해서 최종적으로 채용된 직원은 직급과 담당업무와 상관없이 모두 '디즈니 특유의' 신규직원 오리엔테이션 교육과정을 거치는데, 여기서 '사람들을 행복하게 해주는 기업 To Make People Happy'이라는 회사의 진정한 목적이 그들에게 주입된다.

캐나다를 기반으로 세계적인 브랜드로 빠르게 성장하고 있는 룰루레몬 Lululemon Athletica도 컬트적인 문화를 가진 기업의 사례이다. 룰루레몬은 고객들의 건강과 장수를 목표로 제품을 생산하지만, 이 회사의 컬트적인 문화가 진정으로 드러나는 곳은 바로 매장과 고객서비스 현장이다. 고객들은 함께 어울리고 요가나 스포츠에 대해 이야기를 나누고, 정보를 공유하고, 쾌적한 점포 디자인과 활기차고 전문적이며 의욕적인 직원들로부터 풍겨 나오는 좋은 분위기를 느끼고 싶어 매장을 방문한다.

그만큼 회사는 직원들의 발전에도 많은 신경을 쓴다. 모든 직원들은 1년, 5년, 10년 단위로 단기·중기·장기 목표를 세우고, 회사는 이를 위해 자체적인 목표설정 템플릿 등을 지원한다. 어느 직원의 외침처럼, "룰루레몬은 일하는 곳이 아니라 성장하는 곳"이다.

숫자로 나타난 성과도 인상적이다. 1999년에 설립한 룰루레몬은 2012년에 1제곱피트 단위면적당 매출액 부문에서 1,936달러로 3위를 기록했다. 이는 부동의 1위인 애플 Apple과 티파니 Tiffany의 뒤를 이은 기록이다. 이들 두 회사도 컬트적인 문화를 가진 기업들이다. 2012년의 매출액은 19억 달러였고, 이익률은 9억 달러로 25%를 훨씬 웃돌았다.* 북미주와 영국, 홍콩 등에 200개 이상의 소매점과 38개의 전시장 및 다섯 곳의 아웃렛 매장을 운영하고 있으며, 점포망을 350개로 늘린다는 계획을 가지고 있다.** 게다가 부채도 없고, 확장과 생산개발에 필요한 자금도 현금흐름에 의해 조달하고 있다.[36, 37]

독소적인 문화 Toxic Culture

독소적인 문화는 직원, 고객, 공급자, 주주, 지역사회는 물론 환경에도 재앙이 된다. 독소적인 문화는 때로 어떤 비용을 치르게 되더라도 오로지 이익에만 초점을 맞춘다. 이런 문화 속에 있는 기업의 특징은, 숫자로 나타나는 경영성과가 업계평균에 비해 크게 웃돌기도 하고 밑돌기도 하는 등 들쭉날쭉하고, 1년 사이, 심지어는 분기별로도 크게 오르내린다는 것이다. 이런 회사는 '매월 단위'로 개선시책이 남발되는데, 대개는 비용과 매출에 관한 것이고, 인적자원개발에 대한 정책이나 구호는 찾아보기 힘들다. 고객들 입장에서는 이런 회사가 반가울 수도 있다. 단기적 실적에 집착해서 특별 할인행사나 다양한 고객 인센티브를 제공하기 때문이다. 회사에 대한 직원들의 충성도나 애착은 매우 낮다. 이들이 회사에 대해서 갖고 있는 관심은 급여를 제대로 받는 것뿐이다. 그리고 지위 고하를 막론하고 이직률이 높다. (1985년까지 콘티넨털항공은 CEO를 10년간 열 번이나 교체했다!)

---

*   2019년 매출액은 39.8억 달러, 순이익 6.5억 달러, 영업이익률은 16.2%다.
**   2020년 2월 현재 매장 수는 491개로 늘었다(2019년 3월 440개).

독소적인 문화는 비밀주의를 선호하며 내외부를 막론하고 원활한 소통이 이루어지지 않는다. 정보와 뉴스는 대부분 소문과 유언비어로 옮겨진다. 우리는 가끔 독소적인 문화를 가진 회사가 외형을 늘리기 위해 다른 기업을 인수하는 경우를 보게 되는데, 이는 단기적인 효과 밖에 볼 수 없는 전략이다. 모든 면에 있어서 문화가 우선시되지 않는다면, 오래된 회사는 규모가 커지고 나쁜 습관이 굳어짐에 따라 점점 독소적인 문화 쪽으로 향해 갈 수 있다.

독소적인 문화는 다음과 같은 특징을 가진다.[38]

- 분노와 좌절이 만연해 있다.
- 천박하고 모욕적인 언어가 쉽게 사용된다.
- 권력을 남용하여 괴롭히는 사람들이 존경받는다.
- 손가락질과 비난이 잦고, "내가 알 바 아니야"라는 냉소적인 말이 흔하게 들린다.
- 서로 신뢰하거나 존중하지 못해 직원들 간의 관계가 비정상적으로 작동한다.
- 회의가 열리지만 비생산적이다.
- 계급에는 특권이 따른다는 명백한 착각이 존재한다.
- 정책, 절차, 시스템을 과도하게 제한하거나 통제한다.
- 인사담당부서는 무능하거나 힘이 없다.

콘티넨털항공Continental Airlines은 1985년 고든 베튠Gordon Bethune과 그렉 브렌먼Greg Brenneman이라는 경영자를 만나 턴어라운드하기 전까지 독소적인 문화를 가진 대표적인 조직이었다. 7개의 항공사가 합병하여 만들어진 데다가 혹평을 받는 리더십 아래서, 직원들은 공항이나 슈퍼마켓에서 만나는 고객들의 불평을 피하기 위해 유니폼에서 회사 로고를 뜯어내는 일도 흔했다. 사람들은 이 회사를 피하는 수준을 넘어 혐오하기까지 했다. 이 회사의 직항노선을 타느니 돌아가더라도 다른 항공사 비행기를 타기 일쑤였다.

캘리포니아주 프리몬트의 GM^{General Motors Corporation} 자동차 공장도 독소적인 문화의 대표적인 사례이다. 직원들은 경영진에 대한 항의의 의미로 자동차문 판넬 안에 먹다 남은 샌드위치를 밀어 넣고 용접을 하기도 했다. 이 공장은 전 세계의 GM 공장 가운데 가장 성과가 낮고, 품질이 떨어지며, 파업이 잦은 공장이었다.

또 다른 사례로는 엔론^{Enron} 의 조직문화가 있다. 엔론은 제프 스킬링^{Jeff Skilling} 이 CEO로 부임한 후 몇 년 사이에 독소적인 문화로 급격하게 바뀌었다.

금융서비스산업 부문에서는 골드만삭스^{Goldman Sachs} 와 바클레이즈^{Barclays} 가 대표적인 독소적 문화의 기업으로 꼽힌다. 골드만삭스의 한 전직 임원은 《뉴욕 타임스》에 보낸 자신의 사직서에서 이렇게 말했다.

"나는 이 회사 문화의 발자취와 사람들, 그리고 그 정체성을 이해할 수 있을 만큼 오래 일했다고 생각한다. 그리고 나는 지금 이 회사를 둘러싼 상황이 그 어느 때보다 독소적이고 파괴적이라고 믿는다. … 이 회사의 지금 모습은 내가 막 대학교를 졸업하고 입사했을 때와는 너무 달라서 양심상, 이 회사의 현재 모습과 나를 동일시한다고 더 이상 말할 수 없다."[39]

2012년 호주 올림픽 수영팀의 사례는 비즈니스와는 관련이 없지만 많은 것을 시사해준다. 호주는 올림픽 수영 종목의 전통적인 최강국이지만 2012년 올림픽에서는 금메달을 겨우 하나밖에 따지 못했다. 무엇이 잘못된 것일까?

런던에서의 초라한 성적은 리더십의 실패와 도덕적 권위와 규율의 결여에서 비롯된 왕따, 약물 오남용, 음주, 훈련 시 통금위반 등의 독소적인 문화 때문이라고 밝혀졌다(호주수영협회의 독자적인 조사).[40]

변화는 일어난다

"외야수들이 테드 윌리엄스만 나오면 수비 위치를 이동하잖아.
왜 그는 왼쪽으로는 타구를 못 보내는지 이해할 수가 없어."

-타이 콥

1980년대 초, 미국 천연가스 업계에는 큰 변화의 바람이 불었다. 규제완화의 바람이 교통, 통신, 에너지, 특히 천연가스 파이프라인 분야에 큰 변화를 가져온 것이다. 가격경쟁이 심해졌고, 국경을 뛰어넘는 인수합병도 성사되었다. 가장 두드러진 사건은 1985년에 오마하소재의 인터노스InterNorth Corporation가 휴스턴천연가스Houston Natural Gas를 흡수하여 엔론이 출범한 것이다. 연방에너지규제위원회 Federal Energy Regulatory Commission, FERC 명령 436호에 따른 파이프라인에 대한 접근개방 정책 덕분에 다른 파이프라인 회사들과 파트너십을 맺은 엔론은 플로리다부터 캘리포니아까지, 몬태나부터 일리노이를 거쳐 텍사스까지 가스수송을 전담하는, 가스수송 시장의 최대 업체가 된다.

회사를 통합하여 비용효율이 높은 조직으로 개편하는 일은 파이프라인 운영을 총괄하는 CEO 론 번스 Ron Burns 가 맡았다. 노던내추럴가스 Northern Natural Gas 의 임원 출신인 론 번스는 새로 출범한 엔론의 휴스턴 본사로 자리를 옮겼다. 내가 론과 처음 만난 것은 그가 파이프라인 운영 CEO로 있을 때였고, 그는 각기 다른 조직이 합쳐지면서 한 곳으로 모여든 다양한 문화를 통합하는 일을 내게 맡겼다. 1980년대 당시의 상황에서 볼 때, 론 번스는 열린 대화와 비전의 공유, 타협할 수 없는 행동, 윤리적인 리더십, 경영발전 등에 기반을 둔 높은 성과를 내는 조직문화가 가진 힘과 중요성을 제대로 이해하고 중시했던 몇 안 되는 경영자 중 한 사람이었다. 그는 훌륭한 리더였고, 훌륭한 고객이었으며, 또한 훌륭한 골퍼이기도 했다!

1991년에 이르러 엔론의 파이프라인 조직에는 높은 성과를 내는 문화가 확실하게 자리를 잡았다. 생산성과 이익도 높아졌다. 안전은 세계 수준에 이르렀고, 엔론의 파이프라인을 타고 태평양 연안에서 대서양 연안까지 가스가 흘러갔다. 누가 봐도 매우 잘 작동하는 성과 높은 문화였다. 그 후, 엔론 회장 켄 레이 Ken Lay 의 컨설턴트였던 맥킨지사의 제프 스킬링 Jeff Skilling 이 새로운 CEO로 부임했다. 론이 회고하는 바에 따르면, 그가 부임하면서 회사의 상황은 크게 바뀌었다. 문화에 관한 한 좋아진 것은 없었고, 직원들 사이에서 우려가 생겨나기 시작했다.

스킬링은 맥킨지 시절 동료이기도 한 톰 피터스^{Tom Peters}의 생각을 지지하는 사람이 아니었다. 그는 문화를 무시하고 사업다각화, 주당수익, 온라인거래, 매출증대에만 집착했다. 엔론의 주가는 급등했다. 이때쯤 론 번스는 사임했다. 나는 그때 론이 했던 말을 기억하고 있다. 아마 이런 말이었을 것이다.

"나는 주가가 얼마나 상승했는지는 관심 없어. 그들이 하는 일은 사업상 그리 바람직하지 않아 보여."

결국 론의 생각은 옳았다. 엔론은 종이로 지은 집처럼 무너졌고, 회사는 파산했다. 엔론의 회계감사를 담당했던 회계법인 아서 앤더슨^{Arthur Andersen}은 문을 닫았고, 스킬링은 다른 사람들과 함께 감옥으로 갔다. 소송과 언론의 취재에 시달리던 켄 레이는 심장마비로 사망했다. 엔론의 불법적인 금융거래에 대해서 처음으로 문제를 제기한 여성 직원이 해고되었다는 사실은, 엔론의 문화가 짧은 시간 안에 얼마나 많이 바뀌었는지를 보여주는 사례였다!

한때 기능적이며 높은 성과를 내주던 문화가 짧은 시간 동안에 탐욕과 거짓, 재정적 속임수가 난무하고 직원복지를 경시하는 독소적인 문화로 바뀌었다. 엔론은 한때 좋은 회사였지만, 이런 회사도 얼마든지 급격한 문화의 변화가 일어날 수 있다!

CEO와 비즈니스 리더들을 위한 몇 가지 핵심 질문

- 왜 회사는 컬트적인 문화를 갖게 되거나, 독소적인 문화를 갖게 되는가?
- 그 회사들은 어떻게 그렇게 되었는가?
- 무엇이 문화를 시간의 흐름에 따라 변화시켰는가?
- 당신 회사의 조직문화는 어느 방향으로 가고 있는가?
- 당신과 경영진이 문화를 좋은 방향으로 적극적으로 이끌기 위해 할 수 있는 일은 무엇인가?

조직문화의 힘을 구축하여 활용하기를 원하는 비즈니스 리더와 CEO들이 늘 마음에 새기고 있어야 할 질문들이다.

7. 문화는 만들어지는가, 저절로 형성되는가?

우선 분명하게 말하고 싶은 것이 있다. 당신이 알고 있든 그렇지 않든, 좋아하든 싫어하든, 원하든 원하지 않든, 그리고 당신이 처음부터 만들어낸 것이든 저절로 생겨난 것이든, 회사에 들어오면서 선배로부터 전수받은 것이든 간에 당신의 조직 안에는 문화가 존재한다는 것이다. 조직이 크든 작든, 막 창업했든 오래되었든, 그리고 정부기관이든 NGO든, 모든 조직에는 문화가 존재한다.

중요한 것은 당신의 조직에 문화가 존재하는가, 그렇지 않은가가 아니다. 그 문화가 경쟁력 우위를 확보하는 데 도움이 되는가 아니면 장벽이 되는가, 그리고 당신이 그러한 문화를 형성하기 위해 적극적으로 노력했는가, 아니면 자연발생적으로 만들어져서 멋대로 발전하도록 그저 내버려 두고 있는가 하는 것이다.

인위적으로 만들어진 문화

> "싫든 좋든, 당신의 조직에는 문화가 존재할 수밖에 없다.
> 그렇다면 왜 그것을 당신이 사랑할 만한 것으로 만들어내지 않는가?"
>
> -허브스폿 컬처 코드

원하는 문화를 의도적으로 구축하면 창업자나 창업팀 입장에서는 조직의 전략·구조와 문화를 정렬시킬 수 있고, 처음부터 이에 맞는 효과적인 업무행동과 관행을 직원들에게 알려줄 수 있다. 그러나 이는 쉬운 일이 아니다. 그러기 위해서는 매우 중요한 세 가지의 문화 결정요소를 철저히 고려해야 하는데, 즉 '회사 문화에 맞는 직원을 선발하기 위한 채용원칙', '올바른 행동을 유도하는 비즈니스 프로세스와 관행', '문화를 관찰하고 재정렬하는 데 도움을 주는 평가방식과 지표'이다.

온라인 DVD 대여와 스트리밍 분야의 초거대 기업인 넷플릭스 Netflix의 창업자들은 문화를 사업 구축의 토대로 삼고자 했다. 문화에 대한 자신들의 생각을 담은 126페이지 분량의 파워포인트 문서는 사실상 사업계획서 역할을 했고, 모든 결정의 기준이 되었다.

> "우리가 늘 꿈꾸던 회사를 만들자. 우리가 그곳 출신임을 자랑할 수 있을 만한 회사를 만들자."   -넷플릭스의 리드 헤이스팅스와 패티 맥코드

2013년에 온라인을 통해 공개된 '넷플릭스 문화: 자유와 책임 Netflix

Culture, Freedom and Responsibility'이라는 제목의 넷플릭스 컬처 데크는 이미 1800만 뷰와 페이스북 '좋아요'를 받았다. 페이스북의 최고운영책임자COO인 셰릴 샌드버그Sheryl Sandberg는 이 문서를 가리켜 "실리콘 밸리에서 나온 가장 중요한 문서"라고 말했다.

왜일까? 의도적인 설계를 거쳐 만들어진 조직문화에 대한 최초의 그리고 가장 명료한 설명문 가운데 하나이기 때문이다. 자연발생적인 문화가 아니라 문화를 의도적으로 만들 때에는, 경쟁력 있고 지속가능한 조직을 구축하기 위해 다음의 몇 가지 중요한 사항들을 고려하게 된다.

- 특정한 문화 결정요소들이 왜 확립되어야 하는가?
- 문화를 주도하고 확산시키는 역할을 누가 할 것인가?
- 그 문화가 어떤 사람을 포용하려고 하는가?
- 모든 직원들의 정렬된 행동이라는 관점에서, 문화란 어떤 의미인가?
- 문화에 변화를 주려는 노력이 언제 이루어져야 하는가?
- 문화의 변화는 어떻게 시작되고, 구체화되고, 시행되고, 모니터링되고, 인정받게 되는가?

〈넷플릭스 문화: 자유와 책임〉에서는 그들이 만들어가는 새로운 문화의 일곱 가지 중요한 기본요소를 다음과 같이 나열하고 있다.

- 우리가 가치를 부여하는 가치 Values are what we Value

- 높은 성과 High Performance
- 자유와 책임 Freedom & Responsibility
- 통제를 지양하고 맥락을 중시 Context not Control
- 잘 정렬되어 있으면서도 느슨하게 결합된 조직 Highly Aligned, Loosely Coupled
- 업계 최고의 급여 Pay Top of Market
- 승진과 자기계발의 기회 Promotions & Development

잘 정렬된 조직문화를 구축하고 유지하는 실제적인 힘은 말과 의식 뒤에 숨어있는 의미다.

이 일곱 가지 기본요소 뒤에는 모든 직원에게 어떤 행동이 요구되는가에 대한 합리적이고 명료한 설명과 기대가 담겨있다. 전통적인 조직에서 많은 경영진들이 이러한 컬처 데크를 Y세대를 향한 선언문 정도로 치부하는 경향이 있지만, 실제로 이것은 폭발적인 성장을 이끌어내기 위해 초기부터 문화규범을 확립하는 데 아주 효과적으로 사용될 수 있다.

불과 10년 만에 넷플릭스는 10억 번 이상의 동영상 서비스를 제공하고, 이제 동영상 스트리밍 시장을 지배하기 시작했다. 이전에는 없었던 방식으로 넷플릭스가 자체적으로 투자·제작한 〈못 말리는 패밀리 Arrested Development 〉, 〈하우스 오브 카드 House of Cards 〉, 〈헴록 그로브 Hemlock Grove 〉는 2013년 에미상 수상식에서 14개 부문에 걸쳐 후보에 오르고 3개의 상을 수상했다.

"넷플릭스에서 우리는 사람들이 기업에 대해서 떠올릴 수 있는 책임감을 구축해야 한다고 생각한다. 사무실에서 오랜 시간 쉬지 않고 일하는 것이 중요한 것이 아니다. 우리는 훌륭한 일을 하는 데 관심이 있다."

-리드 헤이스팅스

높은 성과를 내고 빠르게 성장하는 기업을 만들려면 높은 성과를 내기에 적합한 문화가 필요하다. 그리고 모든 구성원이 그 문화에 집중하고, 고객의 반응에 세심하게 귀를 기울이면, 그 조직은 지속가능하고 탁월한 성과를 내는 멋진 한 방을 날릴 수 있게 된다.

저절로 형성된 문화

넷플릭스나 자포스, 월트 디즈니, 애플, 구글, 룰루레몬 등과 같이 창업초기부터 문화에 대한 강한 신념을 보이는 기업은 그리 많지 않다. 대부분의 조직에서 경영자들은 문화는 뒷전이고 제품, 프로세스, 이익에만 온통 관심을 쏟는다. 그러는 동안에 문화는 조직 안에 존재하는 여러 가지 보이지 않는 힘과 요소들이 뒤섞여 작용하면서 저절로 만들어진다.

그러나 문화는 정적으로 한 곳에 머물러 있거나 하나의 모습으로 고정되어 있는 것이 아니다. 여러 보이지 않는 압력의 강도가 세지고 약해짐에 따라 문화는 천천히 바뀌어간다. 변화가 발생한다!

해적 스튜

"수프와 낚시를 보면 인생의 희노애락 절반이 보인다."

알래스카에서 배를 타고 플라이낚시 여행을 할 때 우리는 충분한 음식(신선식품, 포장식품, 냉동건조식품 등)을 준비해 간다. 물론 거의 매일 밤 신선한 생선을 먹는 것은 말할 것도 없다. 그러나 잘 짜인 계획에도 차질이 생길 수 있는 법. 때로는 음식이 모자라기도 하고, 급류에 뗏목이 넘어가 음식 상자를 떨어뜨리기도 한다. 그래서 준비해 온 음식들이 바닥을 드러낼 조짐을 보이면 우리는 '해적 스튜pirate stew'라고 부르는 음식을 만들어 먹는다.

해적 스튜라는 것은 상하지 않은 모든 음식을 한꺼번에 냄비에 넣고, 박테리아를 죽이기 위해(혹은 좀 더 좋은 냄새가 나도록) 보드카나 포도주를 넣고 끓이는, 한마디로 말해 잡탕 찌개다. 춥고 비 오는 날 저녁에 모닥불을 피워놓고 먹으면 맛이 그럴듯하다. 보기에는 좀 그렇지만 그래도 먹을 만하다.

많은 경우 조직문화는 우리도 모르는 사이에 해적 스튜처럼 되어버린다. 다양한 생각과 경험, 그리고 다양한 어젠다는 잠재적으로는 창조와 혁신의 능력을 강화하는 데 도움이 될 수 있다. 그러나 다양성이 지나친 조직문화는 필연적으로 여러 하위문화들을 형성하고, 이들이 서로 잘 어울려 작동하지 못하면 비즈니스의 변화와 혁신을 가져오는 바람직한 움직임을 방해하는 부작용을 낳는다.

바로 다음과 같은 일이 일어나는 것이다. 처음에는 무엇이 중요하고 어떻게 서로 도와 일해야 하는지에 대한 분명한 목적과 공유된 가치, 그리고 기본적인 규칙을 가지고 출발한다. 목표는 분명하고, 모든 이들이 서로를 잘 알고 있으며, '고객의 행복을 증진시키고, 이익을 내고, 사업을 성장시킨다'는 등의 공통된 목적의식을 가지고 있다.

그러나 회사가 성공하고 성장함에 따라 새로운 직원, 관리자, 임원이 외부로부터 들어오면서 새로운 기술과 기법, 경험들도 그들과 함께 들어온다. 뿐만 아니라 그들의 개인적인 가치관과 이전에 다른 회사에서 몸에 익은 업무방식도 함께 들어온다. 즉 각기 다른 문화에 익숙한 사람들이 대거 유입되면서 지금껏 정렬되어 있던 문화와 일치된 목적의식이 흔들리기 시작한다. 지금까지 공유되던 분명한 목적은 사라지고, 서로 다른 행동방식이 충돌한다. 조직문화는 점점 골칫거리가 되어간다.

오늘날의 세계적인 은행 조직 안에 만연되어 있는 '해적 스튜' 문화를 떠올려 보라. 아주 대표적인 사례가 골드만삭스 Goldman Sachs 다. 골드만삭스는 정부·개인·기업 고객들에게 인수합병에 대한 자문, 언더라이팅 서비스, 자산관리, 프라임 중개 서비스를 제공하는 글로벌 투자은행이자 증권회사다. 이 회사는 자기자본거래는 물론 사모펀드도 취급하고, 미국 재무부채권의 주요 딜러이기도 하다.

전체적인 전략적 방향에 일치되지 않는 문화

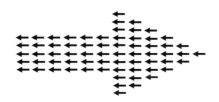

골드만삭스는 거대기업이다. 3만 6천 명이나 되는 직원들을 거느리고 있고, 365억 달러 이상의 매출을 올리며, 금융에 대한 높은 전문성을 가진 기업으로 평가받는다. 한때 골드만삭스는 최고의 금융서비스 회사였고, 최고 수준 경영대학원 출신의 가장 유능하고 우수한 MBA 학위 소지자들을 정기적으로 대거 채용하는 회사였다.

그러나 이 회사의 높은 평판에 의문이 일었던 시기가 있었다. '14개 비즈니스 원칙14 Business Principles'('언제나 고객의 이익을 최우선으로 한다Our Clients' Interests Always Come First'는 원칙을 제1항으로 하는)으로 유명했던 본래의 골드만삭스 조직문화는 어느새 탐욕과 사리사욕이 개인 및 직업 윤리로 자리 잡은 '기업 해적corporate pirate' 문화로 변해버렸다. 사실, 요즘 업계에서는 골드만삭스를 '흡혈오징어vampire squid'라고 부른다. 세계 어느 곳이고 가리지 않고 진출해 피를 빨아먹는 탐욕스러운 모습 때문이다.

2012년 골드만삭스의 미국 주식파생상품 사업 책임자였던 그렉 스미스Greg Smith의 사직서가 《뉴욕 타임스》에 공개되면서, 지난 20년 사이 이 회사에서 일어난 윤리의식과 조직문화의 변화가 새삼스럽게 주목받았다. 그의 사직서가 공개된 후, 25억 달러가 회사의 대차대조표에서 사라졌다.

"더 이상 학생들의 눈을 똑바로 쳐다보고 이곳이 얼마나 일하기 좋은 곳인지 말할 자신이 없다는 사실을 깨달으면서, 이제는 떠나야 할 때가 왔다는 것을 알게 되었다. 언젠가 골드만삭스의 역사가 책으로 쓰이게 된다면, CEO 로이드 블랭크페인Lloyd C. Blankfein과 게리 콘Gary D. Cohn 회장은 기업의 문화가 통째로 사라지는 것을 눈뜨고 지켜본 사람이라고 기록될 것이다. 나는 이 회사에서 도덕적인 용기를 발휘하기가 어려워지는 것이 장기적으로 생존에 가장 심각한 위협요소로 작용할 것이라고 분명히 믿고 있다."[39]

골드만삭스가 성장하고 확장되면서 다양한 문화를 가진 많은 직원들이 들어왔다. 이러한 조직의 확대로 인해 탁월한 인재와 금융전문가들이 영입되는 동시에, 그들의 훌륭하고 원칙에 충실했던 본래의 조직문화가 심각하게 훼손되고 있다는 사실을 그들은 눈치 채지 못했던 것 같다. 골드만삭스가 대표적인 사례이기는 하지만, 해적 스튜 현상은 크고 작은 모든 규모의 문화에서 일어날 수 있다.

문화의 표류

대학교 2학년 때, 해양지질학 과목을 공부하면서 대륙이동이라는 충격적인 주제에 관해서 토론하던 기억이 지금도 생생하다. 판구조론은 발표된 후 수십 년 동안 많은 저명한 과학자들로부터 조롱을 받았지만, 1968년 지구물리학자 잭 올리버 Jack Oliver가 판구조론과 대륙이동을 뒷받침할 만한 지질학적 증거를 발표했다. 거대한 해저 바닥이 아주 극단적으로 느린 속도이기는 하지만 움직일 수 있으며, 이와 같은 수백만 년에 걸쳐 일어나는 작은 움직임으로 인해 지구에는 역동적인 변화가 일어난다는 것이다.

시간의 경과에 따른 대륙이동과 비교될 수 있는 움직임이 조직문화에서도 일어나는 것은 분명한 사실이며, 나는 비즈니스 리더들도 이를 이해해야 한다고 확신한다.

거의 모든 초기단계의 기업에는 '사업을 어떻게 수행할 것인가', '일터에서 어떤 식으로 행동해야 하는가'에 대한 기본적인 원칙들이 존재한다. 넷플릭스나 허브스폿, 자포스처럼 명문화되어 있지는 않다고 하더라도 대부분의 회사에 존재하는 이러한 원칙은 창업초기의 '일하는 방식'을 수립하고, 고객과 직원과 주주 사이의 정렬을 이루어내는 데 효과적이다. 즉 어떤 면에서 보면, 새로 설립된 모든 조직은 '의도적으로 만들어진 문화'를 가졌고, 그 가운데 어떤 조직은 다른 조직들에 비해 좀 더 강력하고 투명한 문화를 정립하는 것이라고 볼 수 있다.

다시 골드만삭스의 사례로 돌아가, 1980년대 초에 공동 CEO 존 화이트헤드John Whitehead는 그 유명한 '골드만삭스 비즈니스 원칙Goldman Sachs Business Principles'을 발표했다. 다음은 그의 이야기를 발췌하여 옮긴 것이다. [41]

"우리는 지금 급속한 성장기에 접어들었다. 만일 우리 조직이 매년 10%씩 성장하고 5% 정도의 이직률을 기록한다고 가정하면, 첫해에 우리 조직 안에 신규입사자가 차지하는 비중이 15% 정도가 될 것이고, 이 추세가 3년간 계속되면 전체 조직 안에서 신규입사자의 비중은 45% 정도에 이를 것이다. 나는 어떻게 골드만삭스의 원칙을 모든 직원들에게 이해시킬 수 있을지 걱정되기 시작했다. 그러던 중, 나는 행동규정이라고 부를 만한 원칙들을 정리하여 만들었다. 이 원칙은 내가 만든 것은 아니다. 나의 전임자들이 만든 것이고, 골드만삭스가 지금까지 늘 지켜왔던 원칙들을 정리한 것뿐이다. 내가 만든 초안에는 열 가지 원칙이 있었는데, 주변의 몇몇 사람들이 마치 십계명을 연상시킨다는 지적을 해주어서 12개 항으로 늘렸다. 그것이 변호사들의 검토 과정에서 몇 줄 더 추가되어 지금의 14개 항의 비즈니스 원칙으로 확정된 것이다.

어쨌든 나는 이것이 매우 자랑스럽다. 이 비즈니스 원칙은 경영위원회의 승인을 받았고, 모든 직원들에게 전달되었다. 정확하게 말하자면 모든 직원들의 가정으로 보내졌다. 그들이 높은 기준을 가진 훌륭한 회사에서 일하고 있다는 사실을 배우자와 자녀들과도 함께 나누고 싶어 할 것이라고 생각했기 때문이다. 지금 생각해도 참 괜찮은 전달 방식이었다.

당시 우리는 모든 부서장들에게, 그들이 매일의 일상에서 이 원칙을 어떻게 적용할지, 그리고 그들이 이러한 규정을 잘 지키고 있는지 어떤지 직원들과 함께 토론할 것을 요구했다."

성장하고 변화하는 모든 조직 안에서 발견되는 문제들은 체계적으로 관리되고, 때로는 지나치게 세밀하게 관리되기도 하지만, 문화는 예외다. 문화는 종종 무관심하게 방치된다. 그 결과 조직에는 '문화의 표류cultural drift'가 나타나고, 아주 짧은 시간 안에 원래 모습과 전혀 다른 모습으로 변하기도 한다.

한때 잘 정렬되어 있는 듯했던 조직문화가 시간이 지남에 따라 정렬에서 벗어나는 주된 이유는 경영진이 문화의 중요성을 제대로 이해하지 못하거나 아예 인식조차 하지 못하고, 조직문화를 어떻게 관리해

문화의 '표류'

전략·구조와 정렬되어 있던 문화가 보이지 않는 힘에 의해 움직여간다.

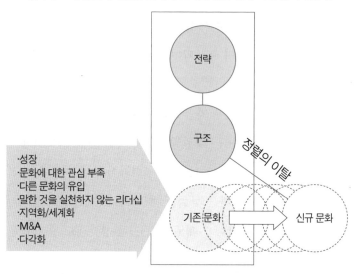

야 하는지 잘 모르기 때문이다. 문화에 대한 이해와 인식의 부족으로 인해 경영자는 문화를 정렬 상태로 유지할 수 있는 '리더십의 결정적 순간'을 놓치게 된다.

문화에 대한 무시와 리더들의 인식부족의 결과, 한때 정렬되고 최적의 상태로 유지되던 문화가 시간이 흐르면서 중간 수준 또는 썩 좋지 않은 수준으로 이동한다. 그리고 성장과 인수합병, 갑작스러운 경쟁과 도전, 중대한 경영진의 개편 등 외부적인 작용이 가해지면 독소적인 조직문화와 부정적인 하위문화가 발달할 여지가 생기고, 실제로 그렇게 된다.

문화가 길을 잃은 사례

노텔Nortel Networks Corporation은 1880년대에 전화기와 교환기를 생산하고 캐나다 벨 전화회사Bell Telephone Company of Canada에 장비를 납품하며 성장한 회사다. 최고 전성기였던 1990년대에는 이 회사 주식의 시가총액이 토론토 증권거래소에 상장된 기업들의 시가총액을 모두 합친 것의 3분의 1에 달했고, 전 세계에 9만 4,500명이나 되는 직원을 거느릴 정도로 세계적인 기업이었다. 노텔은 디지털시대의 상징과도 같은 기업으로, 업계 최초로 완전한 디지털통신제품을 공급한 회사였다. 1977년부터 DMSData Management System 라인을 도입하고, 특히 1984년에 AT&T가 여러 개의 회사로 분사되는 틈을 타서 빠르게 성장했다. 유럽과 중국의 주요 공급처였으며, 일본전신전화에 납품한 최초의 외국업체이기도 했다.

그러나 2009년 1월 14일, 노텔은 돌연 미국, 캐나다, 영국 채권자들에게 파산보호신청을 냈다. 같은 해 6월, 이 회사는 영업을 중지하고 모든 사업부문을 매각할 것이라고 발표했다. 매력적이고 수익성 높은 업계에서 한때 선두를 달렸던 노텔이 불명예스럽고 고통스러운 종말을 맞이한 것이다.

파산한 다른 많은 회사들 가운데 노텔의 스토리가 특히 눈길을 끄는 것은 조직문화의 역할을 제대로 탐구해볼 수 있기 때문이다. 급격한 사양길로 접어들기 전까지 노텔은 '대가족'과 같은 조직문화를 가지고 있었다. 직원들 모두가 서로 친밀하고, 어떤 일이 어떻게 돌아가는지 잘 알고 있었다. 판매촉진이나 거래를 위한 어떤 정보가 필요할 때 직원들 중 누구에게 도움을 청해야 하는지도 모두 알고 있었다. '비공식적인 조직들'이 업무가 원활하게 진행되는 데 중요한 공헌을 하는 방식이었다. 그래서 새로운 제품과 서비스를 시장에 진출시키는 속도가 매우 높다는 것이 이 회사의 상당한 경쟁력이었다.

노텔의 급성장을 주도한 핵심 경영진들 중 한 명인 개리 도너히 $^{Gary Donahee}$ 는 이렇게 회고한다.

"우리는 누가 좋은 사람인지 알았고, 무슨 일을 하기 위해 도움이 필요할 때는 그들에게 전화를 걸었다. 그런 식의 협력방식이 잘 작동했다."

노텔의 문화는 강력했고, 당시의 상황을 아는 사람들의 증언에 의하면 높은 성과를 내는 문화 $^{high-performance\ culture}$ 를 가지고 있었다.

회사는 빠른 성장에 취해 수백 명의 신규 매니저와 임원, 그리고 직원들을 채용했다. 이들은 공식적인 조직도를 숙지하고는 있었지만, 노텔 특유의 공식 조직을 넘어선 협력 문화에 대해서는 잘 모르는 사람들이었다. 이들은 사업과 경영에 대해 이미 다른 곳에서 몸에 밴 그들만의 행동방식과 태도를 지니고 있었다. 외부로부터의 빠른 신규직원 유입은, 그들이 비록 훌륭한 경험과 필요한 비즈니스·영업·기술적인 능력을 모두 갖춘 사람들이라고 해도, 노텔 특유의 문화를 희석시키고 문화적인 잡탕 스튜를 만들어내는 부작용을 일으켰다. 노텔 특유의 빠른 업무추진 문화도 훼손되기 시작했다. 다양성이라는 면에서는 긍정적일 수 있었지만, 업무와 고객과 동료들을 향한 응집력 있는 태도나 행동은 자취를 감추고 말았다.

결과적으로 의사결정 속도가 상당히 느려졌다. 시스템을 통해 무언가를 얻어내는 것이 점점 어려워졌고, 노텔보다 더 민첩한 기업들에게 시장을 내주게 되었다. 그러자 경험이 풍부한 임원들 중 상당수가 스톡옵션으로 보유하던 주식을 처분하여 현금으로 바꾸고 퇴직해버렸다. 노텔은 절뚝거리기 시작했고, 얼마 지나지 않아 파산신청을 했으며, 마침내 사망선고를 받았다.

노텔은 자신의 문화보다 너무 많이 자라버렸던 것이다. 결국 노텔은 고객서비스부터 기업윤리에 이르기까지 모든 면에서 관점이 충돌하고 하위문화가 만연한 취약하고 깨지기 쉬운 문화로 바뀌고 말았다.

하위문화: 상자 속의 상자

기업의 역사가 오래되다 보면 본래의 문화가 퇴색하고 희석되기 시작하면서 강력한 하위문화가 발생할 여지가 생긴다. 많은 경우 하위문화는 변화와 사업상의 불확실성이 커지는 시기에 자기보존과 고용보장을 바라는 작은 그룹이나 부서들의 필요에 의해서 생겨난다. 사례를 하나 들어보자.

딕 밀먼 Dick Millman 이 벨 헬리콥터 Bell Helicopter 의 CEO로 취임했던 2007년 1월 무렵, 이 회사는 상업용 헬기의 판매수요를 충족시키기 위해 고군분투하는 한편, 군용헬기 부문에서는 초대형 정부개발 프로젝트가 비용과다와 납기지연 문제로 취소될 위기에 처해있었다. 벨은 힘든 시기를 보내고 있었고, 무슨 일이든 해야만 했다.

신임 CEO는 당장 눈앞에 닥친 긴급한 현안을 해결하고 대차대조
표상의 적자를 막기 위해 노력했다. 그리고 한편으로는 생산성 향상
과 혁신에 눈을 돌렸다. 이 두 가지는 회사가 오랫동안 해결하지 못하
고 고전하고 있던 문제였다. 그러나 이것은 그가 상상했던 것보다 더
힘든 과제였다. 측정기준과 대책이 세워졌고, 필요한 훈련이 이루어
졌으며, 사람들은 모두 전문성을 충분히 갖췄지만, 생산성은 향상되지
않았다.

딕은 당시 12년 동안 벨 헬리콥터에 취임한 다섯 번째 CEO였고,
이 회사의 기술 및 제조 부문에서 근무하는 직원들의 평균연령은 50
세 전후였다. 직원들은 벨에서 오랫동안 일한 사람들이었는데, 심지
어 퇴직한 직원의 자녀들도 많이 있었다. 그는 중간관리자들을 유심
히 관찰한 결과 그들 안에 '위 비 $^{We\ Be}$' 문화가 존재함을 알게 되었다.

이들은 회사에 오래 근무한 중하위급 관리자 그룹으로, 경영진
과 모든 새로운 변화들을 향해 냉소적인 반응을 보이는 이들이었다.
'위 비'란 "We be here before you and we be here after you have
moved on(우리는 당신이 오기 전부터 여기에 있었고, 당신이 떠난 후에도 여
기에 있을 것이다)"을 줄인 말이다. 새로운 흐름에 대한 그들의 저항과,
동료들로부터 나름 존중받고 영향력도 있는 이 그룹에 속한 사람들로
부터 나오는 집단적이고 강한 압박이 생산성과 성과를 향상시키기 위
한 노력에 큰 장애가 되었을 것임이 분명했다.

하위문화는 리더십이 부족하고, 문화를 관리하고 유지하는 것의
필요성을 잘 알지 못하는 오래된 조직에서 많이 생겨난다. 또 하위문
화는 회사에 대한 충성도나 고객에 대한 충성도보다 직원들 서로간의

충성도가 훨씬 강한 곳에서 자기정체성 확인과 자기보존의 수단으로 형성되는 경향이 있다. 커다란 관료조직, 특히 정부기관 안에서 이러한 하위문화가 잘 생기는 것은 그다지 놀랄 일이 아니다.

반 마넨[J. Van Maanen]과 발리[S. R. Barley]는 1985년에 발표한 논문에서 하위문화를 이렇게 정의했다.

"서로 꾸준히 교류하고, 스스로를 조직 내에서 구별되는 사람들이라고 생각하고, 같은 문제를 공유하고, 그들 특유의 사고방식에 근거하여 행동을 하는 조직구성원들의 집단."[42]

과업지향적인 하위문화들

대부분의 조직 안에는 '과업지향적[task-oriented]'인 하위문화들이 존재한다. 에드거 샤인[Edgar Schein] 교수는 이들 하위문화를 세 종류로 구분했다. **실무자 문화**(사람들 사이의 상호교류, 높은 수준의 의사소통, 신뢰와 팀워크에 기반함)와 **엔지니어 문화**(멋들어진 해결책, 어떤 문제나 자동화 및 시스템에 대한 추상적인 해결책), 그리고 **경영자 문화**(재무에 집중, 외로운 영웅, 자신이 옳고 전부 다 알고 있다는 생각)이다.

샤인은 어느 조직에서나 이 세 부류의 하위문화가 정렬을 이루는 것이 효율적인 성과를 내기 위해 꼭 필요하다고 단호하게 주장한다. 샤인은 이렇게 말했다.

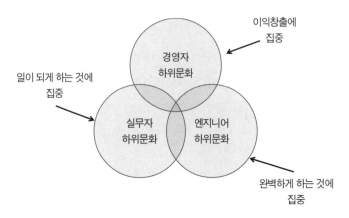

에드거 샤인의 하위문화의 세 유형

"흔히 많은 사람들이 관료주의나 환경, 또는 관리자들 사이의 개인
적 충돌 탓이라고 생각하는 많은 문제들이 사실은 하위문화들이 정렬
을 이루지 못해 생겨난 결과물이다."

정렬되지 않은 하위문화 안에서도 각자 열심히 할 수는 있다. 그
러나 각각의 방향과 동기가 다르기 때문에 이를 일치시키려는 노력이
필요하다. 경영자들은 자신들 사이에 형성된 하위문화에 따라 이윤과
비용을 중시하는데, 그러면서 보통 그들과는 다른 목적과 동기에 초
점을 맞추는 엔지니어 하위문화나 실무자 하위문화의 요구를 놓치기
쉽다.

여기에 무서운 현실이 있다. 경영진 대부분은 회사 안에 어떤 하위
문화가 존재하는지, 그리고 그것이 얼마나 강력하고, 성과에 어떤 영
향을 미치는지 전혀 알지 못한다! 앞으로 이 책을 통해 더 자세히 보게
되겠지만, 그러한 하위문화들이 왜 그리고 어떻게 유지해올 수 있었는

가, 그리고 그들이 어떻게 변화에 대한 깊은 냉소와 저항의 중심으로 작용하게 되는가 하는 것은 매우 중요한 문제다.

Culture
Leverage

3부

리더십과 조직문화

"경영진이 그들의 직원을 대하는 방식은
직원이 고객을 대하는 방식과 정확하게 일치한다."

-샘 월튼

옛날에 가족들의 생계를 돕기 위해 모자를 팔던 소년이 있었다. 그는 매일 학교수업이 끝나면 거리에서 형형색색의 모자를 팔고 다녔다. 손수레에 줄줄이 모자를 매달아 장식하기도 했다.

매우 더운 어느 날이었다. 그는 뜨거운 햇볕을 피해 잠시 쉬려고 모자를 실은 수레를 나무 아래 세웠다. 잠깐 앉아서 물 한 모금 마시려는 순간, 한 무리의 원숭이들이 나무 꼭대기에서 내려와 그의 모자를 모두 낚아채 갔다. 원숭이들은 자신들의 성공을 자축하기라도 하듯 울부짖고 떠들며 나뭇가지 높은 곳에 모자를 걸어놓았다.

소년은 고개를 들어 그것을 바라보았다. 모자들이 너무 높은 곳에 걸려있어서 손이 닿지 않았다. 가족들에게 한 푼도 가져다줄 수 없을 것 같아 화가 난 소년은 돌을 집어 원숭이들을 향해 던졌다.

원숭이들은 소년이 돌을 던지는 것을 보고 마치 흉내 내듯 나무에서 큰 과일을 따서 소년에게 던졌다. 원숭이가 던진 과일이 소년의 머리를 명중하기도 했다. 원숭이들은 더 기뻐서 날뛰었다.

소년은 낙담하여 수레 옆에 주저앉았다. 시간이 지나 긴장이 풀리고 마음이 진정되면서 원숭이에 대한 복수심도 어느 정도 가라앉자 분노로 가득 찼던 마음속에서 새로운 아이디어가 샘솟기 시작했다. 곧 기발한 생각이 떠올랐다.

그는 일어나서 원숭이들의 주의를 끌기 위해 소리쳤다. 그리고 자신이 쓰고 있던 모자를 벗어서 땅바닥에 내던졌다. 그러자 원숭이들도 기뻐 소리치면서 나무에 걸린 모자들을 집어 땅바닥에 따라 던지기 시작했다.

소년은 침착하게 모자들을 주워서 그곳을 떠났다.

이 우화는 조직문화의 핵심적인 원리 중 하나를 보여주고 있다. 원숭이들은 단순히 소년이 하는 대로 따라 하고 있다. 소년이 돌을 던지자 원숭이들은 과일을 던졌고, 모자를 땅에 던지자 그들도 따라서 모자를 던졌다!

직원은 그 조직 리더들의 행동을 보면서 어떻게 행동해야 하는지, 무엇이 중요한지, 어떻게 하면 조직 안에서 성공할 수 있는지 등에 대한 실마리를 찾는다.

결국 경영진이 어떠한 행동을 하면, 그것이 받아들여질 만한 행동이라고 직원들은 생각할 것이다. 그런가 하면 경영진이 기업이 추구하는 가치에 대해서 이야기를 해놓고 실제 행동은 그와 다르다면, 직원들이 무엇을 롤모델로 삼을지 생각해보라!

"생선은 머리부터 썩기 시작한다!"

8. 리더의 그림자

"조직은 그 리더의 그림자다.

좋은 소식이자 동시에 나쁜 소식이지만!"

몇 년 전, 고객인 한 CEO가 나를 회사의 연말 세일즈 컨퍼런스에 초대했다. 한 해의 성과달성 압박에서 벗어난 직원들이 행복한 표정으로 플로리다의 고급 컨벤션센터를 가득 채우고 있는 모습을 상상해 보라. 모두들 기분 좋아 보였고, 여기저기서 가벼운 웃음소리가 들려왔다.

마지막 날 저녁의 폐회행사는 특별히 초청 연예인들의 공연과 함께하는 디너쇼로 치러졌다. 행사를 기획한 사람은 참석자들을 즐겁게 해주기 위해 돈을 아끼지 않고 연말 축하행사에 안성맞춤인 유명한 스탠딩 코미디언을 라스베이거스에서 섭외해 왔다.

멋진 저녁식사를 마칠 즈음, 이 회사가 지향하는 여섯 가지 핵심가치에 근거를 둔 시상식이 열렸다. '밸류 어워즈Values Awards'라는 이름으로 CEO가 직접 수여하는 시상식을 통해서, CEO는 회사의 핵심가치를 직원들에게 다시 한번 강조하는 기회를 가졌다. "우리의 핵심가치는, 올해 우리가 이뤄낸 것과 같은 최고의 사업성과에 큰 기여를 합니다. 그뿐 아니라 우리의 일상적인 행동의 바탕이 되기도 합니다."라고 그는 말했다.

바로 그때 축제가 시작되었다. 조명이 희미해지고, 섭외된 연예인이 갈채와 환호 속에 등장했다. 그가 회사의 제품과 몇몇 경영진들에 대해 가볍게 언급하는 것으로 봐서, 미리 그러한 것들에 대한 언질을 받고 등장한 것이 틀림없어 보였다. 이렇게 모든 것이 순조롭게 진행되었다.

그러나 그가 준비해 온 코미디 공연이 본격적으로 시작되자 군중들 사이에서 뭔가 불안한 술렁임이 일었다. 그의 공연은 재미있었지만, 그가 던지는 유머는 '소년들의 밤축제'나 '남자들만의 파티'에나 어울릴 만한, 실적달성을 축하하는 기업의 연말행사에는 전혀 맞지 않는 내용들이었다. 그의 입에서 농담이 튀어나올 때마다 객석은 오히려 긴장감이 더 높아졌다. 그가 던지는 농담은 재미있지만 저급했고, 사람들은 웃어도 괜찮은지 확인하려는 듯 서로를 바라보기 시작했다.

코미디언이 몇 차례 더 농담을 던질 즈음, CEO가 일어나 무대 위로 걸어 올라갔다. 그는 당황한 공연자에게 마이크를 달라고 손짓했다. 이때쯤에는 객석의 직원들도 긴장한 듯 포크 소리 하나 들리지 않았다. 그는 당황한 코미디언을 향해 고개를 돌려 말했다.

"고맙습니다. 당신의 공연은 더는 필요하지 않을 것 같습니다. 출연료는 지급하겠지만, 공연은 지금 끝내주십시오!"

그러고는 객석으로 몸을 돌려 말했다.

"여러분 모두에게 사과드립니다. 저분의 농담은 모든 이들을 존중한다는 우리의 가치에는 맞지 않습니다. 제가 책임을 통감하며 사과드립니다. 저는 우리가 공유하고 있는 조직의 가치들이 그 어떤 것보다 중요하다고 믿습니다. 우리 회사를 이렇게 훌륭하게 만든 것은 그 가치들입니다. 남은 저녁 시간 동안 서로 함께 즐깁시다. 그것이 최고의 엔터테인먼트라고 생각합니다."

그는 모두의 기립박수를 받으며 무대에서 내려왔다.

리더의 위치에 있는 사람의 행동이 주는 영향력은 넓고도 크다. 불과 2분도 안 되는 짧은 시간 동안 그가 한 행동은 기업의 가치관에 대한 어떤 연설이나 메모, 포스터, 혹은 어떤 교육 프로그램보다도 회사의 문화에 강력한 충격을 주었다. 눈에 보이는 CEO의 분명한 행동으로 회사의 모든 사람들이 회사가 추구하는 가치관의 중요성을 인식하게 되었다. 그가 했던 짧은 말은 그가 자리로 돌아가 앉기도 전에, 이메일을 통해 그 행사에 참석하지 못한 다른 사람들에게 전달되었다! 그날 저녁, 문화는 생명력을 얻었고, '그날의 세일즈 컨퍼런스' 이야기는 지금까지도 회사 안에서 회자되고 있다.

리더 행동의 영향력

당신의 행동과 활동은 당신의 조직에 싫든 좋든 아주 강력한 그림자를 남긴다. 행동은 말보다 훨씬 큰 메시지를 던져준다! 직원들은 리더의 행동을 보면서 무엇이 옳은지 그른지를 가늠할 만한 단서를 찾으려고 애쓴다. 리더의 말과 행동이 다르면, 직원들은 무엇이 진짜인지를 찾아내기 위해 고민하기 시작한다. 그리고 그들이 보기에 진짜라고 믿는 것들이 문화로 구축된다.

앨런 멀러리 Alan Mulally 가 포드자동차 Ford Motor Company 의 CEO로 취임한 후, 그는 사내통신망으로 이메일을 통해 보고를 받고 지시를 내리는 대신에, 아무리 낮은 직급의 직원이라도 직접 현장 부서로 가거나 전화를 해서 대화를 나눴다. 오랜 시간이 지나지 않아 신임 CEO가 열린 소통방식으로 직접 직원들을 만나고, 직원들의 생각에 귀를 기울인다는 소문이 사내에 널리 퍼졌다. 멀러리는 직원들에게 행동으로 많은 메시지를 던져준 것이다. 직원에게 직접 다가가고 대화하는 그 행동을 통해 그는 불안정하고 타성에 젖은 조직의 사기를 높여주었다. 멀러리는 기꺼이 직원들을 위한 최고의 치어리더를 자처했고, 직원들은 그의 낙관적이고 직설적인 스타일에 호응했다.

그는 여기서 그치지 않고 몇 걸음 더 나아갔다. 전 세계 곳곳의 포드 법인을 이끄는 경영진들과 매주 4시간의 화상회의를 정례화하여, 그들 각각의 목표와 문제점, 그리고 주간 사업성과를 공유한 것이다. 그렇다, 매주 한 차례씩이다. 그는 결과가 나쁘다고 해서 누군가를 꾸짖지 않았다. 대신 늘 같은 질문을 던졌다. "일이 제대로 되게 하기 위해서 어떤 도움이 필요합니까?" 그리고 그는 새로운 CFO로 루이스 부스 Lewis Booth 를 영입하여 같은 행동의 모델이 되도록 했다.

처음에는 '여러 사람들 앞에서 창피를 당하기 싫어서 문제를 인정하지 않는' 오래된 문화 때문에 그 누구도 솔직하게 선뜻 도움을 요청하지 못했다. 그들은 포드 내부의 다른 부서 전문가들의 도움을 필요로 하고 있었지만, 그들이 진짜 궁금했던 것은 새로운 리더가 그들을 도와주리라 믿어도 되겠는가 하는 것이었다. 그 후 몇 달간 멀러리의 일관된 행동으로 인해 신뢰가 형성되었고, 곧 활발한 문제제기와 해법이 세계로 뻗어있는 포드 제국 곳곳을 넘나들기 시작했다. 리더의 공정하고 일관적인 행동으로 인해 낡은 문화가 깨진 것이다. 이제 포드에는 직원들이 신뢰할 수 있는 계획과 리더십이 수립되었다.

당신이 출근할 때 건물로 들어와 사무실로 들어갈 때까지 고개를 푹 숙이고 아무와도 눈을 마주치지 않는다면, 매점이나 퇴근 후 술집에서 직원들은 당신이 직원들 앞에서 했던 참여와 개방을 강조한 연설이 아니라, 당신의 출근 모습에 대한 이야기만 수군거릴 것이다.

리더십이 어떻게 독소적이고 비생산적인 문화를 만들어내는지를 보여주는 사례를 하나 들어보자.

꽤 오래전 마킬라도라^{Maquiladora*}의 전성기 때, 많은 미국 기업들이 미국-멕시코 접경지대에 공장을 세웠다. 그곳에 공장을 세운 가장 큰 이유는 저임금에 따른 생산비 절감이었다. 그러나 멕시코인 근로자들의 이직률은 상상할 수 없을 정도로 높아서 연간 800~1,000%에 달할 때도 있었고, 결과적으로 전체 생산비용 절감에 부정적인 영향을 미쳤다. 미국인 경영자들은 이를 멕시코인들 사이에 팽배한 수준 낮은 근

---

* 저임금과 북미자유무역협정에 따른 무관세의 이점을 이용해 미국 수출을 주된 목적으로 형성된 멕시코 북부 조립가공 공업지대 및 관련 제도

로 문화와 책임감이 부족한 탓으로 돌렸다.

그러나 이직률이 높은 것은 어쩌면 당연한 일이었다! 미국 회사의 유일한 관심사는 낮은 비용으로 물건을 만드는 것뿐이었다. 미국인 경영자들은 멕시코에 대해서, 그리고 자신의 직원들에 대해서 아무런 관심이 없었다. 그들이 공장을 가능한 한 국경 가까이에 지은 가장 큰 이유는 물류비를 줄이기 위한 것도 있지만, 미국인 경영자와 관리자들이 매일 밤 퇴근 후 국경 너머 미국으로 퇴근할 수 있다는 점 때문이기도 했다. 경영진과 관리자들을 멕시코에 상주시키는 일은 논의조차 하지 않았다.

멕시코인 근로자들의 목표도 분명했다. 돈을 버는 것이었다. 그들은 좀 더 제대로 된 일자리를 얻어 조금이라도 더 벌어보겠다는 생각으로 때로는 불법으로 국경을 넘어 다니기도 하는 사람들이었다. 멕시코의 고향으로 돌아갈 때까지 한 푼이라도 더 모으는 것이 그들의 유일한 목표였다. 멕시코인도 미국인도 꿈의 직업이라든가 성취감을 주는 직장 같은 것은 아예 생각조차 하지 않았다.

가능한 한 더 많은 돈을 받겠다는 생각으로 가득 찬 직원과 한 푼이라도 덜 주려는 회사가 만났을 때 이직률이 높아지는 것은 당연한 일이다. 미국인 관리자들과 경영진의 행동은 직원들의 문화에 명확한 신호를 보냈고, 직원들은 그에 맞춰 행동한 것뿐이었다.

경영진이 서로를 어떻게 대하는가 하는 것도 문화에 큰 영향을 미친다. 팀워크를 조직의 핵심적인 문화로 삼고 싶다면, 우선 경영진부터 팀워크가 구축되어야 한다. 그렇지 않으면 팀워크를 만들기 위한 최고의 워크숍을 아무리 열어도 회사 어디에서도 팀워크는 형성되지 않을 것이다.

만일 두 임원이 서로를 돕지 않는다면, 그들에게 딸린 부서 간의 팀워크와 협력은 기대할 수 없다. 스리마일섬에서 일어난 원전사고나, 조직 내부에서 최고의 성과를 내지 못한 수많은 조직의 사례는 부실한 리더십의 그림자를 보여준다.

스탠드업 데스크

국제 경영컨설팅회사를 설립하여 운영하던 초창기에 나는 컨설팅 프로젝트의 수석 파트너로서 캘리포니아주 샌디에이고에 있는 한 대형 항공우주회사의 CEO를 고객으로 만났다. 이 회사의 역사는 찰스 린드버그 Charles Lindberg 가 처음으로 대서양 횡단 비행에 성공할 당시 몰았던 '스피릿 오브 세인트루이스 Spirit of St. Louis 호'를 제작한 라이언 항공우주회사 Ryan Aerospace Company 까지 거슬러 올라간다.

당시 그 회사의 CEO는 열렬한 스포츠광이었지만, 만성적인 허리 부상 때문에 의자에 오래 앉아있을 수 없는 사람이었다. 그래서 그는 자신의 사무실에 스탠드업 데스크를 두고 거기에서 업무를 보았다. 또 직원들과의 회의 때도 자주 서있었다.

그 회사를 처음 방문하여 임원들과 몇몇 중간관리자와 일대일 면담을 진행할 때 나는 황당한 광경을 목격했다. 그중 다섯 명의 임원이 사무실에 스탠드업 데스크를 두고 있었다. 샌디에이고에 허리 전염병이라도 돈 것인가?

높은 무게중심

"거울아, 벽에 걸린 거울아,

누가 가장 커다란 그림자를 드리우니?"

-마녀 말레피센트에게는 미안하지만…

몇 년 전, 스톡홀름으로 짧은 휴가를 떠났다. 스톡홀름 항구에는 64문의 포를 장착한 17세기 전함 바사^{Vasa}호를 복원, 전시해놓은 박물관이 있었다. 배의 웅장함과 거대함뿐 아니라, 그 배의 침몰에 대한 이야기는 리더십과 문화가 서로 작용하는 원리를 잘 설명해준다.

이 전함은 구스타브 아돌프^{Gustavus Adolphus, 1594~1632} 국왕의 명령에 따라 건조되었다. 왕의 요구사항은, 당시 스웨덴이 치르고 있던 30년 전쟁(1618~1648)에 투입되어 스웨덴 무적함대의 위용을 드러낼 수 있는 상징과도 같은 커다란 배를 만들라는 것이었다. 한쪽 현의 함포에서 267kg의 포를 발사할 수 있는, 당시로는 최강의 전함이었을 것이다. 그러나 바사호의 설계에는 두 가지의 심각한 결함이 있었다. 하나는 배의 상층부 중량이 너무 무겁고 흘수선*이 얕다는 것, 또 하나는 밸러스트^{ballast}**에 필요한 공간이 부족하다는 것이었다.

구스타브 왕은 이 배가 전쟁에서 활약하는 모습을 빨리 보고 싶어 설계자와 일꾼들을 독촉했다. 그들은 배의 무게중심이 높고 밸러스트

---

*   배가 물에 잠기는 한계선
**   선박 등의 중심을 잡기 위해 바닥에 놓는 무거운 물건

가 충분하지 않다는 사실을 알고 있었지만 왕의 면전에서 이러한 문제를 솔직하게 털어놓지 못했다. 그저 이 문제를 어떻게든 해결해보려고 노력했을 뿐이다. 드디어 왕은 출항을 명령했고, 바사호는 첫 항해에서 항구를 벗어나 1해리도 안 되는 거리를 나아갔을 즈음, 처음 만난 강한 바람에 기우뚱거리다가 침몰하고 말았다.

나는 이 사건 속에서 조직문화와 관련한 핵심적인 비즈니스 원칙 몇 가지를 떠올리게 된다. 먼저, 리더(CEO 또는 임원)의 면전에서 반박하거나 그들의 귀를 거스를 만한 '나쁜 소식'(다른 말로 하면 진실)을 전하기를 두려워하는 문화이다. 문제가 희석되고 축소되거나 감춰지면, 안에서 곪아서 더 큰 문제가 되어버린다. 개방적으로 정직하게 소통하고 문제를 드러내기를 오히려 즐기는 문화가 오류가 바로잡아지는 문화이다.

두 번째는 균형의 원칙이다. 내가 멘토로 삼고 있는 토머스 D. 윌하이트Thomas D. Willhite는 "균형이야말로 권력의 열쇠"라고 말하곤 했다. 적절한 밸러스트가 없는 상황에서 위가 무거우면 반드시 균형을 잃고, 비참한 결과가 초래된다. 리더 그룹에 속한 사람들에게는, 전략과 비즈니스 목표를 돕는 정렬된 문화를 만드는 데 도움이 되는 핵심 '비즈니스 수행 원칙'이 밸러스트이다. 무게중심이 높은 선박의 비유가 주는 메시지는 분명하다. 경영진이 너무 많은 결정을 내리면, 중간관리자들의 책임감 부족은 점점 커진다.

"어차피 윗사람들이 직접 전화 한 통화 하면 해결될 텐데 왜 내가 목을 걸어야 해?"

혹시 독자들이 다음에 배를 탈 기회가 있거나 스톡홀름의 바사 박물관을 가볼 기회가 있다면 밸러스트, 균형, 그리고 조직문화에 대해서 꼭 생각해보길 바란다. 그럼으로써 미래에 닥쳐올 재난을 피할 수 있을지도 모른다.

문화적 근시

> "어떤 힘이 우리에게 재능을 주어 다른 사람들이 우리를 보는 것처럼
> 우리가 우리 스스로를 볼 수 있기를."
>
> -로버트 번스

　나는 회사의 문화를 연구하고 평가할 때, 많은 시간을 들여 경영진과 중간관리자들의 개인적·집단적 행동을 관찰한다. 일대일 면담을 하거나, 직원회의 또는 임원들이 주도하는 회의를 참관하다 보면 하나의 패턴이 보이기 시작한다. 업무성과가 낮은 사람이나 실망스러운 사업성과를 대하는 방식, 과제를 부여하는 방식, 또 타인의 의견이나 아이디어를 얼마나 귀담아듣는가, 회사와 서로에 대해 어떻게 말하는가 등등에 나타나는 패턴이다.

　'조직은 리더의 그림자가 되는 경향이 있다'라는 기본 원리를 바탕으로, 고위직에 속한 사람들이 직원·고객·협력업체를 대하는 습관적인 방식을 몇 가지로 분류해보는 것은 그 조직문화와 문화에 대한 리더들의 영향력을 이해하는 좋은 출발점이 된다.

　나는 종종 문화를 바라보는 외부인의 시각이 왜 필요하냐는 질

문을 받는다. 우리가 직접 하면 시간과 돈을 훨씬 절약할 수 있지 않을까?

"누가 물을 처음 발견했는지는 모르지만,
물고기는 아닐 거라고 확신해!"

'친숙함의 맹목성 familiarity blindness'이라는 개념을 알고 있을 것이다. 새로 이사 간 집이 공항 근처에 있어서 수시로 집 위로 비행기가 날아다닌다면, 처음에는 그 소음이 유난히 선명하게 들리고 불안감을 느낄 테지만, 몇 주만 지나면 더 이상 소음이 귀에 거슬리지 않고 일상적인 환경의 한 부분이 되어 있을 것이다. 우리 집을 방문하는 사람들이 시끄럽다고 말을 해야 비로소 그 소음이 들리기도 할 것이다.

이와 똑같은 일이 경영진(그리고 실제로는 모든 직원들)에게도 적용된다. 처음 입사한 사람은 그 회사의 문화나 일하는 방식이 확실하게 눈에 들어온다. 종종 업무와 관련된 행동이 완전히 다르고 확연히 차이 나 보일 것이다. 그러나 몇 개월 지나, 회의와 회의가 이어지고 마감일과 수많은 프로젝트 검토 등에 온 정신을 쏟다 보면 문화는 더 이상 눈에 들어오지 않게 된다. **그들이 문화의 일부가 된다.**

그들은 점점 동화되고, 시간이 갈수록 그들의 무의식적인 행동은 조직 내 다른 사람들의 행동표준 및 규범과 일치되어 간다. 어느 곳에 입사하여 새로운 조직문화를 만났을 때, 그 문화를 바꾸어 나에게 맞추는 것보다 자신의 행동을 새로운 문화와 업무방식에 맞추는 것이 훨씬 더 쉽다. 또 풍파를 일으키기보다 적응해야 할 필요를 느끼기도 한다. 그렇게 의식적으로든 무의식적으로든 그들은 문화의 일부가 되어 버린다!

내가 경영진에게 그들의 개인적 혹은 집단적 행동과, 조직문화를 수립하고 영속시키기 위한 그들의 역할의 중요성을 지적하는 것이 그들에게는 마치 신의 계시와도 같이 들릴 것이다.

"무엇으로 심든지 그대로 거두리라."

-갈라디아서 6장 7절

모든 것이 리더십 탓은 아니야!

악명 높은 은행 강도 월리 서튼^{Willie Sutton}에게 누군가 왜 은행을 털었느냐고 물었다. 아마도 그 질문을 던지면서 불의와 평생의 복수에 얽힌 거창한 이야기가 나오기를 기대했는지도 모른다. 은행가가 오래된 가옥을 차압했다거나 혹은 은행가의 딸이 서튼의 프러포즈를 거절했다거나 하는 스토리를 상상했을지도 모른다.

그러나 서튼의 대답은 간단했다.

"돈이 있는 곳이 은행이니까요."

문화 변화를 연구한다는 많은 전문가나 조직문화 컨설턴트들은 경영진이 조직문화에 미치는 영향을 과도하게 강조하는 경향이 있다. 그들이 그렇게 하는 데는 매우 흥미로운 이유가 있다.

첫째로, 고위직에 있는 사람들은 조직문화를 수립하고 영속시키는 데 실제로 중요한 역할을 한다(앞으로 이 책에서 계속 살펴보겠지만, 때로는 눈에 확실히 드러나지 않는 방식으로 그러한 역할을 한다). 둘째로, (조직문화와 결부하여) 회사의 강점과 약점을 경영자의 행동과 동일시하는 것이 카리스마 넘치는 리더십과 '록스타'와도 같은 경영자의 중요성을 인식하는 요즘의 비즈니스 열풍과 잘 맞아떨어진다. 세 번째로, 바로 그들이 돈을 쥐고 있기 때문이다! 컨설턴트는 자신들과 마주 앉아 있는 CEO와 경영진이 문화와 문화 변화에 대해 가장 큰 영향력을 미치는 사람들이라는 점을 강조하면서, 그들이 사업의 수익성을 확실하게 높일 수 있는 비책을 얻기 위해 금고를 열도록 유도하는 것이다. 그들은 금고의 열쇠를 쥐고 있는 사람들이다!

35년이 넘는 긴 시간 동안 조직문화에 대해 공부하고, 상담하고, 가르치고, 글을 써온 사람으로서, 나는 경영진이 조직문화에 큰 영향을 끼치는 사람들이라는 것을 부인하지 않는다. 어느 모로 봐도 조직은 그들의 그림자이고, 그들의 행동이 문화 발전의 기조를 결정하는 데 결정적인 작용을 하는 것이 분명하다.

그러나 리더나 경영진이 조직문화에 미치는 영향은 시간의 흐름 속에서 항상 일정하지는 않다. 이 부분이 대다수의 문화 컨설턴트들이 잘못 판단하는 부분이다!

창업기 및 초창기의 기업에서는 창업자를 포함한 경영진에 의하여 모든 '기본 규칙'이 정해지고, 최근에는 컬처 데크까지 만들어서 직원들에게 주입하는 경우도 있다. 직원이 경영진을 자주 접촉할 수 있는 소규모 혹은 중간규모의 조직에서는 리더의 행동이 문화와 업무의 방식을 결정하는 데 매우 큰 영향을 미친다.

그러나 규모가 크거나 조직이 잘 짜인 회사의 경우는 다르다. 이런 곳에서는 리더의 행동이 미치는 영향이 극적으로 약화되고 대신 동료로부터 전해지는 압력이 중요한 영향으로 대체되는 경향이 있다. 자신이 함께 일하는 동료 그룹에 잘 적응하여 '이방인'으로 비쳐지지 않기를 원하는 직원들의 실제적인 그리고 인간적인 필요에 의해 문화가 좌우된다.

조직문화에 대한 영향력의 변화

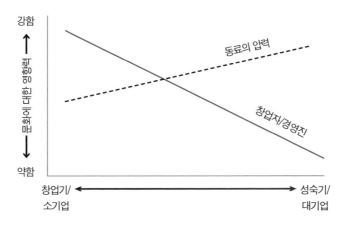

오랜 경험과 관찰을 근거로 만들어진 이 도표는 서로 다른 두 그룹의 문화에 대한 영향력이 창업초기부터 시작해 성장해가면서 어떻게 변화하는지 설명해준다. 조직문화를 다룬 많은 문헌들은 CEO와 경영진이 가진 문화에 대한 영향력을 지나치게 과장해왔다. 그래서 조직문화가 어떻게 형성되고 어떻게 유지되는지를 이해하고 싶어 하는 많은 사람들이 동료그룹의 압력이 조직문화에 아주 강력하고 중요한 지

렛대로 작용한다는 사실을 놓치고 만다!

리더가 직원들 가운데서도 핵심적인 위치에 있는 직원, 즉 다른 이들로부터 존경받고 상당한 영향력을 행사하는 직원들과 협력하게 되면, 이것이 조직문화를 재편하고 재정렬하는 강력한 촉매제가 될 수 있다.

리더십은 문화의 접착제다

"신뢰는 삶의 접착제다.
그것은 효과적인 소통의 가장 필수적인 요소다.
그것은 모든 관계를 유지시키기 위한 기본적인 원칙이다."

-스티븐 코비

비즈니스 리더들이 문화의 중요성을 이해하게 되면, 한 사업을 이끌기 위해 그들이 해야 할 다른 모든 일들에 더하여 해야 할 일이 또 하나 존재한다는 사실을 깨닫게 된다. 그들은 문화가 붕괴하거나, 그들의 사업전략이나 직원·고객 그리고 사회의 요구 등과 정렬이 깨지고 표류하지 않도록 각별한 노력을 기울여야 한다. 만일 리더가 문화를 신경 쓰지 않는다면, 강력한 다른 힘이 내부와 외부에서 작용하여 문화를 붕괴시킬 것이다.

시장상황의 변화, 법과 규정의 변화, 경쟁의 심화, 신기술의 대두, 세계화의 도전 등은 매우 강력하고 자주 직면하게 되는 외부적 압력들이다. CEO나 비즈니스 리더들은 외부적인 압력과 조직문화 사이의 관계를 잘 조정하기 위하여 조직 내부의 대화를 끊임없이 이끌고 활성화시켜야 한다. 외부에서 작용하는 이러한 힘에 대해 직원들 모두가 인식하고 있어야 하며, 그 변화에 적절하게 대응할 수 있는 문화의 중요성을 이해해야 한다. 외부적 변화에 문화가 능동적으로 대응하지 못하면, 우리의 문화는 경쟁과 성공을 위한 자산이 아닌 짐이 되기 시작한다.

동시에 내부의 압력도 문화를 재편하려는, 그것도 조직의 성과를 높이는 데 도움이 되지 않는 방향으로 바꾸려고 하는 강력한 영향력을 미친다. 하위문화나, 시대에 뒤떨어진 내부 정책과 절차, 다른 외부 문화에 익숙한 신규직원의 유입, 중간관리자들의 부실한 능력, 직원들의 결속력을 해치는 다양한 요소 등의 힘과 작용을 세심하게 살피지 않으면, 문화는 시간이 지날수록 역기능만 커져가게 된다. 다시 한번 강조하지만, 리더는 조직 내의 모든 계층과 활발하게 대화하며 이러한 힘의 작용에 대한 인식을 함께하고, 정렬된 문화가 모두의 고용안정과

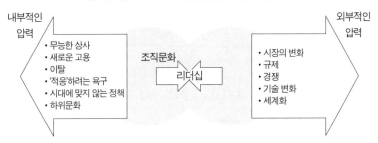

조직문화에 지속적으로 가해지는 '압력들'

(내외부에서 끊임없이 가해지는 힘이 문화를 붕괴시키려고 한다.
문화를 유지하고 정비하는 것은 리더의 임무다.)

내부적인 압력
- 무능한 상사
- 새로운 고용
- 이탈
- '적응'하려는 욕구
- 시대에 맞지 않는 정책
- 하위문화

조직문화
리더십

외부적인 압력
- 시장의 변화
- 규제
- 경쟁
- 기술 변화
- 세계화

직업만족도 그리고 성장의 기회를 가져올 수 있다는 것에 의견을 모아야 한다.

존슨앤존슨 경영진은 내외부에서 가해지는 압력에 의해 문화가 본 궤도에서 이탈하는 것을 방지하기 위해, 자신들의 조직문화와 존슨앤존슨 신조에 대해 전사적으로 논의하고 토론하는 자리를 정기적으로 갖는다.

라이코밍 엔진^{Lycoming Engine Company}이 파산 직전의 상황에서 탈출에 성공할 수 있었던 것도 모든 회의 때마다 문화를 가장 중요한 토론 주제로 삼았던 것이 큰 역할을 했다. 이러한 변화를 주도한 사람은 바로 새롭게 총괄관리자로 부임한 이안 월시^{Ian Walsh}였는데, 그는 하버드 MBA 출신이면서 전직 해군 헬리콥터 조종사였다.

보잉^{Boeing}사 출신의 앨런 멀러리^{Alan Mulally}는 포드자동차^{Ford Motor Company} CEO로 취임한 후 매주 열리는 사업검토 경영진 회의를 통해 리더의 행동과 문화를 중요한 주제로 삼아 토론했다. 그가 부임하기 전까지 포드 경영진의 관심은 온통 비용과 시장점유율 그리고 기타 금융 관련 이슈에 쏠려있었고, 포드의 문화는 시장과 구성원들과의 정렬에서 벗어나 표류하고 있었다.

충격적인 뉴스

세상은 점점 더 복잡해지고 서로의 관계가 그물망처럼 더욱 긴밀해지고 있을 뿐만 아니라 한편으로는 날이 갈수록 소송이 난무하고 있다. 대부분의 소송은 상대의 잘못을 찾아내 배상을 받아내는 데 집중한다. 지금 비즈니스 세계에서는 직원들의 건강상 문제를 누구에게 책임을 물어야 하는가에 대한 논쟁이 확산되고 있으며, 리더십과 경영 행동 그리고 기업문화가 주요 표적이 되고 있다.

최근 몇몇 연구를 통해 부실한 리더십과 경영행동이 직원들의 정신적 고통 및 질병과 모종의 인과관계가 있다는 사실이 계속하여 입증되고 있다.

지난 15년간 발표된 최소한 30건 이상의 연구결과에서 리더의 행동이 직원 건강에 확실하게 영향을 미친다는 사실을 보여주었다.[43] 이들 연구를 종합해보면, 경영자의 특정한 행동방식이 직원의 심장질환 발생률을 증가시키고, 근골격계 통증을 심화시키며, 병가를 늘리고, 불안감과 우울감은 물론 스트레스를 가중시켜 심지어 극도의 기력소진 상태에까지 이르게 한다는 것이다.

그리고 법조계에 새로운 소송의 장이 열리고 있다. 소위 '나쁜' 상사와 그들의 잘못된 감독방식을 용인해왔던 부주의한 조직에 대한 소송이 늘어나고 있는 것이다. 산업재해나 부실한 안전관행에 대해 그랬던 것처럼, 직원 건강에 대해서도 독소적인 문화toxic culture와 역기능적인 문화dysfunctional culture의 책임을 다루는 소송이 빈발하게 될 날도 머지않은 것 같다.

실제로 최근에 대표적인 사례가 하나 나타났다. 회사의 문화가 아프리카계 미국인들에게 '독소적'으로 작용했다며 증권회사 메릴린치Merrill Lynch를 상대로 보상을 요구한 소송에서 1억 6천만 달러의 보상 합의가 이루어졌다.[44]

지금이라도 조직문화를 당신의 비즈니스와 전략의 중요한 의제로 삼아야 하는 이유는 분명하다!

9. 당신은 당신이 허용하는
문화를 갖게 된다

"오늘 피한다고 해서 내일의 책임에서 벗어날 수 있는 것은 아니다."

-에이브러햄 링컨

고객의 피드백을 무시하는 것은… 몰락의 지름길

몇 년 전 나는 휴렛패커드사의 'Officejet Pro 8500A' 일체형 무선 프린터를 구입했다. 팩스, 흑백 및 컬러 프린트, 복사, 양면 복사, 스캔 등 깔끔한 기능을 모두 가지고 있었고, 무엇보다도 마음에 드는 것은 네트워크 케이블을 통해서는 물론이고 와이파이로도 작동이 된다는 것이었다. 이런 제품을 어찌 사랑하지 않을 수 있겠는가? 이 제품의 핵심은 무엇보다도 와이파이였다.

그런데 막상 구입해보니 모든 기능이 다 잘 작동하는데 와이파이

만 제대로 되지 않았다. 기계가 일정 시간 이상 작동되지 않을 경우 전원이 꺼지면서 와이파이 연결이 함께 끊기는 오류가 내부 소프트웨어에 있는 것 같았다. 일정 시간이 지나면 전원이 꺼지는 것은 좋다. 에너지 절약도 중요한 것이니까. 그러나 컴퓨터를 통해 신호를 보내면 기계도 잠에서 깨어나 다시 전원이 연결되고 지시한 대로 프린트를 해줘야 할 것 아닌가. 문제는 다시 깨어나지 않는다는 것이었다. 아무런 반응도 없었다.

한참이나 이 문제를 해결하려고 이렇게 저렇게 해보다가 컴퓨터와 프린터를 모두 재부팅해 보았다. 그러자 제대로 작동되었다. 와이파이 연결도 복구되고, 프린트도 잘 되었다. 그리고 얼마 후에, 다시 와이파이를 통해 프린트를 해야 할 일이 생겼다. 똑같은 시간을 들여 똑같은 조치를 다시 해야만 했다. 잠자는 프린터를 깨우려면 재부팅을 해야 한다!

기본적으로 이런 기계를 와이파이 프린터라고 홍보하는 것은 허위 광고다. 와이파이는 제대로 작동하지 않았다. 물론 컴퓨터와 프린터 사이에 케이블을 연결하고 와이파이 기능을 사용하지 않으면 된다. 하지만 그렇게 하면 프린터와 연결되지 않은 우리 집의 다른 두 대의 컴퓨터로는 인쇄를 할 수 없다.

어쩔 수 없다. 내가 불량품을 산 것이니 정상적인 제품으로 교환하면 될 것이다. 제품의 제조과정에서 뭔가 문제가 있었던 것이고, 생산된 제품 모두를 일일이 제대로 점검하지 못해 일어난 일로 이해하면 된다. 그렇게 하기로 마음먹었다. 그러나 인터넷을 통해서 사용자 후기를 보다가, 이 모델 제품이 와이파이 연결이 끊기고 다시 작동하지 않는다는 수많은 불만의 글을 발견하게 되었다. 이렇게 되면 무슨 일이 일어날까? 이 사람들은 앞으로 휴렛패커드의 프린터를 다시는 구입하지 않을 것이다!

정말 흥미로운 것은, 다른 데까지는 모르지만 적어도 내가 인터넷을 통해서 발견한 사용자 후기에 대해서는, HP에서 어떠한 반응도 보이지 않았다는 것이다. 완전한 침묵으로 대응했다. 광고 내용을 믿고, 또 HP에 대한 긍정적인 브랜드 가치를 믿고 이 제품을 사기 위해 적지 않은 돈을 지불한 고객들과 어떠한 대화도 나누지 않고 있었던 것이다.

> "물에 빠져서 익사하는 것이 아니다.
> 물에 빠진 채 나오지 않았기 때문에 익사하는 것이다."
>
> -에드윈 루이스 콜

나는 HP의 이와 같은 행동을 보면서 충격을 받은 것은 물론, 슬프기까지 했다. 그동안 HP는 혁신적, 팀 중심적, 그리고 고객에 관심을 기울이는 조직문화의 대명사처럼 알려진 회사였기 때문이다. 윌리엄 휴렛William Hewlett과 데이비드 패커드David Packard는 위대한 경영자의 교과서처럼 여겨졌던 사람들이다. 실제로 HP는 수십 년에 걸쳐 실리콘 밸리 기업들을 포함한 많은 기술기업들의 모범사례라고 할 수 있을 만한 혁신적인 조직문화를 수립한 기업이었다.

HP WAY: 산업 전체에 영향을 미친 기업문화의 예[45]

HP사의 두 설립자는 창업초기부터 일찍이 다른 대기업에서 전혀 볼 수 없었던 그들만의 경영 스타일을 발전시켜 나갔다. 그들은 이렇게 형성된 조직문화를 'HP WAY'라고 명명했다.

우선, 큰 오더를 하나 수주하여 사람이 필요하면 급히 채용했다가 그 일이 끝나고 나면 남는 사람을 해고하는 전통적인 '채용과 해고' 방식을 처음부터 배격했다. 대신 회사는 직원들에 대한 고용안정을 보장했다. 미국 경제가 심각한 위기에 직면했던 1974년에도 이 회사는 직원들을 별로 해고하지 않았다. 당시 HP는 해고를 피하기 위해 일시적으로 주 4일 근무제도를 채택했는데, 이는 당시 미국에서는 거의 찾아보기 힘들었던 독창적인 해결방식이었다.

두 설립자는 업무에 대한 직원 개개인의 동기부여를 믿었고, 직원들을 가족처럼 대했다. 그래서 서로를 부를 때도 성이나, 성과 이름 전체를 부르기보다는 이름만 부르는 경우가 많았고, 두 설립자들도 많은 경우 빌과 데이브로 불렸다.

직원들은 스톡옵션을 지급받아 주주로 참여했고, 회사가 큰 성공을 거두면 오늘날 이익공유라는 개념으로 알려진 상당한 액수의 상여금을 받기도 했다. 이런 조치들은 직원들로 하여금 업무에 대하여 애착을 갖게 했으며, 직원들을 격려하는 역할을 했다. 게다가 HP 직원들은 자녀의 학비 지원 등 아주 폭넓은 혜택을 누리기도 했다.

1950년대 끝무렵 회사가 성장하고 외형도 커짐에 따라, 두 설립자는 HP 직원들의 의사결정에 지침이 되는 '회사의 목표'를 정리해보기로 했다. 그것은 이익, 고객, 관심분야, 성장, 직원, 경영, 그리고 인권이었다. 그리고 팀워크를 통해 이러한 목표들을 달성해나가고자 하였다.

이렇게 만들어진 HP WAY는 세계 많은 나라에서 (강력하고 잘 정렬된) 조직문화의 대표적인 사례로 인정받아 왔다. 실제로 뒤에 탄생한 많은 기업들이 HP에 뿌리를 두고 생겨나고 성장했다. 예를 들면, 훗날 애플을 창업한 스티브 워즈니악도 HP에서 경력을 쌓았다. HP는 실리콘 밸리의 새로운 조직문화의 선구자와 같은 역할을 했다. 실제로 많은 기업들이 스톡옵션이나 혁신적인 업무규칙, 팀워크, 이익공유제 등을 도입하고 개발하기 위해 애썼다.[*]

최근 몇 년 사이에 HP는 180도 바뀌어 턴어라운드 국면에 들어갔다. 그러나 월스트리트의 전문가들은 아직도 HP의 주식에 대해서 분명한 평가를 내리지 않고 있다. 하지만 전반적인 분위기가 '매수 의견'이 아닌 것만은 분명하다.

그리고 최근에 칼리 피오리나Carly Fiorina, 마크 허드Marc Hurd, 맥 휘트먼Meg Whitman 등 대단한 경력을 자랑하는 인사들을 잇따라 CEO로 영입했는데, 결과적으로 좋은 선택이 아니었음이 드러났다. 굉장한 새로운 전략이나, 대차대조표를 향상시키는 것 등은 정답이 아니다. 정답은 고객의 이야기를 듣고, 반응하고, 문제를 해결하고, 잘못된 점을 정직하게 인정하고, 바로잡고, 직원들을 존경과 품격으로 대하는 것이다. 문화를 바로잡는 것이야말로 HP의 성공적인 미래를 위한 진정한 해법이다. 최고경영자가 '우리는 어떻게 함께 일하고, 어떻게 고객을 대할 것인가?'라는 핵심적인 문화 원칙과 행동(혹은 가치)에 열정을 갖

---

[*] 신한금융그룹은 신한이 지향하는 바와 모든 신한인의 생각·행동 기준을 나타내는 가치체계인 '신한 WAY'를 확립하여 경영 전반에 활용하고 있다.

고 전념하지 않는다면, 문화를 되살리는 것은 거의 불가능하다. 원래의 'HP WAY' 안에 담겨있던 교훈으로 돌아가는 것이 최선의 출발점이 될 것이다.

새로운 기술도, M&A도 답이 아니다. 매 분기 순이익을 극대화하면서 월스트리트의 단기적인 장단에 춤추는 것도 답은 아니다. 정답은 그렇게 매혹적이거나, 1면 톱뉴스로 날 만한 특별한 것이 아니다. 다보스포럼 초대장도 아니다. 정답은 훌륭한 경영자의 사려 깊은 리더십 안에서 훌륭한 관리자와 헌신적인 직원들이 타협할 수 없는 행동 원칙을 토대로 하여 훌륭한 비즈니스를 수행하는 것뿐이다. 강한 조직문화란 바로 이런 것이다.

한때 위대한 브랜드였던 HP의 주가와 미래가 회복되려면, 카리스마 넘치는 대단한 경력과 능력을 가진 경영진을 영입하는 것은 그만 포기하고, 고객에게 한 약속을 이행하는 일에 전념하는 문화를 형성하고, 원래 의도했던 대로 모든 일이 작동할 수 있도록 조직문화를 재정비하는 데 관심을 집중해야 할 것이다.

그렇게 유명한 프린터에서 와이파이 문제를 고치는 것이 뭐가 그리 어려운가?

"성공의 척도는 당신이 해결해야 할 문제가 얼마나 어려운가가 아니라
그 문제가 작년에 겪었던 것과 같은 문제인가 여부이다."

-존 덜레스

코칭이 가능한 순간

내가 1975년에 사업을 시작했을 때 휴렛패커드는 최고의 브랜드 가운데 하나였고, 강한 조직문화로 칭송받는 기업이었다. 그러나 지금은 시장으로부터 외면당하기 직전이다. 아주 사소한 것이 큰 차이를 만든다. 강력하고 정렬된 조직문화는 한두 개의 최우선적 목표에 초점을 맞춘 수많은 작은 것들이 모여서 만들어진다. 과거 HP의 기술력은 정평이 나있었고, 고객만족도는 최고였다. 그러나 지금은 더 이상 그렇지 않다.

HP는 어떻게 하다가 그렇게 길을 잃고 헤매게 되었을까? 나는 나름대로 이를 설명할 만한 이론이 있다.

그리고 그 이론은 생존과 발전을 위해 꼭 필요한 조직문화를 구축하고 유지하기를 원하는 CEO라면 가슴 깊이 새겨야 할 교훈이기도 하다.

> "기업이 겪는 대개의 재난은 머뭇거림의 잘못이다.
> 열정의 잘못이 아니라."

긍정적이든 부정적이든 경영진이나 관리자가 조직문화에 끼치는 영향은 때로는 매우 미묘하고 눈에 잘 띄지 않는다. 그런데 그러한 순간을 나는 '코칭이 가능한 순간coachable moment'이라고 부른다. 재미있는 것은 'leadership'이라는 단어가 'lead'라는 말로 시작한다는 것이다. 리더는 문자 그대로 리드하는 사람이다. 그러나 동료와 직속상사, 그리고 조직 내부의 모든 사람들과 완벽하게 협력하지 않으면 리드하는 것은 불가능하다. 어떤 경우에는 외부 이해관계자들과도 협력해야 한다. 결국 리더십이란 접촉의 게임이다! 조직문화를 구축하고 유지하고 정비하는 데 있어서 리더의 책임을 회피하는 것은 죄수에게 탈옥하라고 프리패스를 나눠주는 것과도 같다!

코칭이 가능한 순간이란 바로 다음과 같은 경우다.

관리자 사무실의 문이 열려있고, 부사장이 그 안으로 들어선다. 사무실 안에는 관리자와 직원들 여럿이 모여있다. 부사장의 귀에 이런 말이 들려온다.

"정말 화가 나. 구매부의 저 얼간이들이 내 주문을 또 틀렸지 뭐야. 저들은 무슨 일이 일어났는지 신경도 안 써. 다음에 저 사람들이 내게 도움을 요청하면 나는 무시해버릴지도 몰라!"

이때가 바로 코칭이 가능한 순간이다. 선택의 시간이다. 그러나 부사장은 상사가 소집한 회의에 늦었고, 해야 할 일은 산더미다. 게다가 그녀의 부서 일도 아니다.

다음에 일어날 일은 너무나 예상하기 쉽지 않은가?

그녀는 모르는 척 지나간다. 책임감과 팀워크의 부족에 대하여 속으로 중얼거리며, 마음속에서는 그 부서를 책임지고 있는 동료에게 하고 싶은 말이 떠오르기는 하지만, 그냥 지나친다. (물론 다른 부서 일에 충고해본 적은 한 번도 없다. 동료는 일상적인 업무의 압박 때문에 그녀의 선의를 좋게 받아들여 주지 않을지도 모르고, 게다가 누구든 자기가 책임지고 있는 영역에 대한 비판에 마음을 열기란 쉽지않기 때문이다.)

"모두가 외면하기로 마음먹은 확실한 증거를 설명하는 것이
가장 힘든 일이다."

-아인 랜드

대부분의 리더와 중간관리자들은 심각하게 나쁜 행동에 대해서는 확실하게 개입하려고 한다. 그러나 문화적으로 적절치 않은 행동이나 대화에 대해서는 주저하고 '코칭이 가능한 순간'을 놓치고 만다. 동료들이 그런 행동을 하면 투덜거리기는 하지만, 이를 직시하고, 이에 대하여 당사자에게 이야기하고, 왜 그런 행동이나 태도가 회사에 도움이 되지 않는지 혹은 도움이 되는지 설명한다거나, 그렇게 행동한 특별한 이유가 있는지 알아보려고는 하지 않는다. 그러나 분명하고 직접적인 대화는 종종 그들의 개인적인 혹은 회사에 대한 감춰져 있는 불만을 알게 되는 기회가 될 수도 있다. 그러므로 이는 매우 주의를 기울여야 하는 문제다.

리더가 할 일은 직원들의 태도나 행동에 대하여 불평이나 하는 것이 아니다. 회사의 문화를 대변하는, 타협할 수 없는 몇몇 행동들에 대하여 분명한 입장을 취하는 것이 리더십의 중요한 역할 중 하나다. 대부분의 경영자들이 이 대목에서 실패하고, 문화는 직원들이 더욱더 비생산적인 행동을 하는 방향으로 표류하게 된다.

"리더십은 직책이나 자리가 아니라 행동이다!"

당신은 '코칭이 가능한 순간'을 얼마나 많이 지나쳤는가? 당신의 회사 경영진은 직원들의 문제 있는 행동에 간섭하고 방향을 다시 잡아주는 것이 자신들의 책무라는 사실을 알고 있는가?

'코칭이 가능한 순간'이 아주 드물다고 생각하는가? 1,000명의 직원들과 300명의 임원들을 대상으로 실시한 2013년 딜로이트 Deloitte 의 '핵심 신념 및 문화 Core Beliefs & Culture' 조사에서 나온 통계가 있다.[46] 기본적으로 임원(81%)과 직원(86%) 모두 회사에서 공표한 문화행동이 실제로 자신들의 조직에서 준수되지 않고 있다고 믿고 있다(여기에는 양쪽이 의견일치를 보고 있다). 이것은 바람직한 문화와 정렬되지 않는 수많은 행동이 일어나도 스스로 무시하거나 용납하고 있다는 이야기다.

결국 당신은 당신이 허용하는 문화를 갖게 된다! 당신이 어떤 행동을 무시하고 넘어간다는 것은 그 행동을 방조하는 것이다. 원래 당신이 원했던 문화를 구축하고 싶다면, '코칭이 가능한 순간'에 적극적으로 개입해야 한다. 그리고 문화를 만들고 유지해나가는 것은 모든 사람의 일이다!

블랙베리의 감춰진 이야기

나도 한때 블랙베리 Blackberry 에 중독되어 있었음을 인정한다. 얼마나 멋지고 대단한 기기였는지! 블랙베리가 처음 출시되었을 때를 나는 기억하고 있다. 새로운 비즈니스 혁명이었다. 일주일에 7일, 하루 24시간 내내 언제 어디서나 길을 가면서도 짧은 메시지나 메일을 보낼 수 있었다. 그 덕분에 나의 비즈니스 라이프 속도는 이전과 비교할 수 없는 기동성을 갖추게 되었고, 빠르고 쉽게 상황에 대처할 수 있었다. 그리고 2003년, 푸시이메일, 휴대폰, 문자메시지, 인터넷팩스, 웹 브라우징, 카메라, 그 밖의 수많은 무선정보서비스가 탑재된 블랙베리 스마트폰이 등장했다. 거의 하룻밤 사이에 블랙베리는 비즈니스맨들을 사로잡아 버렸고, 일반 개인들도 커다란 흥미를 나타냈다. 주변의 많은 친구들도 하나는 업무용, 하나는 개인용으로 두 대의 블랙베리를 들고 다녔다. 이렇게 PDA^{Personal Digital Assistant} 시장은 블랙베리의 손으로 넘어갔다.

그러나 불과 10년이 지나 블랙베리는 완전히 실패한 기업이 되었다. 2013년 9월, 블랙베리는 4,500명의 인원을 감원한다고 발표했다. 운영인력의 40%에 해당하는 엄청난 규모였다. 또한 6개 제품군을 생산하던 생산라인을 4개로 축소한다고 밝혔다.[47] 이 회사의 주가는 2008년에 150달러로 사상 최고가를 기록했으나, 이후 내가 어릴 때 타던 롤러코스터 데스 드롭^{Death Drop}이 떠오를 정도로 곤두박질쳤다. 드라마틱한 상승과 급격한 추락이었다.

블랙베리의 몰락에 대한 분석은 앞으로도 계속될 것이고, 수많은 경영대학원의 중요한 연구과제가 될 것이다. 그런데 나는 블랙베리의 몰락에 관련해 힌트가 될 만한 흥미로운 뒷이야기를 우연히 접하게 되었다.[48] 경영진의 내분, 그로 인한 CEO의 사임, 전략과 제품 결정에 대한 이사회의 충돌과 같은 그들의 '리더십 문화'에 대한 이야기였다. 수뇌부의 정렬에 문제가 있으면 기업성과에 지대한 영향을 미칠 수 있다. 특히 전략적 결정에 대해서는 더욱 그렇다.

문화와 냉소주의

"냉소주의는 지혜를 가장하지만, 지혜와 가장 거리가 멀다.

냉소주의자는 아무것도 배우지 못하기 때문이다.

냉소주의는 스스로 눈을 감아 장님이 되는 일이며, 세상으로부터

상처를 받거나 실망하는 것이 두려워 세상을 등지는 일이다."

-스티븐 콜베어

지난 35년 동안 내가 함께 일했던 수많은 회사 경영진들을 돌이켜보면, 어느 집단에나 한 명 이상의 냉소주의자가 있었던 것 같다. 새로운 아이디어에 대해 지극히 비관적인 태도를 보이고, 다른 사람의 성공이나 행운을 대놓고 깎아내리는 사람을 우리는 냉소주의자라고 부른다. 냉소주의에 대한 정의를 몇 가지로 해볼 수 있다.

- 모든 인간은 이기심에 의해 움직인다고 믿는 사람
- 매사를 경멸의 눈으로 바라보고, 습관적으로 부정적으로 말하고 표현하는 사람

대부분의 사람들은 냉소주의자들과 오래 어울리는 것을 좋아하지 않는다. 그들은 다른 사람들에게 동기를 부여해주거나 영감을 주는 사람들이 아니다. 리더가 갖춰야 할 행동덕목 가운데 냉소주의는 절대로 포함되지 않는다. 리더십에 대한 대중적인 책들을 보면《칭기즈칸으로부터 배우는 리더십 레슨》,《리더십 불변의 법칙》,《네이비 실

로부터 배우는 리더십 레슨》, 《〈대부〉에서 배우는 리더십 레슨》 등등 많이 있지만, '냉소주의로부터 배우는 리더십 레슨'이라는 것은 본 적이 없다!

그래서 생기는 의문이 있다. 이들 냉소주의자들은 어떻게 조직에서 그 자리에까지 오를 수 있었을까? 팀 내의 다른 사람들이 그들의 어떤 면을 좋게 평가한 것일까? 그리고 경영진 가운데 포함돼 있는 냉소주의자들이 조직문화에는 어떤 영향을 미칠까?

우선 제일 먼저 비난을 받아야 할 사람은 그런 사람들을 임원으로 승진시킨 CEO다.

먼저 냉소주의자를 진급시킨 사람들에 대해서 살펴보자. 냉소적인 사람이 승진하는 이유 중 하나는 많은 경영자들이 기술력이나 비즈니스 통찰력을 승진의 가장 중요한 조건이라고 생각하기 때문이다. 반면 행동적 특성은 그렇게 중요한 요소라고 생각하지 않는 것 같다. 혹시라도 그들의 행동 스타일이 조직에 약간의 손해를 끼친다 하더라도, 그들의 기술력이나 사업적 능력이 그 손해를 보상하고도 남음이 있다고 생각한다. 그러나 그런 사람들은 기술적으로든 사업적으로든 젊은 인재를 발굴하여 키우는 데는 최악이다. 또 그들은 일을 잘하는 것만이 중요하고 동기부여는 아무 쓸모가 없다고 믿기 때문에 팀워크를 구축하는 데 매우 서툴다.

그다음, 생산적인 열띤 논의가 이루어지려면 반대 입장에 서서 생각하고 말하는 누군가, 즉 '악마의 변호인devil's advocate'이 필요하고, 냉소주의자들이 그런 역할을 한다고 생각하는 것 같다. 그들 덕분에 대중의 분위기에 맹목적으로 다 같이 휩쓸리는 것을 막을 수 있고, 다른 관점에서 사안을 검토할 기회를 가질 수 있다고 생각하는 듯한데, 나는 이에 동의하지 않는다. 악마의 변호인과 냉소주의자는 분명히 다르다. 악마의 변호인은 보통 사람들과는 다른 관점에서 다른 의견을 내놓아, 상황이나 문제를 대하는 전체 집단의 사고의 폭을 넓히는 데 도움을 준다. 그러나 냉소주의자는 무슨 말이 나오더라도 경멸하며 스스로 즐길 뿐 어떠한 충고나 아이디어도 내놓지 않는 사람들이다!

냉소주의자가 CEO의 인정을 받아서 고위직에 진입하는 또 다른 중요한 요인은 바로 그곳의 조직문화다. 이런 곳의 문화는 대개 유의미한 행동규범이나 그 규범의 근간이 되는 분명하고 의미 있는 원칙이 제대로 정립되어 있지 않거나 결여되어 있다. 이러한 취약한 문화에서는 냉소주의자들에게 맞서 논쟁할 용기나 권한을 가진 사람이 없을 수밖에 없기 때문에, 그만큼 냉소주의자가 설 자리가 넓어진다.

상당히 많은 경우 이러한 조직문화는 다음과 같은 비공식적인 규칙을 갖고 있다.

- 다른 사람들을 비판하지 마라. 그들도 당신을 비판할 수 있다.
- 동료의 행동에 대해서 이래라저래라 가르치고 평가하는 것은 개인의 권한을 넘어서는 일이다.
- 동료의 나쁜 행동을 지적하는 사람은 자신이 팀의 일원임을 망각하고 혼자만 앞서가려고 하는 사람이다.

비생산적인 행동을 억제하지 못하고 방치하는 문화는 대개 높은 성과를 내지 못한다. 간혹 병들고 약한 문화를 가지고도 높은 성과를 내는 회사들이 있는데, 이는 훌륭한 리더십 때문이 아니라 경제적 여건이 좋았기 때문이라고 나는 장담한다.

용기와 책임감을 가지고 냉소주의자들을 대하고, 궁극적으로 그들을 조직에서 추방시킴으로써 CEO는 부정적이고 냉소적인 태도를 용납하지 않겠다는 분명한 메시지를 널리 전달할 수 있다. 전문성, 오케이! 냉소주의, 노!

그렇다면 냉소주의자들 자신은 어떨까? 이런 파괴적인 행동 뒤에는 무엇이 있을까? 나는 냉소주의자들을 다룰 때마다 다음의 말을 떠올린다.

"모든 냉소주의자들 안에는 상처 입은 로맨티스트가 있다."

-글렌 벡

독소적인 행동, 뱀파이어, 조직문화

CEO나 경영진이 좋은 사업성과를 내는 데 독소가 되는 행동들을 무시하고 그냥 넘기면, 자신의 의도와 상관없이 높은 성과를 방해하는 문화를 만드는 데 일조하게 되는 것이다! 나는 CEO와 장시간 대화를 통해, 직원 및 고객에게 독소적인 행동을 보이는 임원에 대한 이야기를 듣게 된 일이 여러 차례 있었다. 그럴 때마다 CEO들은 고개를 흔들며 그 임원의 행동 때문에 자신도 힘들었다고 인정하지만, 곧바로 덧붙여 말한다.

"그렇지만 그는 항상 마지막에는 좋은 결과를 확실하게 냈습니다. 게다가 이건 사업이지 컨트리클럽이 아닙니다."

이러한 임원들의 행동으로 인해 고객들이 떨어져 나가고, 재능 있는 직원들이 회사를 떠나게 되면, CEO는 그제야 개입을 한다. 그러나 이미 초기의 '코칭이 가능한 순간'이 오래전에 지나버렸고, 독소적인 행동이 긴 시간 동안 조직 전체에 내재화되었기 때문에, 대개 너무 늦어버린 경우가 많다.

"반문화적인 경영진들의 악영향은 빅뱅과 같은 폭발적인 사건이 아니라, 천 번 이상의 칼질을 당한 끝에 맞이하는 죽음과도 같다. 회사의 문화는 당신이 뻔히 보는 가운데 서서히 죽어가고 좋은 사람들은 급격히 빠져나간다."

-에어로스페이스 CEO

간혹 조직 내의 잡음을 피하기 위해 독소적인 행동을 덮고 넘어가는 경우가 있는데, 이는 적지 않은 많은 사람들의 마음속에 '결과가 행동보다 우선'이라는 인식이 뿌리 깊게 박혀있고, 좋은 행동과 좋은 결과 사이에서 양자택일을 해야 하는 문제로 보고 있기 때문이다. 이 문제를 더 깊이 연구하다 보면 또 다른 믿음을 발견하게 된다. '좋은 결과를 얻기 위해 할 수 있는 모든 노력을 기울여야 한다'는 것과 '사람들이 게으름을 피우지 않게 하려면 누군가는 악역을 맡아야 한다'는 생각이다. 그러나 어떠한 믿음이 작용했든 분명한 사실은, 직원과 고객을 대하는 독소적인 행동은 결국은 사업에도 독이 된다는 것이다!

독소적인 행동이 몸에 밴 사람이라도 회사 근무 초기의 '코칭이 가능한 순간'에 적절한 코칭이 가해지면 행동을 바꿀 수 있다. 더 나아가, 새로운 임원을 선발하기 위해 면접을 하는 단계에서, 혹은 초기 업무연수 과정이나 오리엔테이션 과정에서 어떤 리더행동이 장려되고 어떤 행동을 해서는 안 되는지를 CEO가 분명하게 설명해줄 수 있어야 한다. 문화 변화를 다룬 다른 장에서 살펴보겠지만, 가차 없이 엄격하게 관리되는 몇 가지의 타협할 수 없는 행동들이 조직문화를 형성하고 정렬시키는 데 아주 극적이고 빠른 효과를 발휘한다.

〈하버드 비즈니스 리뷰〉 블로그에 올라온, 에릭 시노웨이[Eric C. Sinoway]의 〈당신의 조직문화를 해치는 탁월한 직원을 해고할 때[When to Fire a Top Performer Who Hurts Your Company Culture]〉라는 글을 보면, 글쓴이와 그의 파트너는 관리자들의 독소적인 행동을 판단하기 위해 제일 먼저 사용해야 할 방법에 대해 설명하고 있다(2012). 그것은 '업무성과[deliver result]'를 한 축에 놓고 '바람직한 문화와 정렬되는 행동[behavior aligned with desired culture]'

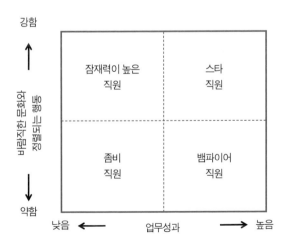

을 다른 축에 놓은 네 칸 박스의 간단한 모델이다. 이것은 잭 웰치^{Jack} ^{Welch}가 제너럴 일렉트릭 ^{General Electric Company}의 CEO일 때 고안한 것과도 유사하며, 유명한 리더십훈련 기업인 켄 블랜차드 컴퍼니^{Ken Blanchard} ^{Company}에서도 사용되는 모델이다.

스타 직원^{Stars}

스타 직원이란 성과가 훌륭한 직원이며, 동시에 바람직한 조직문화를 구축하고 지지하는 데 도움이 되는 방식으로 행동하는 직원이다.

잠재력이 높은 직원^{High potentials}

행동은 문화와 일치하지만, 능력은 좀 더 발전시키고 성숙시켜야 하는 직원이다. 훈련과 시간, 그리고 지원이 충분하다면 머지않아 스타 직원 그룹에 들어갈 수 있다.

좀비 직원^{Zombies}

모든 면에서 실패하고 있는 직원이다. 행동은 회사가 추구하는 문화와 정렬되지 않고, 업무성과는 잘해봐야 평균 정도이다. 많은 문화권에서 이들은 '썩은 고목'으로 묘사된다. 재미있는 것은, 조직 내부에서 이들에 대한 신뢰가 별로 없기 때문에 회사의 사업에 해를 끼칠 기회도 별로 없지만, 만일 경영진이 이들을 용인한다면 업무성과보다 로열티와 장기근속을 인정한다는 시그널을 보내게 된다는 점이다.

뱀파이어 직원^{Vampires}

사업성과는 내지만 그 행동은 회사가 추구하는 문화와 정렬되지 않는 사람들이다. 이들은 비교적 영향력이 크며, 만약 그들이 칭찬받고 승진을 하면 다른 직원들에게 비공식적인 롤모델로 비쳐진다. 뱀파이어 직원은 문화적 가치란 무의미하며 최종결과를 내는 것과 '목표량을 달성'하는 것만큼 중요하지 않다는 메시지를 내보이기 때문에, 결과적으로 높은 성과를 내는 문화^{high-performance culture}를 발전시키고 유지하는 데 치명적인 해를 끼친다.

이 모델(혹은 잭 웰치의 모델)을 이용해 당신의 직원과 주요 팀원들에 대해 생각해보라. 그러면 성과와 문화라는 복합 렌즈를 통해 리더십을 살펴볼 수 있게 될 것이다.

> "만약 당신이 열정적이라는 이유로 지금껏 해고당하지 않았다면,
> 앞으로 그 열정 때문에 해고당하게 될 것이다."
>
> -빈스 롬바르디

culture
Leverage

4부
전략과 조직문화

"우리는 간혹 문화와 전략을 별개로 생각한다.

그러나 대부분의 조직에서 전략적 사고는 우리가 누구이며,

우리의 목표는 무엇인가에 대한 암묵적 가정으로

철저하게 채색되어 있다는 것을 우리는 잘 알아채지 못한다."

-에드거 샤인

《패스트 컴퍼니 Fast Company》지 최근 호에는 숀 파르 Shaun Parr 의 〈문화는 전략을 점심으로 먹는다 Culture Eats Strategy for Lunch 〉라는 글이 실렸다. 이 기사는 자포스, 스타벅스, 홀푸드 등을 포함한 다양한 기업들의 성공사례를 통해 조직문화의 중요성을 역설하고, 조직문화를 '소프트 이슈'나 인적자원 HR 차원의 문제가 아닌 비즈니스의 지속적인 성공을 위해 필수적인 요소로서 강조한다.

이 글을 보면 저자는 컬트적인 문화의 좋은 사례를 이야기하고 있지만, 아쉽게도 조직문화와 전략 사이의 관계에 대한 중요한 점을 완

전히 놓치고 있다. 대부분의 사람들이 문화에 대해서 설문조사나 일회적인 행동관찰로 보이는 것 이상으로 깊게 이해하지 못하고 있다는 점을 생각하면 이는 놀라운 일도 아니다. '이 회사는 조직문화에 문제가 있고, 책임감이 전반적으로 부족하다', '이 회사는 승패에 집착하는 문화가 있다' 이런 말은 그럴듯하고 화려하지만 그리 도움이 되지 않는 설명들이다.

문화와 전략 사이의 긴밀한 관계를 이해하기 위해 중요한 두 가지 포인트가 있다. 첫째, 든든한 뒷받침이 되는 문화가 없는 전략은 실행 단계에서 큰 어려움을 겪게 되고, 대개는 참담하게 실패한다. 둘째, 어떤 훌륭한 조직문화라 하더라도 전략의 빈약함을 메울 수는 없다. 경쟁력 있는 성과를 유지하기 위해서는 두 가지가 모두 필수적이지만, 이 둘은 하나가 아니고 서로 같지도 않다.

> "전략이 A에서 B까지 가는 방법을 알려준다면,
> 문화는 그 여정에서 우리가 어떻게 행동할지를 설명해준다."

이는 말과 마차의 관계와 비슷해서, 둘이 모두 없다면 사람을 싣고 갈 수 없다. 문화와 전략이 가장 적절한 관계를 유지하는 경우 '1+1=3'이라는 공식이 성립된다.

사업의 성공을 위해서 두 가지 모두 필요하지만, 동등한 기준이 적용되는 것은 아니다. 장기적인 사업의 지속성 측면에서 보면, 특히 중요한 변화들(세계시장, 기술의 진보, 고객의 기호, 규칙, 경쟁의 심화 등)의 속도가 꾸준히 빨라지는 환경에서 장기적으로는 문화가 더 중요하다.

애플^{Apple}은 그 좋은 사례다. 몇 년 동안 회사의 전략에는 여러 차례 변화가 있었지만, 하나의 지속적인 문화를 최우선적으로 유지했다.

문화가 전략을 점심으로 먹는다는 표현 대신에 우리는 다음과 같이 말해야 한다.

"높은 성과를 내는 문화와 그와 정렬되는 적절한 전략이 챔피언의 점심식사에 필수 재료가 된다."

10. 조직문화와 전략 :
가위바위보

"중요한 것은 전략이 있느냐 없느냐가 아니라

제대로 실행하는 것이다."

-잭 웰치

누구나 어릴 때 가위바위보를 많이 해보았을 것이다. 이는 각자의 선택이 상대보다 나은 선택이었는지를 가리는 게임이다. 기본적인 게임의 룰은, 두 사람이 모두 주먹을 쥔 뒤 셋을 세고 나서 각자 손의 모양을 만든다. 보는 주먹을 이기고, 가위는 보를 이기고, 바위는 가위를 이긴다. (둘 다 같은 것을 내서 비기는 경우도 있지만) 승패의 확률은 반반이다. 가위바위보는 부모님과 함께하는 여행의 지루한 차 안에서 시간을 보내는 즐거운 방법이기도 했고, 어린 여동생에게 내가 마음을 읽을 수 있다고 과시함으로써 '겁을 먹게' 할 수도 있는 방법이었다!

이 간단한 게임의 요점은 상대방의 마음을 읽어내고, 동시에 그들의 결정보다 한발 앞서는 전략을 선택해야 한다는 것이다. 탁월한 전략처럼 들리지 않는가?

가위바위보를 할 때 동일한 전략을 고수하는 것은 패배로 가는 지름길이다. 마찬가지로 경직되고 유연하지 않은 조직문화 또한 역동적인 시장환경에서 승리할 수 없다.

CEO의 한숨: 실행, 실행, 실행

모든 사업에는 전략이 필요하다. 기본적으로 전략이란 경쟁에서 승리를 얻기 위한 일련의 행동들이다. 효과적인 전략을 짜기 위해서는 기회와 가능성에 대한 깊은 통찰, 명확한 사고, 진실된 평가, 효과적인 의사결정 등을 바탕으로 하는 미래지향적인 사고가 필요하다. **그러나 더 중요한 것은 원하는 결과를 얻어낼 수 있도록 이 전략이 실행되어야 한다는 것이다.**

불행하게도 통계들은 효과적인 전략 실행이 대개는 쉽지 않다는 것을 보여준다. 실제로 대부분의 기업이 전략 실행에 관해 성적이 좋지 않다.

- 마크 내들러[Mark Nadler]는 자신의 기고문에서, 2004년에 《이코노미스트》지가 276명의 기업 임원들을 대상으로 조사한 결과를 인용했다. 57%의 기업이 최근 3년 동안 자신들이 세운 전략적 목표를 실행하는 데 실패했다는 것이다.[49]

233

- 2006년, 미국경영협회American Management Association와 인적자원연구소Human Resource Institute가 1,500명의 임원들을 대상으로 조사한 바에 따르면, 자신이 속한 회사가 기업전략을 성공적으로 수행해냈다고 답한 사람은 3%에 불과한 반면, 62%는 자신의 회사가 평균 혹은 그 이하에 속한다고 답했다.[50]

- 최근 FTSE 1000에 속한 200개 기업을 대상으로 실시한 설문조사에 의하면, 기업 경영진의 80%가 자신들의 전략이 옳다고 대답했지만, 그 전략을 제대로 실행했다고 답한 사람은 14%에 불과했다.[51]

- 400개 기업을 대상으로 조사한 바에 따르면, 경영자의 49%가 그들 조직의 전략수립능력과 실행능력 사이에 간극이 있다고 대답했다. 놀랍게도 그들 중에서 그 간극을 메울 수 있는 조직적 능력을 가지고 있다고 답한 사람은 36%에 지나지 않았다.[52]

- 최근 《맥킨지 쿼털리》에 따르면, 2,207명의 임원을 상대로 설문조사한 결과 28%만이 회사의 전략적 결정 수준이 비교적 좋았다고 답변한 반면, 60%는 좋은 결정 못지않게 나쁜 결정이 자주 내려지고 있다고 답했으며, 나머지 12%는 좋은 결정은 드물다고 답했다.[53]

- 맥킨지가 197개 회사를 대상으로 한 또 다른 연구에서는, 97%의 임원들이 자신이 올바른 '전략적 비전'을 가지고 있다고 답한 반면, '의미 있는 전략적 성공'을 거뒀다고 답한 사람은 33%에 불과했다.[54]

- 해고를 당한 CEO의 70%가 형편없는 전략 때문이 아니라 실적

저조 때문에 해고를 당했다.[55]

나의 다른 책《패스트브레이크, CEO를 위한 전략실행 가이드 FASTBREAK, The CEO's Guide to Strategy Execution》에서는 자금부족이나 시장상황에 대한 판단 실수 등 분명하게 눈에 띄는 원인이 없는데도 불구하고 전략 실행이 부실해지는 중요한 몇 가지 요인을 설명했다. 전략을 실행에 옮기는 데 방해가 되는 다음의 많은 요인들 안에는 조직문화의 중요한 요소들이 들어있다.

- 전략을 수립하는 데 있어 실행은 필수적인 것이 아니라 사후적인 것이라고 생각한다.
- 전략 추진에 대한 책임이 어디에 있는지 명확하게 정의되어 있지 않다.
- 경영진의 부족한 정렬과 사일로 Silo 현상이 비효율과 의견충돌을 낳고 귀중한 시간을 낭비시킨다.
- 많은 세부계획들이 핵심 전략목표에 잘 연결되지 않는다. 괜찮은 계획들이 부서 내부에 묻혀 잠자고 있고, 목표에 맞지 않는 계획들이 추진되며 자원이 낭비된다.
- 14%의 직원만이 전략을 제대로 읽어보았거나, 이해하고 있는 것으로 조사되었다.[56] 회사의 전략을 이해하지 못하면 개선을 위한 직원들의 참여나 새로운 아이디어도 제한된다.
- 전략을 효과적으로 달성하려면 팀워크와 개방성, 위험을 감수하는 문화, 혁신 등이 필요하다.

- 전략 추진에 대한 체계화된 관리방식이 매우 부족하고, 경영진은 일상적으로 부딪히는 운영상의 문제들에 주의를 빼앗겨 전략 관련 이슈에 신경 쓸 여유가 없다. 최근 연구에 의하면, 경영진이 전략 관련 이슈에 사용하는 시간은 전체 시간의 5%에 불과했다.[57]

- 상당히 많은 경우 전략의 개발을 외부 컨설팅업체에 맡긴다. (물론 그 업체들은 임원들과 나름대로 충분한 인터뷰를 거친다.) 전략 개발을 마친 업체는 이를 현란한 프레젠테이션과 두꺼운 슬라이드를 통해 경영진에게 전달한다. 그러나 외부업체가 계속 남아서 이것을 실제로 구현하도록 옆에서 도울 만한 '권한'은 없다. 외부업체의 헌신은 처음부터 부족할 수밖에 없고, 그마저 크고 작은 난관을 만날 때마다 줄어든다.

문화의 적응성

> "조직문화는 전략과 일치할 때 가장 큰 힘을 낼 수 있다.
> 그러나 문화가 경쟁적인 위협에 맞서는 것을 방해하고,
> 경제나 사회 환경의 변화에 적응하는 것을 방해한다면,
> 기업은 정체되거나 소멸된다."
>
> -《비즈니스 위크》

최고의 성과를 내기 위해서는 **전략-구조-문화**가 서로 긴밀하게 연

결돼 정렬을 이루어야 한다는 사실을 알고 있다면, 문화와 조직이 새로운 사업전략을 실행하는 능력과 얼마나 관계가 있는지 보다 쉽게 이해할 수 있다.

어떤 조직의 내부가 시장환경에 맞춰서 잘 정렬되어 있다는 것은 '그 조직의 모든 사람들이 우리가 어디로 가야 하는가를 알고 있고'(전략), '조직 내에서 누가 어떤 일을 책임져야 하는지를 알고 있으며'(구조), '모두가 함께 일하여 목표를 달성하기 위한 내부의 기본규칙을 숙지하고 있다'(문화)는 것을 의미한다.

변화의 속도가 느렸던, 지금보다는 훨씬 덜 격동적이었던 시대에는 조직이 이 세 가지 중요한 요소의 정렬을 상당히 높은 수준으로 유지하는 것이 어렵지 않았고, 그 결과 효율적인 성과와 장기적인 성장을 비교적 쉽게 달성할 수 있었다. 2차대전 종전 후의 미국은 이러한 시기를 즐기며 비교적 안정적이고 예측가능한 성장, 모든 분야에서의 시장 확대, 대출에 대한 낙관, 그리고 사업을 둘러싼 우호적인 규제환경 등의 덕을 톡톡히 볼 수 있었다.

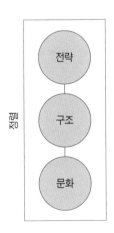

이러한 기간에 해당하는 1950년부터 1980년 사이의 상대적인 안정성으로 인하여 이때 대부분의 기업들은 전략, 구조, 문화 사이의 정렬을 추구하는 문제를 치열하게 고민할 필요가 없었다. 벨 전화회사Bell Telephone System는 점점 사세를 키워갔고, IBM International Business Machines Corporation은 가장 큰 회사 가운데 하나이자 월스트리트의 대표기업으로 성장했다. 미국의 3대 자동차회사는 세계시장을 석권했고, 원자력발전소가 곳곳에 세워졌다. 모든 것이 잘 돌아가고 모두가 바쁘게 일하던 시기였다.

그러나 기술의 폭발, 빠른 성장, 공격적인 새로운 경쟁, 규제의 변화 등으로 인해 기업들은 새로운 전략을 수립하지 않으면 안 되게 되었다. 전략이 바뀌면 필연적으로 회사의 구조를 재조직해서 전략과 구조를 일치시켜야 할 필요성이 대두된다.

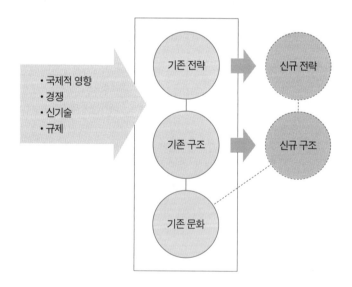

문제는 기업 경영진이 변화의 필요성을 받아들여 구조를 개편하면 저절로 성과가 개선될 것이라고 착각하고 있다는 점이다. 대부분의 CEO와 경영진들은 조직 내의 실제 문화와 단절되어 있는 경우가 많기 때문에, 그들이 문화와 성과 사이의 관계를 직접 겪고 느끼기는 어렵다. 현재의 문화가 새로운 경영전략의 요구에 더 이상 정렬되지 않는다는 사실도 알아차리기 어렵다.

만일 조직문화를 재편하는 작업이 추진되지 않으면, 기존 문화는 효과적인 전략 실행의 속도를 늦추고, 급기야 멈추게 하는 닻과 같은 역할을 하게 될 것이다.

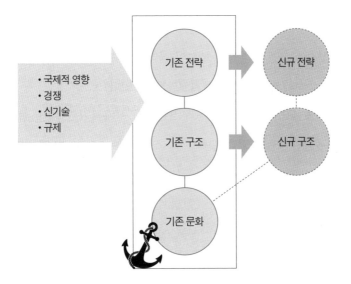

문화가 새로운 전략을 실행하는 것을 방해한 사례가 있다. 소매 브랜드로 명성이 높았던 J. C. 페니J. C. Penny가 젊고 유행에 민감하고 씀씀이도 큰 젊은이들의 시장을 공략하기 위해 구사했던 전략이 바로 그

것이다. 사례는 얼마든지 있다.

> "당신이 대차대조표에 신경 쓰는 만큼만 조직문화에 시간을 할애한다면,
> 그 조직은 큰 성공을 거둘 수 있을 것이다."

전략, 혁신, 그리고 적응적 문화

하버드 비즈니스 스쿨이 보여준 문화와 전략에 대한 탁월한 비즈니스 통찰력은 클레이튼 크리스텐슨 Clayton Christensen 박사가 이끄는 연구팀이 지난 20년 동안 진행해온 연구를 통해서도 잘 알 수 있다. 하버드 비즈니스 스쿨의 경영학 교수인 클레이튼 크리스텐슨은 혁신과 성장 분야에서 세계 최고의 전문가로 알려져 있다.

그는 또 여러 권의 책을 쓴 베스트셀러 저자이기도 하다. 그는 대표작인 《혁신기업의 딜레마 The Innovator's Dilemma》(1997)로 그해 경영부문 베스트셀러 작가에게 수여하는 '글로벌 비즈니스북 어워드 Global Business Book Award'를 수상한 바 있다. 《성장과 혁신 The Innovator's Solution》(2003), 《미래 기업의 조건 Seeing What's Next》(2004), 그리고 미국의 의료 시스템을 어떻게 정비해야 하는가에 대한 주장을 담은 《파괴적 의료혁신 The Innovator's Prescription》(2009), 또 《성공기업의 딜레마 The Innovator's DNA》(2011) 등도 그가 저술한 책들이다. 그는 2011년에 세계에서 가장 영향력 있는 경영 사상가로 선정되기도 했다.

특수강 제철회사 뉴코 Nucor 의 성장과 파괴적인 전략에 대한 클레이

튼 크리스텐슨의 연구를 읽어보지 않은 CEO는 거의 없을 것이다. 전통적으로 철강산업은 회사 크기가 규모의 효율성을 높이고 생산원가를 절감시켜 주며 경쟁력을 높인다는 전략에 따라 계속하여 다른 공장을 인수해 몸집을 불려온 대형 제철사들이 시장을 지배해왔다. 이런 생각은 철강업계에서는 기본적인 상식이었고, 그러한 효율성을 얻기 위해 대형 제철회사들은 수요가 많지 않고 생산단가도 비싼 특수강 사업분야에서는 손을 떼는 것이 당연하다고 생각했다. 그러나 뉴코는 적절한 시장과 적절한 문화가 따른다면, 시장규모가 작은 이 특수강 분야도 충분히 수익성이 있다는 판단하에 다른 회사들은 취급하려 하지 않는 특수강 시장에 진출했다. 그리고 성장을 거듭하며 저가 철강 시장에서 이익이 쌓이자, 대형 철강사들이 규모의 효율 때문에 철수한 다른 철강제품들에도 손을 대기 시작했다. 결국 뉴코는 US 스틸[US Steel]과 비교해도 규모가 뒤지지 않고 수익성 측면에서는 훨씬 뛰어난, 미국 북부의 최대 철강회사로 성장하게 되었다.

뉴코의 성공사례를 관찰할 때 더욱 흥미를 끄는 것은 조직문화의 역할이다. 뉴코의 문화[58]는 다음과 같은 다섯 가지의 핵심요소를 담고 있다.

- 탈중앙화된 관리 철학
- 성과에 기반을 둔 보상
- 공평한 혜택
- 고객서비스 및 품질
- 기술 리더십

이들의 효과는, 처음부터 가지고 있던 공장이든 외부에서 인수한 공장이든, 노조가 조직된 공장이 하나도 없다는 사실을 통해서도 확인된다. 이 회사는 일감 부족으로 직원을 해고한 적이 없다.

뉴코의 사례가 보여주는 기본적인 교훈은 무엇일까? 정책을 조정하고 직원을 다루는 데 있어서 뉴코의 문화는 적응적 문화였던 반면, US 스틸의 문화는 경직된 문화였다. 환경변화에 적응할 수 있는 문화가 존재하지 않는다면, 전략을 변경하는 것도 어렵다. 문화란 당신을 앞으로 강하게 끌어당기거나 반대로 밀치는 거대한 자석이라고 생각해보라! 나는 코터^{John P. Kotter}와 헤스켓^{James L. Heskett}이 쓴《조직문화와 성과^{Corporate Culture and Performance}》를 다시 읽을 때마다 거의 20여 년을 앞서 적응과 비적응의 문화에 대해서 이야기했던 두 교수의 뛰어난 통찰력에 매번 감탄하게 된다.

11. 좋은 문화, 나쁜 문화

"나는 좋을 때 잘한다.

하지만 나쁠 때는 더 잘한다."

-메이 웨스트

문화는 그 자체로 좋고 나쁜 것은 아니다. 우리가 앞에서도 살펴본 바와 같이, 저절로 형성된 문화이든, 의도적으로 만들어진 문화이든, 문화는 여러 가지의 인과관계에 기반을 두고 발전한다. 사람들이 어떤 회사에 대하여 '나쁜' 문화를 갖고 있다고 말하거나 '좋은' 문화를 갖고 있다고 말하는 것은 문화 그 자체에 대해 말하는 것이 아니라, 문화와 다른 어떤 것과의 관계에 대해서 이야기하는 것이다. 아마도 직원들의 참여나 전반적인 사기와 관련된 것일 수도 있다. 이는 대부분의 사람들이 좋은 문화나 나쁜 문화에 대해서 이야기할 때 일반적으로 사용하는 공통된 의미이다. 그러나 기업의 성공과 지속가능성을 위해서

243

는, 문화와 비지니스 전략을 서로 비교해볼 필요가 있다.

조직문화는 전략을 강화하고 지지하는 데 도움이 되기도 하지만, 방해물이 되기도 한다. 전략은 기업이 경쟁 속을 뚫고 나가기 위한 방향을 결정한다. 문화는 여기에 추진력을 제공할 수도 있고 제약을 가할 수도 있다. 그 전략에 잘 정렬되는 문화는 행동과 목적이 정렬되도록 만들고, 이럴 때는 장애물도 거의 없다. 그리고 대개의 경우 효과적인 전략 실행을 위한 상당히 좋은 지렛대 역할을 한다. 그러나 전략과 정렬되지 않는 문화는 수시로 많은 제약을 만들어내어 전략 실행의 속도를 크게 떨어뜨린다.

전략은 문화가 뒷받침되어야만 효과적으로 펼쳐질 수 있다. 하지만 그럼에도 불구하고 강한 문화가 약한 전략을 보완해줄 수는 없다.

문화와 전략의 관계가 매우 효율적으로 이루어진 사례로 사우스웨스트항공Southwest Airlines을 들 수 있다. 사우스웨스트항공 소속 여객기의 공항체류시간(착륙 후 승객과 화물을 내려주고, 다음 승객과 화물을 태우고 싣고, 다시 이륙을 위해 활주로로 진입하기 위해 토잉카가 비행기를 밀어 후진시키기 시작하는 데까지 걸리는 시간)은 다른 항공사들에 비해 짧기로 유명하다. 이는 고객과 최종결과까지 염두에 두고 잘 만들어진 문화의 산물이다. 이 항공사는 지난 40년 동안 늘 고객을 기쁘게 해주면서도 흑자를 유지했던 회사다! 높은 성과와 고객에 초점을 맞춘 문화. 그리고 직항로 운영 및 단일기종 운영 전략. 이 둘의 결합은 아주 단순하며 집중적이었고, 수익성을 높이는 데도 적합했다.

경영자가 좀 더 많은 시간과 집중력과 에너지를 갖고 문화를 살펴보면, '좋은' 문화와 '나쁜' 문화가 눈에 들어온다. 먼저 문화를 내부(프로세스)에 집중하는 문화와 외부(고객)에 집중하는 문화로 크게 나눠볼 수 있다. 사우스웨스트는 고객에 초점을 둔 문화의 대표적인 사례다. 대부분 미국의 대형 항공사들은 내부에 초점을 두어 더 많은 승객으로부터 많은 돈을 받아내기 위한 무수한 규정과 제도들을 만들어 운영하고 있다. 항공산업을 설명하는 데 사용하는 대표적인 문구인 "그저 손님만 많으면 bums on seats"이라는 표현도 그들의 문화에 대해 많은 것을 말해준다. 역기능적인 문화 dysfunctional culture를 가진 많은 기업들은 고객의 이야기를 듣고 그들을 만족시키는 것보다 내부 회의나 내부 프로세스에 훨씬 더 많은 시간을 소비한다.

문화-전략 매트릭스

'문화-전략 매트릭스 Culture-Strategy Matrix' 모델은 문화와 전략 사이의 관계를 한눈에 알아볼 수 있게 해주는 아주 유용한 도구이다. 한쪽 축에는 '전략'을, 약하고 불분명한 수준에서부터 탄탄하고 경쟁력 있는 수준까지 설정한다. 다른 축에는 '문화'를, 독소적인 수준에서 컬트적인 수준까지 설정한다. 그리고 간단한 4개의 칸으로 구성된 매트릭스를 만든다.

즐겁지만 결국 파국 Having a Good Time Going Broke
높은 성과를 내기 좋은 컬트적인 문화를 갖고 있지만 시장상황에 대응할 만한 전략이 불분명하다면, 그 조직은 오래 버틸 수 없다.

이렇게 우측 하단 사분면에 해당하는 대표적인 사례는 1990년대 후반의 수많은 닷컴^{Dot.com} 기업들의 실패에서 찾아볼 수 있고, 지금의 수많은 기술주도형 신생기업들도 비슷한 상황을 겪고 있다.

그들은 초창기에는 매우 성공적이고, 많은 투자자금을 유치한다. 강력한 컬트적 문화를 형성하고, 희망에 찬 홍보물을 제작해 분위기를 띄운다. 그러나 얼마 지나지 않아 이익은 급감하고, 현금은 소진되고, 결국 업계에서 퇴출된다. 대개 이런 기업들의 전략은 고객이나 시장의 변동성보다는 기술과 제품에 집중하는 경향이 있다. 그들은 참 좋은 시간을 보냈음에도 결국 이렇게 실패하고 만 것에 스스로 어리둥절해한다!

모든 것이 파국 Doomed on All Fronts

도표에서 왼쪽 아래에 속하는 조직이다. 이들의 문화는 독소적이고 역기능적이다. 거기다 전략도 약하고 불분명하다. 그러면 모든 부문에서 실패할 수밖에 없고, 결국은 파산하거나 다른 기업에 매각될 수밖에 없다. 그 과정에서 직원들은 줄줄이 회사를 떠나고 주주들도 큰 실망을 하게 된다. 이런 유형에 해당하는 사례는 지난 수십 년 동안 수없이 많이 보아왔다.

코닥^{Kodak}과 폴라로이드^{Polaroid}는 모두 엄청난 관료주의에다 내부만 바라보는 문화가 형성되어 있었다. 게다가 고객들의 취향 변화나 기술의 변화보다 내부운영에 초점을 맞춘 경직된 전략을 갖고 있었다. 베들레헴 철강^{Bethlehem Steel}과 카이저 철강^{Kaiser Steel}, 그리고 US 스틸^{US Steel} 등은 독소적인 문화로 인해 강성 노조가 만들어지고 생산성은 떨어진 데다, 원자재 가격과 규모의 경제에 기반을 둔 수준 낮은 전략을 펼친 사례다.

나는 나이를 꽤 먹은 편이어서 미국 기업의 힘을 상징하던 최초의 글로벌 항공사 팬아메리칸월드항공ᴾᵃⁿ ᴬᵐᵉʳⁱᶜᵃⁿ ᵂᵒʳˡᵈ ᴬⁱʳʷᵃʸˢ의 비행기를 탔던 것을 기억하고 있다. '비즈니스맨을 위한 항공사'라는 별칭과 함께 고급 여행의 선두주자였던 팬암ᴾᵃⁿ ᴬᵐ은 세계 어디에서나 그 모습을 볼 수 있었고, 초대형 항공기인 점보 747 기종으로 수십 년 동안 하늘을 지배했다. 그러나 점점 강성화된 노조, 권위주의적인 문화, 임금 체불(결국은 미국 정부가 8억 달러나 보조해주고서야 해결되었던), 그리고 세계화와 규제완화 그리고 반미감정 등 변화한 사업환경으로 인해 팬암은 결국 파멸하고 말았다.

이 조직들이 스스로 자신의 운명을 파멸로 이끌고 싶지는 않았겠지만, 부실한 리더십과 전략적 능력의 부족, 시장에 대한 비현실적인 시각으로 인해 시간이 지나면서 파멸의 국면으로 치달아갔다.

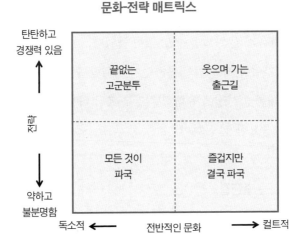

문화-전략 매트릭스

탄탄하고 경쟁력 있음 ↑

전략

약하고 불분명함 ↓

끝없는 고군분투

웃으며 가는 출근길

모든 것이 파국

즐겁지만 결국 파국

독소적 ← 전반적인 문화 → 컬트적

끝없는 고군분투 Struggle, Struggle, Struggle

대부분의 기업들은 경쟁력과 수익성을 유지하기 위해 고군분투하는 것으로 보인다. 상당히 높은 수준의 경쟁력 있는 전략을 가지고 있음에도 불구하고, 역기능적인 문화(높은 스트레스, 장시간의 노동, 수없이 이어지는 회의, 부실한 고용과 높은 이직률, 심각한 수준의 재작업, 그다지 높지 않은 품질, 직원들의 소극적인 참여의식, 평균 정도의 생산성 등으로 특징지어지는)로 인해 좌측 상단 사분면에 머물고 있다. 이런 회사의 경영진은 문화보다는 손익에 관심이 집중되어 있고, 그들의 역기능적인 문화가 사업성과를 크게 떨어뜨리고 있다는 사실을 제대로 인식하지 못하고 있다.

이런 기업은 성과를 높이기 위해 탁월한 스타급 인재가 들어오기를 기대하며 외부로부터 능력 있는 새로운 직원을 영입하려 하고, 대차대조표를 강화하고 수익을 늘리고 시장을 다각화하겠다는 이유로 다른 기업들을 인수하고 다니기도 한다. 이들은 마치 잔잔한 바다 위에 기름은 넉넉하게 있지만 닻을 내리고 있는 보트와도 같다. 시끄럽고, 어딘가 흥분되어 있지만, 진행은 느리다. 나는 이런 회사 CEO들의 방에서 다음과 같은 말을 수도 없이 들었다.

"왜 우리가 추진력을 얻지 못하는지 이해할 수가 없습니다!"

클린턴 대통령 시절에 유행했던 말을 조금 바꿔서 하자면 이렇다.

"바보야, 중요한 건 문화야!"

웃으며 가는 출근길 Laughing All The Way to The Company

오른쪽 위 사분면에 위치하는 기업, 즉 경쟁력 있고 강한 전략에 더하여 높은 성과를 내는 문화까지 겸비한 기업은 그리 많지 않다. 자동차로 치면 모든 실린더가 왕성하게 움직이고 있는 상황이다. 짐 콜린스Jim Collins와 제리 포라스Jerry Porras의 책《성공하는 기업들의 8가지 습관Built to Last》에 소개된 기업들이 이 사분면에 위치한다.

이 책에서 소개하고 있는 18개 기업은 다음과 같은 엄격한 요구조건을 충족시킨 기업들이다. 즉 업계 최고 기업으로 인정받고, 수준 높은 기업가들로부터 찬사를 받고, 세계에 깊은 인상을 남기고, 여러 세대에 걸쳐 CEO들을 배출하고, 다양한 제품과 서비스의 라이프사이클을 갖고 있으며, 1950년 이전에 설립되어 나름 긴 역사를 버텨온 기업들이다. 월마트, 아메리칸 익스프레스, 보잉, 디즈니, 포드, 제너럴 일렉트릭, 존슨앤존슨, 메리어트Marriott, 그리고 노드스트롬Nordstrom 등이 여기에 포함된다. 1926년부터 1990년까지의 기간 동안 이 18개 기업의 실적 성장은 미국 주식시장 성장의 15배를 앞질렀다.

디즈니나 노드스트롬을 제외하면, 위에 열거한 기업들이 컬트적인 문화를 갖고 있다고 보기는 좀 어렵지만, 매우 강력하고 기능적인 문화를 갖고 있었던 것은 분명하다. 독자들 가운데는 GE를 포함한 몇몇 기업들은 성과 문제에 대해서 비타협적인 행동과 내외부의 정책을 고집하는 강경한 문화를 가진 기업이라고 반문할 사람들도 있겠지만, 임원들이나 리더십을 발굴하고 성장시키는 데는 최고의 역량을 보였다. 또 직원참여도 컬트적인 범주에 들어가지는 않지만 해고와 재고용이 반복되는 정도는 아니었고, 생산성도 항상 높았다.

룰루레몬, 넷플릭스, 사우스웨스트항공, 페이스북, 구글, 스타벅스와 같은 컬트적인 문화를 가진 기업의 성과는 전략과 문화가 얼마나 긴밀하게 연계되어 있는가, 그리고 시장 트렌드에 대한 신속한 변화를 문화가 가능하게 하고 있는가에 달려있다.

> "문화와 전략, 이 두 가지에 동시에 집중하는 것은 힘든 일이지만,
> 지속가능한 성공을 위해서는 꼭 필요한 일이다."

전략이 문화를 잡아먹는 경우!

> "환불은 안 됩니다. 당신 사정은 듣고 싶지 않아요.
> 우리 회사 환불 불가 정책의 어느 부분이 이해가 안 되십니까?"
> -라이언에어 CEO, 마이클 오리어리

라이언에어 Ryanair 가 다른 어느 항공사들보다도 많은 국제승객을 수송하는, 유럽 초저가 항공업계의 최강자라는 데는 논란의 여지가 없다. CEO 마이클 오리어리 Michael O'Leary 는 1990년에 CEO로 취임한 후 사우스웨스트항공을 둘러보면서 영감을 얻은 대로 단일기종 항공기 운영, 직항로 정책 등 극도로 단순화된 전략을 펼쳤다. 그리하여 라이언에어는 매년 흑자를 기록함은 물론, 여객마일과 총수익도 꾸준히 성장하고 있다(세계적인 경제위기가 닥쳤던 2008년은 제외하고). 그러나 라이언에어는 사우스웨스트항공의 경영방식과는 두 가지 면에서 근본적으로 다르다.

첫째로, 요금을 낮추기 위해 비용절감에 집중하고 기내 전화카드,

연계 기차 승차권, 면세점 쇼핑, 기내식, 렌트카 예약 등 온갖 서비스를 유료화하여 부가수익을 창출한다. 여기에 더하여 수하물이 기준 크기나 무게를 초과할 경우 가차 없이 추가요금을 부과하고, 온라인 티켓을 고객이 인쇄해 오지 못해 티켓 인쇄를 요구할 경우 여기에도 요금을 붙인다. 또 좌석을 승객이 선택하고자 할 경우나 조기 탑승을 원하는 경우에도 별도의 요금이 추가된다. 이는 마치 호텔 비용은 굉장히 싸지만 고객들이 게임테이블에서 게임을 하거나, 쇼를 관람하거나, 호텔 음식을 먹는 등의 사소한 활동에도 상당한 요금을 부과하는 라스베이거스 카지노의 영업방식과 비슷하다.

라이언에어가 두 번째로 확연하게 다른 점은 바로 '고객서비스 제로'의 문화이다. 고객들은 라이언에어의 직원들이 자신들을 대하는 방식이나 사소한 서비스에도 비싼 요금을 받아 가는 것에 진저리를 낸다. 집에서 탑승권을 인쇄해 오지 않았다고? 그럼 60파운드를 내셔야 합니다! 수하물이 규격보다 1밀리미터 초과하는군요. 50파운드입니다! 게다가 승무원들은 비행 내내 고객들을 무시한 채 데이트 이야기나 친구들 이야기로 수다를 떨고, 비닐 포장된 샌드위치 하나만 사 먹어도 무시무시한 가격을 청구한다.

"우리는 요금을 내고 정당한 서비스를 받는 승객이 아니다. 트럭에 갇혀서 도살장으로 끌려가는 소들이다!"　　-분개한 라이언에어 승객의 말

인터넷을 검색해보면 라이언에어를 싫어하는 사람들이 만든 사이트를 수십 개나 발견할 수 있고, 거기에는 고객에게 불친절하고 심지

어 학대한다는 끔찍한 불평들이 가득하다.

사람들은 이 항공사를 혐오한다. 그런데 여전히 그 비행기를 탄다! 왜 그럴까?

오리어리는 '매우 불친절하게' 고객을 대하는 문화가 철저한 원가 절감과 불필요한 거품을 빼는 전략에 따른 것이며, 전적으로 자신의 작품이라고 인정한다. 그는 회사 직원들의 사무용 볼펜도 회사 돈으로 구입해서는 안 된다며, 자기 돈으로 사기 싫으면 호텔이나 다른 곳에서 슬쩍 집어 오라고 직원들에게 요구한다. 그의 마음속에는, 상상할 수도 없는 낮은 가격으로 비행기를 타고 싶으면 어떤 사소한 서비스도 기대하지 말라는 생각이 분명하게 자리 잡고 있다. 싼 맛에 타든지, 다른 비행기를 타든지 알아서 하라는 것이다. 그럼에도 불구하고 초저가로 휴가를 즐기려는 학생들이나 가족들이 예산절감을 위해서라면 항공사의 학대를 감수하는 것도 꽤 괜찮은 선택이라고 여기고 있다.

이 회사의 고객 무시 혹은 불만족스러운 고객서비스 문화는 철저하게 회사 내부정책의 결과이다. 그런데 이 문화는 초저가항공 모델이라는 회사의 전략과 완벽하게 정렬되고, 낮은 비용으로 항공기를 이용하고 싶다는 적지 않은 대중들의 필요와 맞아떨어지는 것이다. 비행시간은 그리 길지 않을 것이고, 승객들은 '형편없는' 대우를 능히 참아낼 수 있다. 그리고 가격은 매우 싸다!

초저비용 경쟁의 승자는?

유럽의 초저가 항공사 가운데 사우스웨스트항공의 경영모델과 유사한 기업을 하나 더 꼽자면 이지젯Easyjet을 들 수 있다. 그리스 선박업계 거물의 아들인 스텔리오스 하지 이오아누Stelios Haji-Ioannou는 1995년에 이 회사를 설립하면서 사우스웨스트항공의 경영 노하우를 배우기 위해 텍사스로 성지순례를 다녀왔다. 스텔리오스는 낮은 비용, 환승 없는 노선 운영, 단일기종의 항공기, 부대서비스의 유료화 등을 주요한 영업전략으로 삼았다. 그는 비용을 줄이고, 잡다하고 불필요한 서비스를 생략하면서도 경쟁력 있는 고객서비스를 제공할 방법을 찾을 수 있다고 믿었다. 직원들은 자체 시설에서 교육을 받았다. 회사는 브랜드 이미지 관리에 투자하고, 고객들에게 훌륭한 서비스를 제공하는 것에 초점을 맞추어 정책을 개발했다. 그러는 한편으로 불필요한 비용 절감을 통해 운임을 인하할 수 있는 길을 끊임없이 연구했다.

라이언에어와 비교하면 대다수의 유럽 승객들은 이지젯에 좀 더 후한 점수를 준다. 라이언에어는 정시 이착륙 등 다양한 항공업계 고객서비스 지표에서 1위를 기록하고 있지만, 고객의 투표에 의해 매겨지는 고객서비스 부문에서는 항상 이지젯이 라이언에어를 앞서고 있다.

여기에 항공사 서비스 비교 웹사이트에 올라온 글을 인용한다.

"나는 라이언에어를 두 번 이용해봤다. 한 번은 가족들 없이 혼자 탑승했는데, 승객들이 서로 좋은 자리를 차지하기 위해 경쟁하듯 탑승계단을 오르고 기내를 이리저리 뛰어다니는 것을 보고 충격을 받았다. 두 번째로 이용할 때는 가족과 함께 탔는데, 어린아이 3명을 포함한 우리 가족 5명이 비행기 곳곳의 좌석에 흩어져 자리를 잡아야 했다. 한마디로 돈 내고 겪고 싶지 않은 경험이었다. 과도한 수하물 비용에 대해서는 말할 필요도 없다!"

유고브 YouGov*의 브랜드 평가 시스템 '브랜드인덱스 BrandIndex'는 여섯 가지의 브랜드 인식 척도를 토대로 고객이 그 브랜드를 어떻게 이해하고 있는지를 파악하는 도구이다. 이에 따르면 2013년 4월부터 6월까지 이지젯은 라이언에어를 크게 앞섰고, 그 추세도 한결같았다.

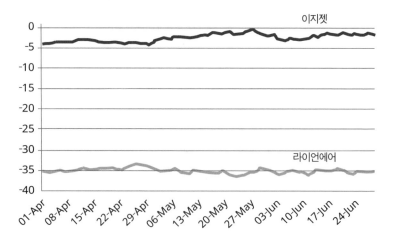

유고브 브랜드인덱스 조사 : 라이언에어 vs 이지젯 (2013)

---

* 영국 기반의 온라인 시장조사 기관

그렇다면 이 책을 읽는 CEO와 비즈니스 리더들은 이 두 항공사의 전략과 문화, 고객서비스와 기업성과 등의 사례를 통해 무엇을 배울 수 있을까?

우선 두 항공사의 전략이 어디에 초점을 맞추고 있는지를 들여다 보자.[59, 60, 61]

라이언에어는 비용절감에 극단적으로 집중한 결과 낮은 운임으로 정시운항을 계속할 수 있었고, 화물 분실사고도 거의 없었으며, 그 결과 상당한 흑자를 내고 있다. 라이언에어의 기본전략은 낮은 운임으로 직항로를 이용할 수 있다는 이점을 무기로 이용자를 꾸준히 늘리는 것이다. 그리고 비용절감과 운영효율성에 대한 집중적인 노력으로 승객수를 지속적으로 늘릴 수 있으며 따라서 수익도 늘어난다는 것이다.

라이언에어의 전략적 추진사항은 다음과 같이 정리할 수 있다.

- 낮은 운임
- 고객서비스(=편리성). 유럽의 다른 경쟁 항공사에 비해서 정시 운항률, 수하물 분실률, 운항취소가 어느 정도인가로 평가한다.
- 단거리 위주의 직항로 노선 정책
- 낮은 운영비용(티켓 발권, 게이트 운영, 수하물 취급 등을 다른 업체에 위탁하는 방식 포함)
- 고객이 비행 스케줄을 짤 때 가급적 인터넷 사용 유도
- 안전과 서비스 품질 유지에 대한 책임감
- 부대서비스를 통한 운영실적 향상

- 서비스 가능 공항 확대 및 시장접근

    그리고 이지젯은 그들의 2010년 전략을 검토하면서, 유럽 여행시장의 역동적인 변화에 대해 그들이 추진하고 테스트하고 유지한 전략적 시도가 적절한 것이었다고 평가했다.

- 안전성과 지속가능성: 우리는 안전의 책임에 대해 절대 타협하지 않는다. 안전은 우리 모두에게 최고의 우선순위다. 그리고 우리는 지속가능성을 향상시키기 위해 끊임없이 노력한다.
- 고객에 대한 집중
- 네트워크 개발: 우리는 유럽 항공시장 선두기업의 자리를 차지하기 위해 노선과 취급용량, 전용공간의 개선에 집중한다.
- 고객경험 개선: 우리는 모든 고객들의 여행 경험을 향상시키는 데 초점을 맞춘다.
- 운영상의 우수성: 우리는 고객에게 편의를 제공하기 위한 강력한 운영체계를 유지하기 위해 노력한다.
- 직원들이 차이를 만든다: 우리는 사업 전 분야에 걸쳐 직원들의 높은 수준의 참여를 보장하도록 최선을 다한다.
- 재무 분야에 대한 노력: 우리는 주주의 이익을 높이는 데 최선을 다하는 동시에 강력하고 유동성이 충분한 대차대조표 유지를 위해 노력한다.

라이언에어와 이지젯의 총승객수 비교

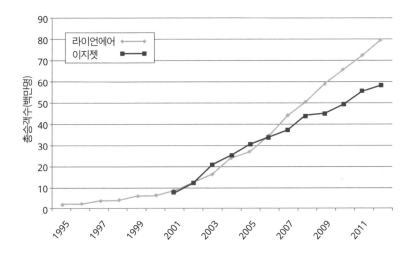

두 회사가 상장된 후의 성과(총승객수, 순이익 등)를 도표화하면 재미있는 이야기가 나온다. 이지젯이 저가운임 정책을 추구하는 회사라는 점을 생각하면, 이 회사가 고객서비스와 직원만족도에 초점을 맞춘 것이 추가비용의 발생을 늘리고, 결과적으로 회사의 수익률을 낮춘 것으로 보인다.

라이언에어는 고객들에게 최악의 여행 경험을 선사하고, 종종 '나쁜 문화'를 가진 기업으로 평가받지만, 여전히 높은 재무적 성과를 내고 있다. 이 회사의 경우를 보면 문화가 전략을 압도한다거나, 존중·신뢰·공정과 같은 긍정적인 인간가치를 추구하는 문화가 강력한 문화라는 등의, 이른바 문화 사냥꾼들의 독단적인 신조로는 설명할 수 없는 어떤 것이 존재함을 알게 된다. 어떤 경영전략에는 '인간 긍정'의 문화가 맞지 않고, 그 전략과 정렬되는 다른 문화가 필요하다는 것이다.

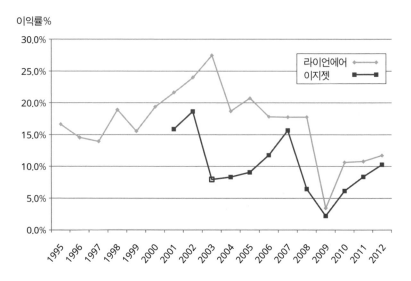

라이언에어와 이지젯의 이익 비교

이익률%

나는 문화는 사업전략과 철저하게 일치해야 하며, 단지 심리적인 요소나 '가치'의 원칙에 따라서만 발전해서는 안 된다고 믿고 있다. 라이언에어와 이지젯에서 보는 것처럼, 그들의 조직문화는 두 회사의 약간 다른 두 전략과 완벽하게 정렬되어 있다.

그들의 미래는?

라이언에어와 이지젯 모두 오래된 기업은 아니기 때문에, 고객을 확보하고 지속가능한 성과를 내기 위한 두 회사의 전쟁은 이제 시작이라고 볼 수 있다. 장차 저가항공 시장이 성숙해감에 따라 '오로지 저임금에 집중하는 전략'과 '저임금과 건강한 고객서비스를 동시에 추구하는 전략'이라는 두 회사 사이의 명확한 차이가 점차 희미해질 수도 있다. 어쩌면 우리는 이미 이 변곡점을 보고 있는지도 모른다.

2013년의 라이언에어 정기주주총회에서 이익의 축소와 성장둔화를 예측한 전망보고서(반면에 이지젯의 전망은 낙관적이라는 예측이 있었다)를 받아 든 주주들이 CEO 마이클 오리어리를 상대로 폭력적이고 마초적인 조직문화에 대해 거세게 문제제기를 했다. 그리고 같은 주에 라이언에어는 영국 100대 브랜드 가운데 최악의 브랜드로 선정됐다.[62]

형편없는 고객서비스 문제가 영업실적에 악영향을 미치고 있다는 주주들의 추궁에 대해서 오리어리는 이렇게 대답했다.

"우리가 마초적이라거나 상대를 당황스럽게 하는 문화가 있다는 이유로 당하는 책임추궁과 비난을 나는 기쁘게 생각합니다. 이런 문화 가운데 일부는 나 자신의 인격이 투영된 것이라고 생각합니다. 돈이 들지 않는 고객서비스도 상당히 많을 것 같습니다. 불필요하게 고객을 화나게 하는 일은 없도록 노력하겠습니다."

시장과 고객의 요구가 변화함에 따라 문화와 전략도 적절하게 바뀌어야 한다.

culture
Leverage

어느 화창한 날이었다. 회사 주가가 동종업계 경쟁사들에 비해 높지 않다는 사실을 알게 된 CEO가 연단 아래로 내려가 믿음직한 경영진을 주변으로 불러 모았다.

"여기 계신 모두, 우리의 조직문화를 새롭게 바꾸고, 영원하고 웅대한 바다 위에 이 훌륭한 회사를 띄워주시기 바랍니다."

그의 참모들은 당황스러운 듯 서로를 쳐다보다가 고개를 숙여 구두 끝만 응시했다. 아무도 감히 입을 열 생각을 하지 못했다. 마침내 구석에서 받아 적던 비서가 입을 열었다.

"제정신인가요?"

1990년대에 경영자들 사이에서는 '업무 재설계Business Process Reengineering, BPR'[63]라는 개념이 들불처럼 유행했다. 마이클 해머Michael Hammer와 제임스 챔피James Champy 의 책 《리엔지니어링 기업혁명Reengineering the Corporation》에서 이 개념을 간결하게 소개했던 탓이 컸다. 비생산적인 관리자의 수를 줄이고, 부가가치가 크지 않은 프로세스와 보고, 회의, 그 밖의 쓸데없어 보이는 활동들을 줄임으로써 기업은 역량과 자원을 더 큰 고객 가치를 실현하고 운영성과를 개선하는 데 집중할 수 있다.

그 책은 첫해에만 250만 부나 팔렸고, 1년 내내 《뉴욕 타임스》 베스트셀러 1위 자리를 지켰다. 리엔지니어링 열풍은 굉장한 속도로 확산되었다. 1993년까지 《포춘》지 선정 500대 기업들 가운데 65%가 리엔지니어링의 노력에 이미 착수했거나 개시할 계획을 세우고 있다고 답변했다. 컨설팅업계가 성과의 획기적 향상을 목표로 BPR을 재빠르게 도입한 것도 이러한 확산에 한몫했다.

그러나 기대했던 지속적이고 확실한 수익성이라는 결과가 눈에 띄게 구체적으로 나타나지 않으면서 열풍은 빠르게 수그러들었다. BPR의 핵심적인 문제점은 전 회사 안에 얽혀있는 가치사슬의 전체를 보지 못하고 개별 부서에 초점을 맞춘 것이라는 지적이 나왔다. 많은 사람들은 BPR이 '감원'이라는 단어를 듣기 좋게 표현한 것일 뿐이라고 생각했다. 그러나 변화 관리를 연구하는 몇몇 학자와 연구자들은 BPR이 좌절된 이유는 무관심하고 저항적인 조직문화 때문이라는 사실을 깨달았다.

조직문화 변화

"문화를 바꾸는 것은 잡초를 제거하는 것만큼이나 어렵다.
뿌리까지 제거하지 않으면 다시 자라 나온다."

오늘날, 업계에서 확산되고 있는 또 다른 유행이 있다. '조직문화 변화'라고 불리는 유행이다. 최근 구글에서 'culture change'라는 키워드로 검색해본 결과 16억 2,000만 건의 문서가 검색되었다('리더십'으로 검색된 문서가 4억 5,200만 건인 것과 비교해보라). 가히 쓰나미급이라고 말하지 않을 수 없다!

거의 모든 비즈니스 관련 출판물과 기사 그리고 베스트셀러 서적이 조직문화와 조직문화 변화의 두 가지 개념을 대개 같은 단락에서 언급하고 있다. 또 조직문화 변화 전문 컨설턴트라는 사람들이 잡초처럼 어디에선가 자라 나오고 있는데, 이는 지난 몇 년 동안 여러 기업에서 유행했던 감원 바람 속에서, 해고된 인사부서 관리자들이나 임원들이 대거 문화 컨설턴트로 변신했기 때문이다. 그리고 언뜻 보면 그들 모두가 대단한 전문가들 같아 보인다.

그러나 새로 등장한 자칭 문화 컨설턴트들의 겉포장을 벗겨 그 속을 들여다보면, 이들이 하는 이야기들이 하버드의 존 코터 교수, MIT의 에드거 샤인 교수, 자포스 CEO 토니 셰이, IBM의 CEO였던 루 거스너 등 전문가들의 조직문화 변화를 다룬 대표적인 연구내용들을 그저 그럴듯하게 표절하고 있는 것일 뿐이라는 사실을 알 수 있다.

문화 컨설턴트들은 조직문화 변화를 위한 자신들만의 단계적 프로그램을 가지고 있다고 말한다. 그러나 이들 가운데 정말로 성공적으로 조직문화 변화의 과정을 설계하고 실행하고 구현해본 사람이 얼마나 있을까? 아마도 거의 없을 것이다. 그들의 지식이라는 것이 대부분 어디서 슬쩍 빌려 온 것일 뿐 자신의 것은 아니다.

그리고 또 하나 놀라운 사실은, 조직문화 변화를 위한 대부분의 시도는 실패한다는 것이다. '문화 전문가'가 있든 없든 간에.

"단순히 변화할 수 있는 능력이 있다고 해서 성공할 수는 없다.

경쟁사와 고객 그리고 업계의 변화보다

더 빠르게 변화할 수 있어야 성공한다."

-마크 샌본

12. 조직문화 변화의
결과 속

"세상은 변화를 싫어한다.

그러나 세상이 전진하는 것은 바로 그 변화 때문이다."

-찰스 케터링

성배 - 진정한 문화 변화

캘리포니아주 프리몬트에 있는 제너럴모터스^{General Motors, GM} 프리몬트^{Fremont} 공장은 자동차업계에 종사하는 사람들 사이에서는 '비효율의 재앙'으로 악명 높은 곳이었다. 1962년에 문을 연 이 공장은 20년간의 분쟁과 파업, 노사 간 대립, 열악한 품질(전 세계 GM 공장 중 최악이었다), 그리고 해를 거듭하며 누적되는 적자를 견디지 못하고 1982년에 문을 닫았다. 직원들은 자신들의 일에 애착이 없었고, 경영진을 중

오했다. 일부러 차체 패널 안에 콜라 깡통을 넣어 운전 중에 덜그럭거리는 소리가 나게 만들기도 했고, 반쯤 먹다 남은 참치 샌드위치를 차문 패널 안에 넣고 용접을 마감하기도 했다. 직원들은 술을 마시며 일을 하는 등 자신의 일에 애정이 없었다. 임원들은 그곳으로 발령받지 않기를 원했고(사직서를 내라는 메시지로 받아들였다), 고객들은 그들이 만든 자동차를 싫어했다.

그런데 1985년, 《카 앤드 드라이버^{Car and Driver}》라는 자동차 전문잡지에 〈지옥이 얼음으로 뒤덮일 때^{When Hell Freezes Over}〉라는, 뭔가 기적이 일어났음을 암시하는 제목의 기사가 실렸다. 이는 어느 공장에서 일어난 문화 변화에 관한 기사였다. 프리몬트 공장이 1984년에 다시 문을 열고 1년 후, 전 세계 모든 GM 공장을 통틀어 최고의 품질을 기록하고 있으며, 20% 이상이던 결근율이 2% 밑으로 떨어졌고, 단 한 차례의 파업도 없었다는 내용이었다. 그전과 똑같은 사람들이 근무하고 있는데도 말이다! 프리몬트 공장은 지금 최고의 인력이 모여 최고의 차량을 만들고 있다고 했다.

이러한 '기적'은 GM과 도요타의 합작투자에서 시작되었다. 이를 통해 도요타는 미국에 생산거점을 마련하고, GM은 새로운 것을 경험하고 배울 수 있었다. 이 공장은 'NUMMI^{New Union Motor Manufacturing, Inc.}'로 간판을 바꾸어 달고 세계적으로 유명한 도요타 생산시스템을 구현했다. 이는 강도 높은 훈련과 직원들에 대한 높은 수준의 존중, 그리고 무엇보다도 어느 제품에 결함이 생기면 언제라도 누구든지 생산라인을 멈추고 품질 문제를 즉시 해결할 수 있는 시스템(ANDON 프로세스라고 알려져 있다)이다. 그 후 25년 동안 NUMMI는 현대 경영의 표본

이자 높은 성과를 내는 문화의 대표적인 사례가 되었다. 그러나 2009년 세계적인 경제위기 속에서 전 세계적으로 자동차 판매가 감소하고 GM이 파산 및 긴급구제 등 쇠퇴의 길을 걸으면서 이 공장은 2010년에 문을 닫고 말았다. 안타까운 점은, GM이 NUMMI에서 얻은 교훈을 다른 공장에 효과적으로 적용하지 못했다는 점이다.

도구와 신뢰

그러나 1984년에 일어난 변화의 기적은 도요타 생산시스템의 도입, 그 이상의 것이었다. 누군가에 의해서 설계된 것이 아님에도 불구하고 완전한 조직문화의 변화가 일어났던 것이다. 도요타의 관리자 존 슈크John Shook는 《MIT 슬로언 매니지먼트 리뷰MIT Sloan Management Review》기사에서, 문화 변화는 그들의 목표가 아니었고 직원들에 대한 대우가 바뀌면서 생겨난 자연스러운 부산물이었다고 밝혔다. 그는 자신의 경험과 에드거 샤인Edgar Schein 교수의 초창기 연구를 바탕으로, 문화를 바꾸려는 노력으로 문화가 바뀌는 것이 아님을 확신하여 말하고 있다.

많은 경우 가치관과 태도를 가지고 문화 변화를 시도하려 하지만, 사람의 가치관이나 생각하고 믿는 방식을 바꾸려는 시도는 효과적일 수 없다. 그러나 사람의 행동, 그리고 그 행동의 원인이 될 수 있는 작업 프로세스, 사람들을 어떻게 대우하는가와 관련된 경영 프로세스를 바꾸면, 문화도 바꿀 수 있다. NUMMI의 경우에서 보듯이 아주 극적인 방식으로.

> "새로운 행동방식에 따라 사고하는 것보다는
> 새로운 사고방식에 따라 행동하는 것이 더 쉽다."

NUMMI의 이야기는 중간관리자와 책임자가 업무현장에서 일하는 직원들의 느낌과 행동에 큰 영향을 미친다는 사실을 입증하는 것이기도 하다. 참고로 도요타 생산시스템은 인간존중을 직원의 적극적인 참여와 책임감 향상의 핵심요소로 보고, 이에 대한 중간관리자와 책임자들의 훈련에 중점을 둔다.

헤일우드의 포드 조립공장

> "나쁜 식물은 없다. 관리가 잘못되었을 뿐이다."
>
> -데이비드 허드슨

NUMMI의 사례를 대할 때마다 포드사의 에스코트 Escort 차종을 생산하던 낡고 오래된 헤일우드 Halewood 공장에서 있었던 경험이 떠오른다. 프리몬트 공장처럼 헤일우드 공장도 전 세계 포드 공장들 가운데 최악의 품질로 악명 높은 곳이었고, 관리자들은 이곳을 자기 경력의 '종점'이라고 생각했다. 파업은 일상적이었고, 상당히 폭력적인 파업도 잦았다. 작업장의 눈에 띄지 않는 구석에는 매트리스가 숨겨져 있어, 근로자들이 업무시간에 잠을 자기도 했다. 공장 바닥은 담배꽁초로 지저분했고, 그 옛날 리버풀 부두 근로자들이 깊이 빠져있던 사회

주의의 시대를 살고 있는 것 같은 전투적인 노조가 공장을 실질적으로 좌지우지하고 있었다.

나는 1996년, 워릭대학교에서 열린 엔지니어링 시상식에서 니콜라스 셸레 Nicholas Scheele 를 처음 만났다. 그는 당시에 막 재규어 Jaguar(당시는 이 브랜드를 포드가 소유하고 있었다) 담당 최고책임자로 부임하여 헤일우드 공장을 폐쇄시킬지, 재규어 생산을 위한 현대적인 생산공장으로 재탄생시킬지의 두 가지 방안을 놓고 고민하고 있었다. 당시 자동차업계에 종사하는 사람들은 대다수가 헤일우드는 독소적인 문화가 낳은 재앙이며, 다시 소생할 여지는 없으므로 폐쇄하는 것이 정답이라는 의견의 일치를 보였다. 그러나 영국 정부는 그 지역의 일자리 문제를 염려하여, 상당한 투자패키지를 제시하며 공장을 유지해달라고 요청하고 있었다.

셸레는 헤일우드 전체를 재정비하여 당시 신차였던 재규어 X-400 시리즈를 생산하겠다고 마음먹고 있었지만, 그러려면 문화를 변화시켜야만 했다. 우리 회사는 나와 오래 호흡을 맞춰온 경험 많은 선임 컨설턴트 존 클레이튼 John Clayton 을 중심으로 전담팀을 구성하여, 관리자들과 근로자들의 새로운 행동방식을 설정하기 위해 무엇이 가능한지를 헤일우드 경영진과 함께 검토하기 시작했다. 우리는 검토 초기부터 노동조합의 간부들을 논의에 참여시키는 한편, 회사의 행동방식을 바꾸는 것이 불가능하다거나 실패할 것이라고 생각하는 중간관리자들은 내보냈다. 첫 번째 과제는 관리자들과 노조 사이의 신뢰 구축과 새로운 관계 설정이었다. 그리고 우리는 도요타 생산시스템을 응용한 포드 생산시스템을 개발하여 현장에 도입하는 시도를 했다.

헤일우드는 그로부터 2년 만에 전 세계 포드 생산공장들 가운데 최고의 생산공장이 되었고, 능률과 품질관리 그리고 포드 생산시스템을 위한 최고의 훈련센터가 되었다. 모두 똑같은 직원들이었는데도 말이다. 새로운 일의 방식과 새로운 리더십 행동을 통해 다른 사고방식과 업무방식을 가져온 문화 변화의 성공사례였다. 높은 성과를 내는 문화high-performance culture는 변화의 부산물이었다.

포드는 2008년에 재규어와 랜드로버 Land Rover 브랜드를 타타 모터스Tata Motors에 매각했다. 이후 헤일우드 공장은 랜드로버 이보크Evoque의 대표적인 생산공장이 되었고, 이 모델의 수요를 감당하기 위해 공장을 24시간 가동하고 있다. 품질과 생산성의 두 마리 토끼를 다 잡은 헤일우드의 문화는 여전히 건강하게 살아있다.

> "조직의 변화를 원한다면, 문화를 바꿈으로써 제약을 극복하는 것보다
> 문화의 강점을 끌어내는 것이 대부분의 경우 더 쉽다."
>
> -에드거 샤인

문화 변화의 시도는 대개 실패한다: 30%의 법칙

> "적을 만들고 싶다면, 뭔가를 바꿔라."
>
> -우드로 윌슨

1996년, 하버드대학교의 존 코터John P. Kotter 교수는 조직변화 분야

의 획기적인 결과물이라 할 만한 책을 발표했다. 《기업이 원하는 변화의 리더 Leading Change 》는 회사의 경쟁력을 높이기 위한 변화 프로그램을 추진했던 100개 이상의 기업 사례를 바탕으로 만들어진 책이다. 여기서 코터 교수는 경영자가 회사의 변화를 추구하는 과정에서 저지른 실수들을 짚어보고, 8단계의 변화 관리 프로세스를 제시했다.

변화에 대한 그의 방법론은 전문가들로부터 상당한 호응을 얻었다. 이 8단계 방법론을 응용하여 펭귄이 기후변화에 어떻게 대응하는지를 다룬 《빙산이 녹고 있다고? Our Iceberg is Melting 》(코터 & 래스거버, 2006)는 이후 베스트셀러의 새로운 신화를 쓰기도 했다.

코터 교수의 연구에서 가장 널리 인용된 문구 가운데 하나는 "변화 프로그램의 30%만이 성공한다"라는 것이었다. 12년 후인 2008년, 맥킨지가 전 세계 3,199명의 기업 임원들을 대상으로 한 조사에서도 혁신 노력의 3분의 1 정도만 성공했다는 통계가 나왔다.[64]

"수술 일정을 잡으시겠습니까?
성공률은 30%입니다."

성과를 극적으로 높이기 위해 사업모델을 전환하고 문화를 변화시키는 것은 경영자로서는 독이 든 성배를 마시는 것과 같이 꺼려지는 일이다. 그러나 역기능적이고 독소적인 문화로 힘들어하는 회사라면, 문화 변화는 바람직한 해결책임이 분명하다. 지금도 많은 공조직과 사조직, 그리고 정부조직들이 높은 실패 가능성을 각오하고 변화를 위한 과정을 추진하고 있다.

마틴 스미스^{Martin E. Smith}는 〈다양한 유형의 조직변화 노력의 성공률^{Success Rates for Different Types of Organizational Change}〉이라는 글에서 성공적인 조직 변화의 사례 4만 건을 담은 49개의 보고서를 분석하고, 다음과 같은 중요한 결론을 내렸다.

- 추구하는 변화의 유형에 따라 성공률은 다양하게 나타난다. 조직문화 변화 관련 프로그램은 전략 실행과 조직 재구성 프로젝트보다 실패율이 높다.
- 성공률은 시간이 지남에 따라 높아지는 경향을 보였다. 큰 변화를 만드는 방법에 대한 지식이 늘어났기 때문이다.
- 성공률은 성공의 기준을 어디에 두는가에 따라 달라진다. 보통 재무적 성과지표나 주주가치 같은 것을 기준으로 보면, 고객만족이나 경영행동 같은 행동측정을 기준으로 삼을 때보다 성공률이 높아지는 경향이 있다.
- 조사결과를 보고하는 사람들의 이익 때문에 실제보다 성공률을 낮출 수 있다.
- 낮은 성공률을 과하게 강조하는 것은 문화 변화 컨설팅 서비스의 매출을 높이기 위한 효과적인 전략이다.

실제 통계가 어떠하든 간에, 현실적으로 조직문화의 변화는 정말 어렵고, CEO는 그 이유를 이해할 필요가 있다.

변화 프로그램의 성공률

변화의 종류	관련 연구	성공률	측정
조직문화 변화	3	19%	비전, 가치, 문화, 경영방식 등의 변화
사업확장	1	20%	상품도입과 매출성장
소프트웨어 개발 및 설치	6	26%	실패, 시간, 예산, 특징과 기능, 가치창조, 비용효율
리엔지니어링 및 프로세스 재정비	7	30%	만족, 부대효과, 사업단위별 비용, 사이클 타임, 생산성
인수합병	9	33%	주주가치, 자기자본이익률, 수익성장, 시장침투, 문제점
변화를 통한 전사적 품질경영 (TQM)	5	37%	프로세스와 디자인의 질, 만족, 세계적인 표준, 실행, 내적·외적 이익(관리통제, 시장점유율)
기술변화	5	40%	조사인식, 비용절감, 정시성, 예산준수, 공정중단
구조조정	9	46%	경쟁적 가치, 생산성, 사기, 영업이익, 주주가치, 고객만족
전략실행	3	58%	조사인식, 결정성공, 주주환원

문화 변화 뒤에 '숨어있는' 가정

"사람들은 변화를 거부하지 않는다.

변화되는 것을 거부할 뿐이다."

-피터 센게

나는 젊은 시절 아브코 에버렛 연구소 AVCO Everett Research Labs가 의뢰한 문화 변화에 관한 과제를 수행하면서 크게 깨달은 것이 있었다. 그 연구소는 연구를 하는 순수 과학자들과 '관리자를 가장한' 과학자들이 모여있는 방산기술 관련 싱크탱크였다. 당시 내가 다뤄야 할 문제는 연구예산에 비해 이익창출이 가능한 아이디어와 제품이 잘 나오지 않는다는 데서 비롯되는 내부갈등과, 거기에 더하여 서로를 불신하고 비방하는 문화였다. 다른 아브코 지사들을 포함해 또 다른 많은 회사에서도 발견되는 문제였다.

긴 이야기지만 간단하게 말하자면, 당시의 조직문화 변화의 시도는 완전히 실패했다. 당시 모기업의 CEO였던 딕 밀먼^{Dick Millman}과 나에게는 정말 고통스러운 시간이었다. 그로부터 많은 시간이 흘렀지만, 그때나 지금이나 변한 것은 없다. 당시 조직문화 변화에 대해 내가 가지고 있었던 기본적인 가정, 특히 이 회사의 문화에 대한 가정은 완전히 틀렸다. 뿐만 아니라 문화 변화는 합리적이고 논리적인 과정도 아니고, 어떤 흐름이나 사전에 프로그램한 단계적 접근법대로 진행되지 않는다는 점을 통감하면서 무척이나 당황했다.

하지만 그 후로는 문화 변화 뒤에 있는 '숨어있는 가정'에 잘못 걸려 넘어지는 일은 없었다. 한번 물렸으면 두 번째는 똑똑해져야 하는 것 아니겠는가?

다음은 사람들이 조직문화의 변화를 계획하면서 흔하게 하는 몇 가지 가정이다. 그리고 이 가정을 할 때 어떤 일이 일어나는지 우리는 모두 알고 있다.

"문화와 성과 사이에는 분명한 관계가 있다."

우리는 거의 모든 경우에 대하여 직감적으로 문화가 성과에 영향을 미친다고 믿고 있다. 대부분의 학문적 연구는 직접적 인과관계가 아니라 연관성을 토대로 이루어진다. 이 문제에 대해서는 좀 더 많은 연구가 필요하다.

"문화는 고쳐져야 할 문제다."

문제는 측정된 문화의 특성들 가운데 하나가 아닐 수도 있다. 완전히 다른 이슈일 수도 있고, 어느 정도 관련이 있는 것일 수도 있다.

"문화는 바꿀 수 있다."

문화 변화는 매우 어렵고, 위험하며, 제대로 작동하지 않는다는 사실을 입증할 증거는 많이 있다. 좀 더 작고 집중적인 변화에 포커스를 맞춰야 성공률을 높일 수 있다.

"비용보다 이익이 크다."

문화 변화를 컨설팅하는 회사들 가운데 '성공하지 못하면 돈을 받지 않겠다'는 원칙을 세우고 일을 하는 회사는 거의 없다. 초기단계에 기대할 수 있는 실제적인 재정적, 조직적 이익을 미리 파악해야 한다. 그리고 상당한 기술과 주의를 기울여야 한다. 문화 변화를 통해서 ROI^{투자자본수익률}를 높일 수 있음을 보여주는 실제적인 사례는 거의 없다.

"문화 변화는 실보다 득이 많다."

변화를 위한 모든 시도, 특히 문화 변화 프로그램은 자칫 한 가지 이상의 예상치 못한 손실을 가져다줄 수 있고, 거기서 파생되는 부수적인 손실도 발생할 수 있다.

"문화 변화는 논리적인 과정이다."

여기서 큰 가정은, 직원들은 타당한 논리가 제시되면 자신들의 업무습관을 바꿀 것이라는 가정이다. 그러나 사람의 변화는 감정에 좌우되는 데다가, 사람은 사회적 역학의 영향에도 쉽게 휘둘린다. 새로운 프로그램이 설치된 기계처럼 쉽게 행동을 바꾸지는 못한다.

"문화 변화는 또 다른 사업 프로젝트다."

문화 변화는 경영 프로젝트가 아니라 중요한 리더십 활동이다. CEO와 경영진은 시간의 40~60%를 새로운 문화를 이끌고 안착시키고 유지하는 데 쏟아부어야 한다.

"문화 변화는 가치관의 문제다."

실제 많은 사람의 경험을 종합하여 얘기하자면, 직원들의 가치관이나 리더십 스타일보다 내부 정책과 절차가 문화 변화에 더 많은 영향을 미친다. 회사의 내부 프로세스가 당신이 원하는 행동을 주도할 수 있도록, 당신이 할 수 있는 모든 일들에 대하여 다시 생각해보고, 불필요한 부분을 축소하고, 능률적으로 재정비하라.

MBTI Myers-Briggs Type Indicator 와 같은 성격유형검사를 보면, 조직에서 고위직에 도달한 사람들(특히 미국과 영국, 서유럽의 경우)은 어느 특정 유형으로 몰리는 경향이 있다. 사람 중심적이거나 인지 중심적인 유형에 속하는 사람은 거의 없고 대다수가 외향적이고, 논리적이며, 분별력이 높은 경향을 보인다. 이는 그들이 생각하고 일하는 방식을 왜

곡시킬 수 있고, 변화에 관한 결정을 내릴 때 사람들에게 미치는 영향을 고려하거나 걱정하기보다는 비즈니스 사례에 집중하도록 만들 가능성을 높인다.

> "문화를 바꾸는 데 영향을 미치지 않는 것이 있는가? 어떤 그룹은 새로운 문화가 어떠해야 하는지를 결정한다. 그들은 가치관의 목록을 작성하여 인사부나 내부소통을 담당하는 부서로 넘기면서, 새로운 문화가 무엇인지 전 직원들에게 알리라고 명령한다. 그들은 수많은 메시지를 조직 내부로 폭포수처럼 떨어뜨리지만, 변하는 것은 아무것도 없다."
>
> -존 P. 코터

토마토와 문화 변화: 의도하지 않았던 결과

토마토의 생육 과정을 자세히 보면, 완전히 익은 토마토는 전체적으로 붉은색을 띠지만 맨 윗부분은 약간 푸른빛을 띠는 노란색이 나타난다. 그런데 몇 년 전, 식물학자들이 토마토를 고르게 익게 하는 유전자 변이에 성공했다. 소비자들은 위가 약간 노란 것보다는 전체가 균일하게 붉게 익은 것을 더 좋아했다. 토마토는 원래 위쪽이 약간 푸르스름한 것이 전혀 이상한 일이 아니었음에도 유전자가 조작된 토마토는 빠르게 보급되었고, 균일하고 완전하게 붉은 토마토가 대량생산되기 시작했다.

어떻게 보면 대단한 성취였지만, 약간의 문제가 생겼다. 윗부분이 약간 노란빛을 띠는 원래의 토마토만큼 달지 않다는 것이었다. 사실 너무 싱거웠다. 눈에 보기는 좋은데 맛은 떨어졌다. 위쪽에 노란빛을 띠게 하는 유전자가 아마도 당도와 향에도 영향을 미쳤던 모양이다.

이는 '멋진 해결책과 함께 나타난 예상치 못한 결과'의 좋은 사례이다. 군사용 드론은 정밀타격 능력을 크게 높였다는 점에서 아주 훌륭한 해결책이었다. 그러나 민간인의 피해가 커졌다는 예상치 않은 결과도 초래했다. 그리고 문화 변화 프로그램이 그 세 번째 사례라고 할 수 있다!

하위문화의 영향력 무시

문화를 바꾸려는 노력을 실패로 이끄는 '숨어있는' 또 다른 원인은 조직 내에 존재하는 하위문화에 대한 이해 부족이다. 문화 변화가 필요하다는 결정을 내리고, 어떤 방법론을 사용할지도 결정하는 사람은 가장 위에 있는 최고경영자들이다. 그런데 그들은 자신이 이끄는 회사 안에 어떤 하위문화가 존재하고, 어디에 존재하며, 얼마나 강하고, 영향력이 얼마나 큰지 전혀 모르는 경우가 많다. 앞서 사례로 들었던 벨 헬리콥터 Bell Helicopter 의 '위 비 We Be' 문화를 떠올리면 문화 변화가 얼마나 어려운 것인지 이해할 수 있을 것이다.

레빈 변화 모델

초창기에 등장했지만 지금도 여전히 널리 사용되는 조직 변화에 대한 접근법으로 쿠르트 레빈 Kurt Lewin 에 의해 개발된 것이 있다. 그는 20세기 초반에 활동한 독일계 미국인 심리학자이며, MIT 교수를 역임한 현대 적용심리학과 조직역학의 선구자이다. 레빈 변화 모델 Lewin Change Model 은 보통 '해동 Unfreezing -재정렬 Realigning -재동결 Refreezing '의 3단계로 설명되며(레빈, 1935), 문화 변화와 관련하여 비즈니스 유형 요소(구조, 정책, 과정, 계획)와 무형 요소(업무습관, 정신적 모델, 모든 계층의 행동)를 모두 포함한다.

나는 이 모델이 오늘날 어떤 형태로든 사용되는 많은 문화변화 방법론의 근간이라고 말하고 싶다.

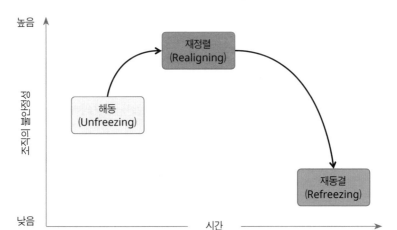

레빈 변화 모델(Lewin Change Model)

문제는 바로 문화의 변화를 시도하는 많은 조직들이 대개는 2단계(재정렬)에 초점을 맞추고 있다는 점이다. 그들은 조직을 개편하고, 새로운 목표를 채택하며, 심지어 변화관리를 위한 대략적인 계획안을 만들고, 단계별 실행계획까지 수립한다. 그러고 나서는 왜 일이 계획대로 추진되지 못하는지 의아해한다.

경영진은 첫 단계(해동)에 대해 무심코 별다른 관심을 보이지 않는 경우가 많고, 결과적으로 직원들은 변화의 필요성이나 경영진이 변화를 추진하기로 한 배경도 이해하지 못한다. 그러나 이 단계는 '왜 우리가 변해야 하는가'에 대한 논리나 동기를 만들어내고 인식시키는 과정이기 때문에 매우 중요하다.

게다가 이 첫 단계를 너무 가볍게 지나치는 것은, 문화 변화가 본격적으로 일어나기 전에 먼저 일어나야 할 가장 중요한 사전적인 변화, 즉 경영진 행동 변화의 중요성을 무시하는 것이나 다름없다. 문화 변화를 연구하는 학자와 컨설턴트들은, 경영진이 자신들의 새로운 일련의 행동이 성공적인 문화 변화를 위해 매우 중요하다는 것을 이해하지 못한다면 얻어낼 수 있는 조직 변화의 폭은 그다지 크지 않을 것이라고 말한다.

3단계(재동결)에 관한 관심도 피상적이기는 마찬가지다. 새로운 문화행동을 공고하게 하기(재동결) 위한 프로세스와 절차의 변경을 위해 치열하게 노력하기보다는, 조직문화 변화 세미나, 워크숍, 파워포인트 브리핑, 그리고 요즘에는 특수효과까지 동원한 멀티미디어 커뮤니케이션 등 정신없는 이벤트로 대체하고 넘어가는 경우가 많다. 내재화되는 변화의 진정한 요소들(새로운 업무관행, '실시간' 피드백, 코칭, 보상,

인식 및 결과)은 형식적으로 짚고 넘어갈 뿐이다.

대부분의 문화변화 방법론의 또 다른 문제는, 사람들은 다 똑같아서 변화를 위한 노력에 같은 방식으로 반응할 것이라는 믿음을 바탕으로 수많은 조직에 하나의 방법론을 일률적으로 적용하려 한다는 것이다. 미국에서 개발된 문화변화 방법론이 국가적 문화배경이 매우 다른 다국적 조직이나 글로벌 조직에 적용될 때, 바로 이러한 문제점이 극명하게 드러난다. 문화의 배경이 다르면 사고의 패턴과 추론의 차이는 클 수밖에 없고, 미국에 맞게 만들어진 변화 방법론을 그대로 추진하는 것은 난관을 겪을 수밖에 없다.

헤이르트 호프스테더 Geert Hofstede 의 국가문화 차이에 대한 연구는 국가별 문화의 배경이 다르면 변화의 시책에 다르게 반응하게 되고, 미국식의 '한번 해봐 Just Do It' 문화에서는 잘 작동하던 문화변화 방법론이 스칸디나비아 지역의 '이익 공유 Shared Interests' 문화 속에서는 제대로 작동하지 않고, 중국처럼 문화를 형성하는 철학 자체가 다른 지역에서도 별다른 효과를 보여주지 못한다는 점을 잘 설명해준다.

가장 중요한 열쇠는 인간에 대한 이해

나는 직장인들과 이야기를 나누면서 그들이 이른 아침 회의에 참석하거나 제시간에 출근하기 위해 일찍 일어나야 하는 것에 대해서 불평을 할 때마다 의아함을 느낀다. 이것은 드문 불만이 아니다. 그런데 같은 사람들이 골프를 치기 위해, 또는 오리 사냥이나 낚시를 하기 위해서 일찍 도착해야 한다며 주말 꼭두새벽에 일어난다. 어느 누구도 불평하지 않는다! 그렇다면 그들을 짜증 나게 하는 것은 이른 시간 그 자체가 아니라, 그들이 출근해서 만나게 될 업무환경이 뭔가 덜 매력적이라는 점이 아닐까 생각된다. 분명히 조직문화는 그들에게 일하는 데 필요한 모든 것을 준비해주지 못하고 있다.

대개의 문화변화 방법론은 과정이 길고, 사람들의 동기를 이해하는 데는 부족함이 많다. 실제적이고 지속가능한 변화의 핵심은 변화에 대하여 느끼는 개개인의 동기부여다. 사회적 동기나 '직원이 일에서 무엇을 필요로 하는가' 등은 세계 어느 곳, 어느 계층에서나 매우 비슷하다.

잭 윌리Jack Wiley 박사는 25년 전부터 '워크 트렌드Work Trends' 조사를 통해 매년 세계 직장인들의 업무몰입도를 측정한 결과를 발표하고 있다. 그는 현재까지 28개국 20만 명 이상의 직장인들로부터 수집한 방대한 데이터를 갖고 있다. 《존중: 직원들이 원하는 것을 만족시켰을 때 나타나는 결과들RESPECT: Delivering Results by Giving Employees What They Really Want》이라는 제목의 책에 요약된 그의 연구결과는, 요즘 각광받는 산업의 하나로 떠오르고 있는 직원 동기부여와 몰입에 관한 다른 많은 연구결과들과도 일치한다.

이 데이터와 다른 조사들에서 드러난 눈여겨볼 만한 점은, 직장인들이 직장에서 얻기를 원하는 것의 75%는 급여와 관계가 없다는 것이다! 그리고 다음 도표에서 보는 바와 같이 많은 것들이 조직문화와 관련돼 있다.

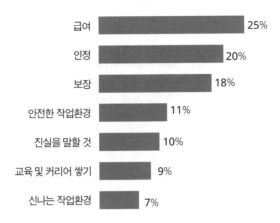

'직장에서 무엇을 얻기를 바라는가'에 대한 글로벌 연구결과

항목	비율
급여	25%
인정	20%
보장	18%
안전한 작업환경	11%
진실을 말할 것	10%
교육 및 커리어 쌓기	9%
신나는 작업환경	7%

이 정보를 무시한 채로 문화변화 프로그램을 기획하고 실행한다면 분명 실패할 수밖에 없을 것이다.

13. 인간의 뇌와
조직문화 변화

"겉으로 드러나는 변화의 속도가 실제로 안에서 일어나는
변화의 속도를 추월하기 시작할 때, 끝은 가까워진다."

-잭 웰치

조직문화 변화의 과정과 성공 여부를 좀 더 잘 이해하기 위해서 우
리는 잠시 인간의 뇌와 신경생리학, 그리고 인간의 경험에 대해서 공
부해볼 필요가 있다.

인지 부조화

"불행하게도 논리와 이성은
실제로 변화를 일으키는 것과 별로 관계가 없다."

인지 부조화Cognitive Dissonance란 인간이 변화에 직면했을 때 개인이 느끼는 갈등이나 현재 사실이라고 믿고 알고 있는 것과 다른 새로운 정보가 충돌할 때의 인간의 선택 등에 관해 설명하기 위해 심리학자인 레온 페스팅거Leon Festinger가 처음 사용한 용어이다. 즉 인지 부조화란 사람이 마음속에 두 가지의 상반된 생각을 동시에 품게 될 때 갖게 되는 불편한 느낌이라고 할 수 있다. 예를 들어서 당신이 스스로를 본질적으로 선한 사람이라고 생각하고 있다면, 어떤 나쁜 일을 할 때 마음속에서 부조화를 느끼게 된다. 또 당신이 잘 알고 있는 어떤 사람이 평소 당신이 그를 경험해본 바에 따라 예측할 수 있는 행동과 정반대로 행동할 때도 불편함(부조화)을 느낄 수 있다.

인지 부조화는 사람들이 원래의 습관과 통상적인 업무방식과는 다른 새로운 문화를 제안받았을 때, 그 문화 변화에 대하여 어떻게 행동할 것인가에 영향을 미친다. 기존 문화가 새로운 문화보다 강력하다면 문화 변화 과정에서 인지 부조화도 커진다. 이미 조직 내 대부분의 사람이 거의 일치된 신념을 갖고 있고, 비슷한 업무습관을 갖고 있을 것이기 때문이다. 반면 기존의 문화가 약할 때는 인지 부조화와 변화에 대한 불편함이 전체적인 차원이나 하위문화 그룹의 차원이 아닌 개인적인 차원에서 나타나게 된다.

인지 부조화는 인간의 행동을 구성하는 매우 강력한 부분이기 때문에 전체 그룹, 하위문화, 그리고 개인이 역동적인 환경변화에 대응하여 어떻게 반응할지를 결정하는 데 중요한 작용을 한다. 문화 변화의 과정에서 일어나는 긴장(부조화)을 완화하기 위해 개인이나 하위문화 그룹은 다음 중 하나 혹은 그 이상의 반응을 보일 수 있다.

- 마치 바보가 된 것처럼 반응을 보이지 않고 변화의 과정을 무시하며 시간이 지나가기를 기다린다(앞에서 언급했던 '위 비 We Be' 그룹을 기억하라).
- 새로운 문화가 적절하지 않다는 근거가 될 만한 다양한 이유와 핑계를 대면서 반발하고 공격한다.
- 포기하고 침묵한다.
- 악의적인 복종(겉으로는 받아들이는 듯하고 순응하여 행동하지만, 이는 본심이 아니고, 진정한 헌신은 없다.)
- 속으로는 유감스럽다고 느끼지만, 새로운 변화와 행동을 채택한다.

이러한 반응의 전형적인 경우는, 흡연이 건강에 해로움을 설명하는 압도적이고 논리적인 사실 앞에서 흡연자들이 자신의 건강하지 못한 습관을 정당화하기 위해 펼치는 대응에서 찾아볼 수 있다.

그러나 다음 사항을 기억하는 것이 중요하다.

"인지 부조화가 없으면 변화도 없다."

문화 변화는 부조화를 피하는 것이 아니라 부조화를 통해 실패의 두려움을 최소화하고 새로운 아이디어와 다른 업무방식이 수용될 수 있도록 노력하는 과정이다.

'잠시 멈춤'과 '일단 전진'의 딜레마

한때 동굴에 집단거주하고 유목생활을 하던 인간이 8만 년도 안되는 시간 만에 현대도시를 건설하고 우주여행을 하는 놀라운 진보를 이룬 것을 생각하면 인간이란 참으로 놀라운 창조물이다! 인간은 이런 진보를 어떻게 이룬 것일까? 인간의 뇌 크기, 마주 붙일 수 있는 엄지손가락의 구조, 큰 눈, 직립자세 등은 사회적 본능과 사고를 전달하는 소통능력 못지않게 진보를 가능케 한 매우 중요한 요소들이다. 그러나 인간은 안락을 추구하는 존재이고, 그에 반해 모든 변화는 일정한 수준 이상의 불안과 위기를 동반한다.

'잠시 멈춤Hold-On'과 '일단 전진Let-Go'의 딜레마에 대해서 생각해보자. 기본적으로 모든 인간은 안전, 안정, 그리고 편안함을 열망하는 강력한 충동으로 서로 연결되어 있다. 그러나 동시에 우리는 모험을 추구하고 새로운 기회를 개척하기 위해 어느 정도의 위험을 감수할 수 있는 유전자 또한 지니고 있다. 그 때문에 인간은 항상 변화를 이끌어내는 힘과 변화에 저항하는 힘의 두 가지 상반된 힘에 이끌려 갈등한다.

그리고 문화 변화에 대해서도, 변화를 추구하려는 욕구와 그에 저항하려는 욕구를 함께 느낀다. 직원과 임원들이 변화를 원하지 않는 것이 아니라, 우리 안에서 이 두 가지의 상반된 힘이 서로 갈등하고 있는 것이다. 물론 초기에는 저항의 반응이 명백하다. 특히 알 수 없는 미래에 대한 두려움에서 오는 저항이 크다(경영진은 변화의 끝에 다가올 밝은 미래를 약속하지만, 결과가 반드시 그럴 것이라고 믿을 수는 없다).

조직문화 변화의 과정에서 '잠시 멈춤'과 '일단 전진'의 딜레마

업무습관 / 새로운 업무방식

하부문화의 충성도 / 기회

신념 / **잠시 멈춤** **일단 전진** / 도전

안락함 / 위기 보상

안정성 / 성장

　　조직문화 변화의 과정을 설계하고 실제로 적용할 때, 모든 구성원이 직면하게 될 '잠시 멈춤'과 '일단 전진'의 딜레마를 이해하는 것은 중요하다. 무작정 '나를 믿고 따라오라'는 리더십보다는 반박할 수 없는 논리와 촘촘하게 짜인 단계별 계획이 문화 변화의 과정이 훨씬 더 원활하게 진행되도록 도울 수 있다. 사람들의 고민을 들어주는 것(진짜로 경청하는 것)도 효과적이다.

"귀로 듣고 마음으로 경청하라."

뇌, 놀라운 기관

"뇌는 놀라운 기관이다. 아침에 일어나는 순간부터 작동하기 시작하고,
직장에 도착할 때까지 멈추지도 않는다."

-로버트 프로스트

잘 설계되고 하향식으로 전달되어 추진되는 문화 변화의 노력은 대개 실패한다.

무엇을 어떻게 바꿔야 할지 경영진이 결정하고, 그 변화를 어떻게 이룰지의 방법을 모든 직원에게 전달한다. 그 방법론을 최고로 잘 알고 있다는 스타급 컨설턴트를 기용한다. 사람들은 정해진 계획을 충실히 실천하기만 하면 된다. 모든 직원이 잘 짜인 그 계획을 숙지하고 있다!

이렇게 잘 준비되고 설계된 문화 변화의 계획이 실패하는 이유를 알려면 인간의 뇌가 어떻게 만들어져 있는지 이해할 필요가 있다. 그러면 왜 직원들이 일방적으로 전달받은 임무를 효과적으로 수행하지 못하는지에 대한 과학적인 이유를 알 수 있다.

예일대학교 신경과학 교수인 에이미 안스텐Amy Arnsten이 인간의 통제에 대한 욕구를 연구하고 작성한 보고서에서 우리는 매우 흥미로운 사실을 배우게 된다. 뇌의 기저핵(습관적 행동과 관련된 부분), 편도체(두려움과 분노 등의 감정과 관련된 부분), 시상하부(안전이나 두려움 같은 본능적인 행동을 통제하는 부분) 등은 인간이 자기통제권을 상실했다고 느낄 때 활발하게 작동한다. 스스로의 뜻대로 상황을 통제할 수 없다고 느끼기 시작하면 기저핵(습관 관련 부위)이 작동하기 시작하고, 그래야만 안도감과 만족감을 느낀다는 연구결과가 있다. 다른 말로 설명하자면, (기저핵 부위에 입력된) 견고하게 확립된 행동방식과 틀에 정확하게 맞는 행동을 할 때 비로소 사람은 만족감을 느끼며, 이러한 방식이 신경중추에 깊이 뿌리박혀 있다는 것이다. 그렇기 때문에 기존의 업무방식으로 복귀함으로써 변화에 저항하는 일련의 행위가 정신적으로

뿐 아니라 육체적으로도 실제적인 보상을 받는 느낌을 주는 것이다.

"습관을 고치는 데는 습관이 필요하다."

-스티븐 코비

그러므로 문화 변화, 즉 습관적인 행동들의 변화에 성공하려면 뇌의 기저핵에 새로운 습관들을 뿌리내리게 할 필요가 있고, 이는 새로운 행동의 반복을 통해서 가능하다. 나는 문화 변화를 위한 대부분의 노력은 실패할 것이라고 생각한다. 그 이유는 기저핵과 다른 뇌신경학적 부위에 어떤 새로운 습관을 성공적으로 뿌리내리게 하기 위해 반복해야 하는 양의 어마어마함을 대부분의 컨설턴트나 비즈니스 리더들이 간과하고 있기 때문이다. 문화 변화를 위해 실시하는 단기간의 워크숍이나 몇 차례의 기술훈련으로는 불가능하다! 새로운 행동방식이 도입될 때 느껴지는 '간극'을 메우기 위해서는 충분한 시간과 투자, 그리고 모든 직급에서 이루어지는 코칭이 필요하다. 조직 내의 모든 사람이 실시간으로 서로를 코칭하고 발전시켜야 한다는 책임이 있어야 한다.

"성공하는 사람들에 대해 간단하게 말하자면

성공적인 습관을 지닌 사람들이다."

-브라이언 트레이시

주도권과 창의력 상실

새로운 과제나 변화를 강요받고, 결과적으로 자기통제권을 상실할 때, 뇌의 인지기관인 전두엽의 인지기능이 실제로 감소한다(Arnsten, 2009; Turturici, 2013; Garms, 2013).

실제로 그러하든 그렇게 느껴지는 것이든, 자신을 통제할 수 없다는 인식은 창의성과 책임성, 그리고 생산성을 떨어뜨린다. 그러나 만일 과제나 변화를 강요한 사람이 '변화의 필요성'을 충분히 설명하되 어떻게 그것을 달성할지는 말해주지 않는다면, 자신에 대한 통제감이 다시 강화되고 인지기능도 상승한다. 그렇다면 예측되는 결과는 어떠한가? 창의성, 강화된 동기부여와 새로운 임무에 대한 헌신, 그리고 무엇보다 개인적으로 느끼는 책임감의 강화다.

개인이 스스로를 통제할 수 없다고 느낄 때, 그들은 저항과 아직 가시화되지도 않은 실패에 대한 그럴듯한 이유와 핑계를 만들어내는 경향이 있다. "내가 할 수 있는 일은 아무것도 없었어. 내 책임 소관이 아니야. 나도 열심히 하려고 했지만 사람들이 내 말을 들으려 하지 않더군. 나는 이미 충분히 바빠. 어차피 그들은 이해하지 못할 텐데 왜 나를 귀찮게 하는 거야?" 책임을 회피하는 이러한 고전적인 핑계는 사람들이 자신의 일과 목표를 스스로 통제할 수 없다고 느끼는 문화 안에서 만연하곤 한다. 그러나 조직문화 안에서 스스로 차이를 만들어낼 수 있다고 생각하고, 그렇게 생각할 만한 근거를 확실히 갖고 있다고 믿는 사람들은 문제를 풀어내고 목표를 현실로 달성하기 위한 창의적인 방법을 찾아내는 경향이 있다.

참고로 책임감과 자기통제력 그리고 리더십의 분야에 관심이 있는 사람들은 하버드대학교 출판사에서 출간된 저스틴 멘케스[Justin Menkes]의《위대한 리더들이 자신과 타인에게 최고의 결과를 이끌어내는 방법[How Great Leaders Bring Out the Best in Themselves and Others]》(2011)을 읽어보길 바란다.

뇌과학의 손익계산서?

레빈의 변화 모델의 단계를 뇌과학적인 원칙에 따라서 다시 생각해보면, 조직문화 변화의 성공 확률을 높이기 위해 다음의 몇 가지를 제안할 수 있다.

- 상태(그리고 그로 인한 안정성)는 뇌에 매우 중요한 영향을 미친다. 새로운 조직이나 보고체계 등의 구조를 잘 모르면 불안감이 유발된다. 조직에 영향을 미칠 중요한 결정은 신속하게 내려져야 하고, 빠른 시간 안에 전체에 알려져야 한다. 새롭게 조직을 개편할 경우에 조직도를 정식으로 발표하는 데까지 시간이 길어지면 그만큼 저항도 커진다.
- 정보의 부족은 우리의 뇌에 불안감을 촉발하고 위협을 느끼게 한다. 정보를 공유하고, 머지않아 더 많은 정보를 공유할 것이라는 이 한 가지의 정보라도 계속 공유해야 한다. 또 정보 발표의 예정시간을 먼저 발표하고 그 시간을 지키도록 하라. 정해진 일

정의 순조로운 흐름을 기반으로 형성된 신뢰는 안정성을 증대시키고 불안감을 감소시키는 데 도움이 된다.

- 변화가 진행되는 과정에서 통제가 불가능하다고 느껴질 때가 종종 있다. 무력감은 종종 우울감이나 무관심과 같은 반응을 유발한다. 모든 직급의 모든 사람을 참여시키고, 아이디어를 구하라. 변화의 목표를 성취하기 위해서 모든 구성원이 각자 책임져야 할 무언가가 있다는 느낌이 들도록 하라.

- 단단하게 조직된 기존의 그룹이나 하위문화를 인위적으로 해산시키지 않는 것이 좋다. 자칫 소외감을 느끼게 할 수 있다. 가능하다면 기존 그룹과의 관계를 강화하고, 진행되는 변화에 맞춰 새로운 관계를 구축하도록 독려하고 유도하라.

"행동과 결합되지 않은 아이디어는

그 아이디어가 점유하고 있는 뇌세포보다 더 커지지 않는다."

-아널드 H. 글래소

14. 어떻게 변화시킬 것인가?

"우리가 더 이상 상황을 바꿀 수 없을 때

우리 자신을 바꾸는 도전에 직면하게 된다."

-빅터 프랭클

이미 시중에는 많은 문화변화 방법론이 존재하고, 너무 많아서 여기에 언급하기도 힘들 정도다(그것을 다 이야기하는 것은 나에게나 독자에게나 피곤한 일이다). 그러나 몇 가지 핵심적인 방법론에 대해서 그것들의 기본원칙을 살펴보고 장단점을 평가하는 것은 중요한 일이라고 할 수 있다.

영국에는 "Horses for courses"*라는 속담이 있다. 이를 우리의 이야기에 적용해본다면, 하나의 방법론이 모두에게 맞는 것은 아니며,

---

* 사람마다 자기에게 맞는 것이 다 다르다는 의미를 가진 영국 속담

각각의 방법론마다 그것이 적용 가능한 문화와 비즈니스가 따로 있다고 말할 수 있을 것이다.

인스턴트 체인지

"냉장고 안에서는 흥미롭거나 중요한 어떠한 일도 일어나지 않는다.
온도를 높여라."

-토머스 윌하이트

몇 년 전, 나는 내가 이끄는 컨설팅 팀과 함께 플로리다주에 있는 한 기업에서 성과개선 프로세스를 시행하려고 했던 적이 있다. CEO도 의욕을 갖고 그 과정을 적극적으로 실천할 준비가 되어 있었다. 그 회사는 성과개선을 위한 특별한 조치가 정말로 필요한 회사였다. 부서 간에 정보가 제대로 흐르지 않고 있었고, 영역싸움과 유무형 자원에 대한 쟁탈전이 만연해 있었다. 그 결과 사업실적이 악화되어 매출이 급감하고, 고객만족도도 내려가고 있었다. 회사 안에서 다른 부서를 지칭할 때 가장 많이 쓰이는 말은 바로 '그들'이었다. '그들 vs 우리' 문화가 생산성을 떨어뜨리고, 모두의 에너지를 소진시키고, 비즈니스 성과에 나쁜 영향을 미치고 있었다. 뭔가 사업적인 전환이 필요한 전형적인 사례였다.

그런데 우리가 본격적인 작업에 들어가기 일주일 전, 어느 날 밤중에 회사에 불이 나서 회사 건물이 모두 타버리고 말았다. 당연히 컨설팅 계획은 취소되었고, CEO와 경영진은 다시 회사 업무를 정상화하기 위한 새로운 업무공간을 알아보느라 바빴다.

그로부터 6개월 후에 그 회사의 CEO를 만나 대화를 나누게 되었다. 그 대화는 조직문화 변화에 대한 나의 생각을 크게 바꾸는 계기가 되었다.

그의 이야기를 요약하자면 다음과 같다.

"급하게 서둘러 공간을 찾다 보니 상당히 넓은 한 개 층을 통째로 쓰는 곳을 얻게 되었습니다. 한 개 층의 넓게 개방된 공간에 회사 전체가 들어가게 된 것입니다. 입주 전, 굉장히 넓은 텅 빈 공간을 응시하다 보니 문득 드는 생각이 있었습니다. 만약, 이 재앙을 이용해서 우리가 일하는 방식에 변화를 준다면 어떨까?

나는 사람들과 부서가 서로 교류하고 부대끼도록 공간을 배치했습니다. 전쟁을 치르듯 으르렁거리던 부서들을 나란히 배치하고, 모든 임원들을 사무공간 한복판의 위가 터진 칸막이 안으로 밀어 넣었습니다. 외부 고객들을 면담하기 위한 폐쇄형 회의실을 몇 개 마련하기는 했지만, 모든 내부회의는 한복판의 개방형 회의실에서 열렸습니다.

만일 이것이 정교한 계획하에 내려진 조치였다면 모두 불만이 상당했을 것입니다. 그러나 당시는 긴급 상황이었고, 모두들 회사의 마비된 업무를 정상화하고 고객에 대한 서비스가 중단되지 않도록 하는 것이 발등에 떨어진 문제였기 때문에, 그런 것에 불평할 시간이 없었습니다! 그리고 결과가 금방 나타났습니다. 지금은 모두 잘 지냅니다! 지난 6개월은 내 인생에서 가장 즐겁고 생산적인 시간이었습니다. 직원들의 분위기는 여유로워졌고, 늘 웃음이 끊이지 않습니다. 가족적인 분위기가 만들어졌고, 아이디어는 넘쳐납니다. 어쩌면 이것이 진정한 문화 변화가 아닐까 합니다!"

그는 한마디 덧붙였다.

"문화를 바꾸고자 하는 회사가 있다고 해도 회사에 불을 지르라고 충고하고 싶지는 않습니다. 그러나 우리가 정말로 했던 일은, 사람들이 함께 일하는 방식을 바꾸는 것이었습니다. 그동안의 우리 작업 프로세스와 그로 인해 형성된 하위문화가 우리가 나쁘게 행동한 원인이었던 것입니다."

빅 체인지: 단숨에 변화시키기

"통념이 반드시 지혜롭지는 않다."

세일즈포스닷컴Salesforce.com은 고객관계관리에 관한 온디맨드 on-demand 서비스를 제공하는 회사로, 매일 210만 명 이상의 회원들과 1억 건 이상의 정보를 주고받는다. 회사 내 서비스 기술 그룹이 모든 상품 개발을 책임진다. 세일즈포스닷컴은 이제 세계적인 유력 기업의 반열에 올랐다. 급성장한 대부분의 조직이 그렇지만 이런 곳은 어느 순간 내부에 관료주의가 자리 잡고 기업의 모든 것이 느려지기 시작한다.

세일즈포스닷컴도 예외는 아니었다. 초창기에 이 기업은 매년 평균 4개 정도의 새로운 서비스를 출시했다. 그러나 2006년경에는 매년 1개로 줄어들었다. 세일즈포스닷컴은 그들만의 비교우위를 잃어가고 있었다.

이럴 때 전통적인 통념은, 좀 더 민첩하고 빠른 조직으로 전환하기 위해 관료주의적인 체계를 바꿔나가는 신중한 변화 과정에 착수하는 것이다. 그러나 이 회사의 CEO인 마크 베니오프^{Marc Benioff}는 상식을 뛰어넘는 사람이었다. 그는 회사의 핵심 경영 프로세스인 소프트웨어 개발과 혁신에 있어서, 기존의 폭포수 방식을 애자일^{Agile*}과 스크럼^{Scrum**} 방식으로 바꾸기로 했다. 그는 모든 문제를 단번에 해결하기를 바랐던 것 같다! 그는 조직 전체를 동시에 바꾸는 일에 전력을 다하기로 했다!

소프트웨어 개발자인 마이크 콘^{Mike Cohn}은 자신의 책《경험과 사례로 풀어낸 성공하는 애자일^{Succeeding with Agile}》에서 세일즈포스닷컴에서 일어난 급격한 문화 변화에 대해 자세히 설명했다.

"변화를 모색한 첫해에 세일즈포스닷컴이 제공한 정보량은 전년 대비 94% 증가했고, 개발자 1인당 정보량도 38% 증가했다. 고객들에게는 전년 대비 500% 이상의 가치를 제공했다. 15개월 후에 회사 측이 모든 직원을 상대로 조사한 바에 따르면, 86%가 그 회사에 입사한 이래 '비교적 좋은 시간' 또는 '최고의 시간'을 보냈다고 응답했다. 스크럼

---

*　소프트웨어 개발 시, 사전계획보다 상황에 유연하고 빠르게 대처하는 것을 중시하는 방식
**　애자일의 방법론 중 하나로, 의견교환을 반복하며 상호적·점진적으로 이루어지는 개발 방법

방식을 도입하기 전에는 이와 같이 응답한 사람이 40%에 불과했다."

당시까지 문화 변화의 전통적인 방법은 가치관을 바꾸고, 경영진의 새로운 행동방식을 도입하고, 지속적인 문화 변화를 위해 비즈니스 프로세스와 정책을 바꾸는 것이었다.

패스트 브레이크

조직문화 변화에 꼭 몇 년이 소요된다거나 엄청난 관리시간과 노력을 쏟아부어야 한다고 생각할 필요는 없다. 끝도 없는 워크숍과 회의가 필요한 것도 아니다. 당신이 올바른 행동을 선택하고, 그렇게 하기 위해 진정으로 노력한다면 의외로 그 변화는 빠를 수도 있다.

뉴욕 경찰청이 폭력범죄를 줄이기 위해 만들었던 '깨진 유리창' 정책 대응매뉴얼 중 일부를 여기에 소개한다.[65] 이론은 간단하다(또 그것을 상대적으로 규모가 작은 회사 하나에 도입하는 것이 뉴욕시라고 하는 정신없이 어지러운 대도시에 적용하는 것보다 한결 쉬울 것이다).

깨진 유리창 정책 Broken Windows Policy
대수롭지 않게 보이는 무질서와 경범죄가 심각한 범죄로 이어진다. 그러므로 현재의 경범죄를 철저하게 다루어야 훗날의 중범죄 발생을 크게 줄일 수 있다.

세계금융위기 당시 은행업계가 스스로 곤경에 빠진 원인도 이것이었다. 은행업계가 규범적 범주를 넘어선 행동과 위험부담이 높은 거래를 스스로 용납한 것은 깨진 유리창을 방치해두는 행위였고, 결과적으로 과도한 위험부담과 규제에 대한 노골적인 무시로 이어졌다. 그리하여 금융위기가 발생하고, 한때 명망 높았던 금융기관이 소멸하고 공적자금을 동원한 막대한 구제를 받아야만 하는 결과로 이어졌다.

당신이 생각하기에 바람직한 문화가 무엇인지를 결정하고, 그에 맞는 경영자 행동과 필요한 비즈니스 프로세스를 정의했다면, 그 후에는 모든 구성원이 책임감을 느낄 수 있도록 '매우 가시적'인 접근방식을 취해야 한다.

당신이 원하는 문화에 정면으로 반하는 부당한 행동을 하는 임원을 당신이 처음으로 해고했다고 하자. 그렇다면 이것은 모든 사람이다 들리도록 총을 쏜 것과 같다. 이 회사의 CEO가 회사의 가치관과 높은 성과를 내는 문화의 구축을 얼마나 진지하게 생각하고 있는지 이제 모두가 알게 되는 것이다.

그리고 머지않아 모든 직원이 서로를 붙잡고, 또 스스로를 붙잡고 좀 더 책임감을 가지도록 독려하게 될 것이다. 실제로 뉴욕 경찰이 경범죄에 대하여 매우 가시적인 접근을 시작하자, 사회 곳곳에서는 범죄방지를 위한 단체들이 생겨났다. 심각한 문제가 발생하기 전에, 깨진 채 방치돼 있는 유리창을 정리하라.

레빈과 코터의 변화 모델

문화 변화 과정에 대한 모델 가운데 가장 높은 평가를 받는 존 코터John P. Kotter 교수의 8단계 모델8-Step Model 66은 레빈Kurt Lewin의 '해동-재정렬-재동결'의 접근법과 상당히 유사하다.

코터의 8단계 변화 모델(Kotter 8-Step Change Model)

1단계: 위기감 조성
• 시장과 경쟁 현실 조사하기
• 위기와 잠재적 위기, 기회를 확인하고 토론하기

2단계: 리더들의 협력체계 수립
• 변화를 이끌어갈 만큼 충분한 권한이 부여된 별도의 그룹 만들기
• 이 그룹이 하나의 팀으로 일하도록 하기

3단계: 비전과 전략 개발
• 변화의 노력에 직접적인 도움이 될 비전 수립하기
• 이 비전을 달성하기 위한 전략과 행동계획 수립하기

4단계: 변화의 비전 공유
• 새로운 비전과 전략을 모두와 공유하기 위해 동원 가능한 모든 수단 활용하기
• 리더들의 협력체로 하여금 모든 직원에게 요구되는 행동모델을 개발하도록 독려하기

5단계: 참여 확대
• 장애물 제거하기
• 비전을 손상시키는 시스템이나 구조 변경하기
• 과감한 위험감수와 전통에 얽매이지 않는 새로운 아이디어와 활동, 행동 장려하기

6단계: 단기적인 성공사례 창출
• 성과에 있어서 단기적으로 가시적인 개선을 만들어내거나 '성취'할 방안을 마련하기
• 실제로 이를 달성하기
• 이러한 승리를 가능하게 한 사람들을 널리 알리고 포상하기

7단계: 성취된 결과를 공고히 하고, 더 많은 변화를 창출
• 서로 맞지 않고, 새로운 변화의 비전에도 맞지 않는 모든 시스템과 구조, 정책을 정비하고 바꾸기
• 변화의 비전을 실천에 옮길 수 있는 사람들을 고용하고 승진시키고 발굴하기
• 새로운 프로젝트와 주제, 그리고 변화를 가능케 할 새로운 인원 투입 등을 통해 변화 과정을 활성화하기

8단계: 새로운 접근법을 문화로 정착
• 고객·생산성과 관계 있는 새로운 행동, 더 나은 리더십, 더 효과적인 경영 등을 통해 보다 나은 성과를 만들어내기
• 새로운 행동방식과 조직의 성공 사이의 관련성을 개략적으로 제시하기
• 리더십 개발과 성공을 위한 수단 개발하기

이는 문화 변화에 대한 매우 포괄적인 접근방식이며, 몇몇 다른 모델도 이와 유사한 과정을 따르고 있지만, 안타까운 것은 여러 가지 이유로 인해서 전체 과정을 끝까지 완수하는 경우가 많지 않다는 것이다. 그 이유는 대체로 다음과 같다.

- 첫째, 상당한 비용과 자원, 시간, 그리고 모두의 헌신이 필요하다. 일상의 비즈니스 기능을 멈출 수도 없고, 모든 것을 포괄하는 대대적인 변화를 추진하게 되면 추가적인 자원의 투입 압박을 받게 된다.
- 둘째, 세 단계 모두를 충분히 도와줄 수 있을 만큼 비즈니스에 대한 지식, 훈련 기술, 조직, 변화촉진 기술 등을 폭넓게 갖추고 있는 컨설팅 기업이 그리 많지 않다. 그러므로 대부분의 컨설팅 회사들은 자신들이 전문성을 가지고 있는 단계에 역량을 집중하고 다른 단계에 대해서는 최소한의 관심을 기울이는 데 그치는 경향이 있다.
- 셋째, 더욱 치열해지는 경쟁, 시장의 변화, 비용의 추가절감 요구 등 새로운 비즈니스 이슈들에 경영진이 주의를 빼앗긴다.
- 넷째, 실제 변화가 일어나고 있는지를 평가하기가 어렵다. 또 사용하고 있는 지표가 변화를 확실하게 드러내지 않고, 입증해주지 못하는 경우가 많다.

쉽딥(Sheep-dip)

> "우리가 계획한다. 우리가 결정한다.
> 그러나 실행은 당신이 한다."

쉽딥Sheep-dip* 혹은 롤아웃Roll-Out은 비즈니스의 변화를 추진할 때 가장 널리 사용되는 방식이며, 여기에는 레빈 모델과 코터 모델의 많은 요소들이 들어있다.

경영자들은 성과개선을 위한 변화의 필요성에 대해 토론하고, 사업과 전략에 대한 주요 결정들을 내리고 나서, 그들이 만든 계획을 실무자에게 넘겨 실행에 옮기도록 한다. 기본적으로 그들은 새로운 문화의 비전을 '임계치'의 직원들이 먼저 수용하고 행동을 바꾸어야 한다고 생각한다. 이 임계치가 나머지 구성원들을 동조하게 만드는 티핑포인트 tipping point가 될 것이라는 시나리오다.

원칙적으로 나는 이러한 개념에 동의한다. 직원 가운데 상당수가 새로운 변화의 필요성을 이해하고, 그에 따라 스스로 행동방식을 바꾸는 과정을 통해 변화의 임계점을 만들어내는 방법을 좋아하지 않을 이유는 없지 않은가? 그러나 악마는 디테일에, 특히 사용되는 접근방식에 도사리고 있는 법이다.

많은 문화변화 컨설턴트들은 자신들의 접근법의 토대를 워크숍이

---

* 양털에 붙은 외부기생충을 제거하기 위해 살균제가 담긴 통에 양을 담그는 일. 여기서는 워크숍이나 교육을 통해 일방적으로 변화를 주입시키려고 하는 방식을 가리킨다.

나 세미나 모델 등에 두고 있다. 이들 컨설팅업체들의 상당수는 베르너 에르하르트 Werner Erhardt, 토머스 윌하이트 Thomas D. Willhite, 존 핸리 John Hanley 와 같은 퍼스널 체인지 personal change 분야의 거장들에 의해 주도된 1970년대의 인간잠재력운동 human potential movement 에 그 뿌리를 두고 있다. 그들은 '체험적 훈련 experiential training' (개인적인 통찰력과 변화에 대한 준비를 이끌어내도록 설계된 그룹 활동을 통해 이루어진다)이 사람들로 하여금 '변화를 원하게' 만들고 새로운 문화를 받아들이게 할 것이라는 강한 믿음을 기반으로 변화에 대해 접근한다.

체험적 훈련은 집단적으로 이루어지는 강력한 기술이며, 개인들이 이전에는 인식하지 못했던 행동과 태도에 대해 깊은 통찰력을 제공해 주기도 한다. 그러나 "아하!" 또는 "유레카!"라고 외치는 통찰력만으로는 습관이 바뀌지 않는다. 앞에서 말했듯이 **습관을 바꾸기 위해서는 다른 습관이 필요하다.** 통찰력은 필요한 첫 단계이기는 하지만, 문화 변화와는 아직 거리가 멀다.

쉽딥의 접근법은 몇 가지 부분으로 구성되어 있는데, 이는 여러모로 설득력이 있다. 우선 문화에 대한 평가를 통해 현재의 문화와 바람직한 문화 사이의 간격을 확인하는 것에서부터 시작한다. 그리고 다음은 상당히 매력적인 단계이다. 컨설턴트들의 요청에 의해 몇몇 경영진들이 업무에서 벗어나 특별한 전담팀을 구성하고 3~4일 정도 함께 시간을 보낸다. 모든 것에서 벗어나 의미 있는 토론을 하고 리더십 행동의 변화를 시작하기에 충분한 시간이다. 이 과정은 매우 매력적이고, 종종 상당한 통찰력을 얻을 수 있는 과정이기도 하다. 여기에 참여한 경영진들은 문화를 바꾸겠다는 의욕과 준비를 마친 상태로 자기

업무로 돌아가게 된다.

그들은 새로운 문화행동에 대해 얻은 대단한 통찰력과 경험을 자신의 직속 직원이나 주요 팀원들에게 전달하기 위해 업무에서 벗어난 연수 프로그램을 열어야 한다. 그들은 이제 상당한 에너지를 발산하고 있다. 어떤 이들은 자기 자신의 인생을 바꿀 만한 긍정적인 통찰력을 느끼기도 한다.

그리고 이제 양들을 통에 담글 시간이다! 어떻게 모든 직원으로 하여금 이 변화를 받아들이고 통찰력을 갖도록 할 것인가? 그것도 예산을 넘기지 않는 범위 안에서. 이때 흔히 쓰는 방법은 직원들 가운데 몇몇 내부 촉진자들을 선발하여 하루 정도 '변형된' 문화변화 워크숍을 실시하는 것이다. 일반적으로 이러한 행사의 시작에는 경영진이 (파워포인트를 이용해) 새로운 변화의 필요성과 모두가 받아들여야 할 행동방식에 대해서 설명하는 시간을 갖는다. 워크숍에 참석한 사람들은 회사의 새로운 가치와 행동방식이 적힌 인쇄물을 가지고 일터로 돌아갈 것이다. 참석자 한 사람 한 사람은 개인적으로 대단한 경험을 했다고 느낄지도 모른다. 하지만, 이들이 문화 변화의 핵심동력 역할을 성공적으로 수행하는 경우는 드물다.

게다가 행사를 위한 장소 임대, 오디오와 비디오 장비, 세미나 참석으로 인한 노동력 결손, 그에 더해 상당한 액수의 컨설턴트 사례비 등으로 높은 비용이 들어가게 되면, CFO^{최고재무책임자}는 이러한 시도들의 ROI^{투자자본수익률}에 의문을 품기 시작할 것이다. 그러나 이를 측정할 만한 기준은 없다.

이제 우리는 겨우 레빈 모델의 '해동' 단계에 도달했을 뿐이다! 교육을 통한 조직문화의 변화를 추구하는 기업들은 촉진 기술은 강한 반면, '재정렬'이라는 두 번째 단계에 필요한 비즈니스 프로세스 개선, 불필요한 요소 제거, 조직 설계, 관리의 범위, 인사 등의 기술은 매우 부족하다. 그 때문에 이 단계는 사내에 임시로 만들어진 문화변화 담당 팀에게 맡겨지게 되는데, 문제는 이들은 원래 처리해야 할 일상적인 고유 업무가 따로 있는 사람들이라는 것이다.

상황이 이렇게 되면 변화 프로세스의 효율성이 떨어지는 것을 느끼게 될 것이고, 세 번째 '재동결'의 단계는 생각조차 할 겨를이 없다!

그러나 나는 훈련을 기반으로 하는 쉽딥의 접근법이 성공을 거두어 1년도 안 되는 기간 안에 기업의 문화를 완전히 재정비하는 데 성공한 몇몇 사례도 알고 있다. 이들 성공사례들을 살펴보면 공통적인 패턴이 드러난다. 진정한 조직문화의 변화를 만들어낸 것은 훈련이나 쉽딥이 아니었다. CEO의 심하다 싶을 정도의 신념과 노력, 그리고 결단력이었다!

나비스타 인터내셔널Navistar International이 1990년대에 CEO 존 혼John Horne의 리더십 아래서 보여주었던 턴어라운드가 그 대표적인 예다. 아니면 얌 브랜즈YUM! Brands가 2012년 데이비드 노박David C. Novak을 새로운 CEO로 영입한 후 피자헛, KFC, 타코벨 등 계열 브랜드에서 보여준 대단한 성장과 시장지배력도 성공사례 중 하나가 될 것이다. 이러한 사례들은 문화의 변화를 이끌어내기 위한 강력하고도 열정적인 리더십의 중요성을 보여준다. 반면 CEO나 리더가 높은 성과를 내는 문화를 구축하는 데 별다른 열정이 없거나 충분한 시간을 사용하지 않을 경우, 쉽딥 접근법은 직원 개개인에게는 멋진 자기계발의 경험을 제공할지언정 조직문화의 변화를 성공시키는 데는 그리 도움이 되지 않는다.

바이럴 체인지: 전염적인 변화

"행동의 변화가 없는 한, 변화는 없다."

-레안드로 헤레로

내가 캘리포니아대학교에 입학했던 1966년은 사회혁명의 바람이 미국 전역의 캠퍼스를 휩쓸던 시기였다. 대안적인 라이프스타일의 히피운동, 반전시위와 결합된 저항음악과 기이한 복장들, 게다가 마약의 급격한 확산과 환각적 분위기의 록 음악이 여기에 기름을 붓고 있었다. 이 모든 것은 어디로부터 온 것일까? 위에서 내려온 사회운동이었을까? 권위 있는 누군가 1966년을 전국 반체제운동의 해라고 선포하기라도 한 것일까? (누군가 그랬는데 내가 너무 정신이 없어서 알아차리지 못했는지도 모르지만!) 당시 그러한 운동은 전국을 뒤덮은 사회적 전염병 같은 것이었다. 그것은 어떻게 그렇게 널리 퍼지게 된 것일까?

고등학교 3학년 때, 동급생들 사이에서도 상당히 모범적이고 인정받는다고 생각했던 친구들이 갑자기 몸에 잘 맞는 청바지와 실용적인 신발을 벗어던지고 머리를 기르고 헐렁하고 바짓가랑이가 넓은 청바지를 입기 시작하던 때를 나는 생생하게 기억한다. 그 아이들은 비치보이스^{Beach Boys} 대신 영국의 록 음악을 듣기 시작했다! 처음에는 낯설게 보였지만 그들은 나름 모범적인 아이들이었고, 얼마 시간이 지나지 않아 그런 실험적인 복장에 별난 생각을 하는 친구들이 많아지기 시작했다. 사회적인 결속력과 다수에 소속되고자 하는 욕망이 많은 아이들을 변화로 이끄는 강력한 요인으로 작용했다.

정신의학자이자 제약업계 경영자로부터 제기된 조직문화 변화에 관한 방법론이 있다. 이것은 대규모의 조직 변화를 위한 가장 새롭고도 효과적인 방법으로 보이지 않을지도 모른다. 레안드로 헤레로Leandro Herrero 박사가 지지하는 이 변화의 방법론은 대부분 고위층에서는 간섭하지 않는, 조직생활에서의 몇 가지 간단한 사실들을 기반으로 한다.

- 조직은 관계 네트워크일 뿐 권한의 체계는 아니다.
- 여러 사람으로부터 '존경받는' 영향력 있는 사람들과 비공식적인 리더들의 역할이 크다.
- 그룹 또는 하위문화의 힘

기본적으로 이러한 영향력 있는 사람들의 관계망이나 사회적 네트워크는 새로운 업무방식이나 변화에 대한 저항 또는 호응을 확산시키는 통로 역할을 한다.

레안드로 헤레로 박사는 정신의학자이면서 사업에도 상당한 경험이 있었기 때문에, 동료들의 압력 같은 사회적 관계가 조직문화의 발전에 상당한 영향력을 미친다는 뛰어난 통찰을 얻을 수 있었다. 조직문화 변화의 속도와 지속가능 여부에 중대한 영향을 미치는 특정 그룹이 존재한다는 것이다.

따르는 동료들이 많아 회사 안에서 특별하게 영향력을 발휘하는 개인은 시급 일반직원에서부터 경영진에 이르기까지 모든 직급에 존재한다. 그들이 무슨 말을 하면 동료들은 좀 더 무게감 있게 받아들인다. 사람들은 그들을 따르고 그들의 행동이나 태도, 업무·경영·고객 서비스·문화 등에 대한 그들의 사고방식을 모방한다. 그들은 그들을 중심으로 형성된 보이지 않는 영역에 대한 '유행의 선도자'이고 '비공식 리더' 역할을 하며 주변의 의견과 행동을 좌지우지할 만한 영향력을 갖는다. 그러나 경영진은 그런 보이지 않는 그룹과 비공식 리더들이 존재한다는 사실조차 모르고 있다!

헤레로는 쉽딥 Sheep-dip 과 롤아웃 Roll-Out 의 접근법에 대해, 변화를 촉발시키는 것은 쉽지만 그것을 확산시키고, 지속시키고, 유지하는 것은 어렵다고 생각했다. 그 이유는 경영진이 새로운 기업가치를 전 직

새로운 행동방식을 도입할 때
비공식적 리더와 영향력 있는 사람들이 하는 역할

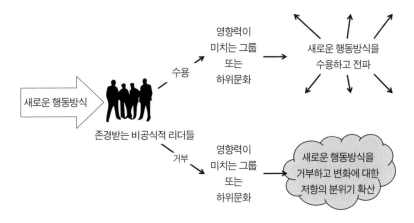

원을 향해 톱다운 top-down 방식으로 선포했기 때문이 아니라, 비공식적인 영향력을 발휘하는 몇몇 사람들과 작은 그룹들이 이를 받아들이거나 거부하기 때문이다. 실제 문화의 변화는 쉽딥과 다른 고전적인 롤아웃 방식들처럼 위에서 아래로 향하는 주입이 아니라 경영진의 지원 아래 행해지는 유인이며, 사회적 전염이고, 사회적인 움직임이다.

진정한 문화의 변화는 행동방식을 바꾸는 것이다. 예를 들어 진정한 안전의 문화란 훈련과 안전에 대한 가치관의 문제가 아니라 모든 사람이 항상 안전을 위해 합당한 행동을 하는 것이다. 파워포인트 슬라이드나 특별교육은 새로운 행동을 만들어주지 못한다. 기껏해야 새로운 정보를 소개하고 강조하는 정도의 효과만 기대할 수 있다.

"쉽딥과 롤아웃은 정보를 퍼뜨릴 수 있다.
그러나 사회적 관계망은 믿음과 행동을 퍼뜨릴 수 있다."

《바이럴 체인지 Viral Change》(2006)와 《호모 이미탄 Homo Imitans》(2010-2011)은 사회적 관계망이 어떻게 변화를 이끄는가를 설명한 헤레로의 대표작이다. 이들 책에서 헤레로 박사는 전염적인 변화 프로세스란 전통적인 변화 관리 프로세스와는 정반대되는 것이라고 하면서, 내부적인 사회적 연계와 동료들의 압력이 가하는 힘, 그리고 긍정적인 에너지와 즐거움이 가득한 무언가에 소속되고 싶어 하는 인간의 욕구가 변화를 이끌어내는 것이라고 설명했다.

헤레로는 다음과 같이 말했다.

"전염적인 변화 Viral Change 는 조직 내에서 특별히 높은 결속력을 보이는 작은 그룹들 안에 퍼져있는 잘 만들어진 몇 가지 타협 불가능한 행동방식의 집합적인 역량을 활용한다. 동료 간의 결속에 의해 나타나는 그러한 영향력이 새로운 규범과 새로운 행동방식과 새로운 문화를 만들어낸다. 이들 그룹들이 새로운 방식으로 행동하기 시작하면, 다른 그룹들도 그것을 따라 하게 된다. 성공담이 널리 퍼진다. 이야기는 기억에 남고 행동은 전염성이 있다. 그러나 파워포인트는 그렇지 않다."

전염적 변화의 방법론은 레빈 모델의 모든 요소를 포함하고 있는 것으로 보인다. 영향력 있는 사람이 새로운 행동을 보여주고 그 행동이 그의 영향권 안에 있는 다른 사람들에게 퍼져나가면서, 사회적 연계망 안에서 지속적으로 '해동'과 '재정렬' 그리고 '재동결'의 과정이 일어난다. 흔히 대부분의 변화 방법론에서 제시하듯 톱다운 방식이 아

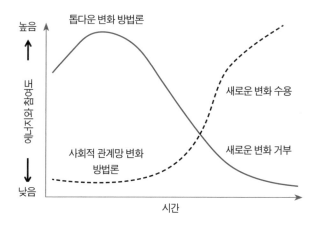

변화에 대한 톱다운 방식 vs 전염적 방식

니라, 마치 전염병이 퍼지는 것처럼 그들의 행동 변화가 전체 조직으로 확대된다.

전염적 변화는 크게 다섯 단계로 구분할 수 있으며, 동료와 동료 사이의 영향력이 직급과 계층의 위력에 의한 영향력보다 크다는 오래된 믿음에 기반을 두고 있다.

1단계: 발견

- 비전을 만들거나 재검토한다.
- 무엇이 타협 불가능한 행동방식인지를 정하고, 명확히한다.
- 변화의 관계망을 지도로 작성한다.
- 조직 안에서 영향력을 크게 발휘하고 있는 사람이 누구인지를 알아낸다.

2단계: 발전

- 조직 내부에 존재하는 동료 그룹을 확인하고, 동료 간의 영향력을 인지한다.
- 관리방식 정렬.
- 특별히 선정된 사람들을 설득하여 참여시킨다.

3단계: 참여

- 변화의 핵심요원을 중심으로 한 커뮤니티를 생성한다.
- 그들이 자신들의 역할을 할 수 있도록 지원한다.
- 더 많은 리더와 관리자들 정렬.

4단계: 확산

• 행동을 확산시키고 우수한 커뮤니티를 별도로 지원한다.

• 동료 간의 영향력을 조정하고 지원한다.

• 과정의 진전을 추적하고 평가한다. 성공사례를 전파한다.

5단계: 지속

• 이제 핵심적인 행동방식이 뿌리를 내린다.

• 새로운 방향을 평가한다.

• 현상에 초점을 맞추어 다시 시작한다.

"주요한 사회운동이 결국 사라져버리는 것은

그것이 약화되어서가 아니라 그것이 우리의 인식과 경험 속에

영구적으로 자리 잡기 때문이다."

-프레다 아들러

15. 조직문화 변화에 대한
재고찰

"변화를 관리하기 위한 업무량은 많은 반면,

실제 일어나는 변화는 그리 크지 않아 보인다.

내가 진정으로 원하는 것은 변화의 리더십이다."

-매우 불만스러운 어느 CEO

독소적인 문화에서 높은 성과를 내는 문화로

"성공에는 자동조종장치 스위치가 없다."

-전 콘티넨털항공 CEO 고든 베튠

성공적인 기업의 턴어라운드 사례들을 보면 조직문화의 변화를 바라보는 독특한 시각을 얻을 수 있다. 재미있는 점은, 턴어라운드 전문가들은 그것을 문화 변화라고 부르지 않고 사업의 회복이라 여기지만, 턴어라운드가 지속가능하려면 문화도 좋은 방향으로 바뀌어야 한다는 것이다.

턴어라운드에는 현실적인 긴박감이 존재하고 때로는 그로 인해 일자리가 축소되기도 하고 회사의 정체성이 상실될 수 있다는 점에서, 대부분 '의도적으로 선택하는' 문화 변화 프로그램들과는 다르다. 그러나 성공적이고 지속가능한 턴어라운드에서는 언제나 문화 변화의 원칙들이 발견된다.

콘티넨털항공Continental Airlines 의 이야기는 실패한 조직과 독소적인 문화가 높은 성과를 내는 기업(그리고 문화)으로 바뀐 사례들 가운데 내가 가장 좋아하는 사례이다. 고든 베튠Gordon Bethune 의《최악에서 최고로From Worst to First》를 아직 읽지 않은 CEO가 있다면, 꼭 읽어보라고 권하고 싶다. 아마 그 책 어딘가에서 당신 조직의 이야기를 보게 될 것이고, 간혹 매우 고통스러울 것이다.

여기서 그 내용을 요약해보고자 한다(하지만 반드시 그 책을 읽길 바란다). 1994년의 콘티넨털항공의 상황은 이러했다.

- 10년간 세 번의 파산 위기
- 채무불이행 액수 25억 달러(채무가 아니라 채무불이행이다.)
- 10년 연속 적자
- 문화가 완전히 다른 7개 항공사의 합병으로 직원 수가 무려 4만 명에 이름
- 미국 10대 항공사 가운데 최악의 고객서비스

- 수하물처리 관련 불만사례 최다
- 최악의 정시출발 및 도착률
- 초과예약 결과로 나타난 비자발적인 탑승거부 사례 최다 발생
- 10년 동안 CEO 10명 교체

당신이라면 이런 직장에 들어가고 싶겠는가?

전직 기술자이자 조종사이며, 보잉의 임원이었던 고든 베튠은 콘티넨털항공이 자신에게 CEO직을 제안했을 때 회사가 미쳤다고 생각했다. 그러나 고든은 자금부족이 문제가 아니라는 사실을 알게 되었다. 그들은 한때 많은 흑자를 내며 돈을 벌었던 회사였으나 성과가 개선되지 않고 있었다. 고든은 자부심, 팀워크, 경영능력, 실질적인 행동규범의 부재가 문제의 정체라고 생각했다. 회사가 비용에 너무 집중하다 보니 고객에게 신경 쓰지 못하고 있다는 점, 그리고 취약한 리더십, 지나치게 많은 계획과 목표의 남발, 명확한 전략의 부재도 해결해야 할 문제들이었다.

> "당신의 회사가 무너지고 있다면,
> 대개 세 가지가 무시되고 있는 경우가 많다.
> 그 세 가지는 사람, 그 사람들에 대한 훈련, 그리고 시스템이다."
> -콘티넨털항공 CFO 로런스 켈너

그로부터 2년 뒤인 1996년의 상황은 이렇게 변했다.

- 1995년에 흑자전환에 성공했다.
- 1996년에는 300개의 세계적인 경쟁 항공사들을 누르고 올해의 항공사로 선정되었다.
- 1996년 이후 모든 글로벌 항공사들 가운데 상위 5위 안에 들어갔다.
- 1996년 이후 교통부가 집계한 항공사 고객서비스 통계의 모든 부문에서 4위 안에 들어갔다.
- 16분기 연속 흑자 기록을 세웠다.
- 주가는 4년 만에 3.30달러에서 50달러로 올랐다.
- 직원의 이직률이 45%나 줄었다.

고든과 콘티넨털 경영진은 문화변화 컨설턴트의 도움 없이 자력으로 높은 성과를 내는 문화를 구축하고 지속가능한 턴어라운드를 이뤄내는 데 성공했다!

콘티넨털 내부에서 일어난 일들을 평가해보면, 조직문화 변화와 관련된 몇 가지 핵심적인 원칙들이 발견된다.

- 고든은 회사에 대한 믿음이 없는 임원과 중간관리자들을 해고하고, 비즈니스에 대한 이해와 직원과 고객에 대한 배려심이 큰 새로운 경영진과 관리자를 채용했다.
- '무엇이 고객과 회사를 위해 좋은 것인가'를 바탕으로 명확하고 단순한 전략을 수립하고, 직원들과의 소통에는 간단하고 직설적인 언어를 사용했다.

- 메모나 이메일 대신 직원들과 직접 대면하여 대화하면서 진실을 말하고, 그들이 어려운 사업여건과 비용결정을 이해할 수 있도록 했다.
- 고객을 대하는 문제와 직원들이 서로를 대하는 문제에 관해서 몇 가지 타협할 수 없는 행동원칙을 확립했다.
- 하위문화를 이해하고 그들 사이에서 영향력이 큰 직원들을 찾아내 턴어라운드를 위한 도움을 구했다.
- 직원들에게 고객응대와 업무방식에 대한 권한을 주었다(미시적인 경영과 거추장스러운 규정집을 치워버렸다).
- 고객 관련 업무(정시 이착륙, 불만해결 등)의 목표치를 달성한 모든 직원에게 매월 보너스를 지급했다.
- 마지막으로 그는 회사와 직원, 그리고 고객을 사랑했다. 사람들은 자기를 믿어주는 사람을 존경하고, 그 존경을 행동으로 보여준다.

"파산 담당 판사는 당신 회사의 대차대조표를 고칠 수는 있다.
그러나 회사를 고칠 수는 없다."

-고든 베튠

문화의 변화, 리더십, 그리고 타협할 수 없는 것들

"가장 현명한 사람들과 가장 멍청한 사람만이

절대 변하지 않는다."

-공자

나는 35년 넘게 조직문화 변화에 관한 일을 하면서 수많은 실수를 하고 또 믿을 수 없을 정도의 성공을 거둔 끝에, 이제는 독자들에게 문화를 성공적으로 변화시키는 데 필요한 몇 가지 요소를 분명하게 말할 수 있다. 이 요소들은 모두 필수적인 것들이다. 어느 하나라도 건너뛰면 문화는 바뀌지 않는다.

그런데 중요한 것은, 문화를 변화시키기 위해서는 리더로서 당신이 처음에 생각했던 것보다 훨씬 더 많은 시간을 쏟아부어야 한다는 것이다. 얼마나 많은 시간을 쏟아야 할까? 경영진이라면 자기 시간의 40% 정도를 문화 재편에 사용하면 어떨까! 그럴 수 없다면, 시작도 하지 말아야 한다.

리더의 행동을 바꾸거나 리더를 바꿔라

CEO와 경영진은 자신들의 집단적인 업무수행방식과 개인적인 행동방식을 회사에서 요구되는 새로운 문화에 맞는 행동방식으로 기꺼이 바꿔야만 한다. 여기서 중요한 원칙은 "좋은 소식인지 나쁜 소식인지는 모르지만, 조직은 리더의 그림자"라는 것이다!

문화 변화를 이끌 책임과 의무를 받아들일 수 있는 정렬된 경영진

만일 누구 하나라도, 예를 들어 CFO가, 자신에게는 해야 할 중요한 일이 있고 다른 사람들은 '가벼운 일들'을 처리하면 된다고 믿으면서 개인의 변화나 문화 변화를 활발하게 이끌기 위한 역할을 받아들일 생각이 없다면, 변화 과정은 유지되지 않는다. 모두가 다 함께 하든지 아니면 다 같이 그만두어야 한다!

행동, 행동, 행동

가치관이 아닌 관찰 가능한 행동에 대하여, 새로운 문화와 새로운 업무 요구사항의 틀을 짜라.

관성의 임계치를 극복하라

만일 변화에 대한 '주저함과 의심'의 임계치를 극복하지 못하면, 기존 문화의 관성으로 인해 모든 변화 프로세스는 멈추고 해체되고 말 것이다.

이때 쓸 수 있는 첫 번째 방법은, 동료들로부터 존경받고 열성적이며 핵심적인 영향력을 발휘하는 직원들을 모두 문화 변화를 위한 노력에 참여시키고, 그들을 훈련시켜 문화 변화를 위한 내부 퍼실리테이터, 멘토, 코치, 혹은 안내자 역할을 할 수 있도록 하는 것이다. 또 다른 방법은, 변화에 대해 가장 부정적이고 비판적인 사람들을 다른 곳으로 보내는 것이다!

다음으로, 앞에서 콘티넨털항공이 매월 직원들에게 보너스를 지급한 것과 같이, 눈에 보이는 가시적인 비즈니스 프로세스를 제시하여 아직 마음을 정하지 못한 대다수의 직원을 변화의 대열로 끌어들여라. 그들은 변화에 가담해야 할 이유와 리더십을 고대하고 있다. 그들에게 길을 제시하라.

새로운 문화에 필요한 행동방식이 만들어질 수 있도록 일상적인 비즈니스 프로세스를 재설계하라

(GM과 도요타가 합작한 NUMMI의 사례를 참조하라.) 원하는 새로운 문화에 더 잘 매칭되는 HR인적자원 프로세스를 재설계하는 데 특별한 관심을 가져야 한다.

더 혁신적이고 책임감이 있는 새 문화를 원한다면, 아주 작은 구체적인 사항까지 세밀하게 보고해야 하는 회의의 시간과 횟수를 줄여야 한다. 새로운 아이디어, 심지어 '그럭저럭 좋은 아이디어'에 대해서도 적절하게 포상을 하라. 채용요건을 재평가하고, 새로운 문화의 요구조건에 맞게 직원 채용과정을 재설계하라. 승진과 인력개발 정책이 바람직한지, 새로운 문화에 맞는지 재평가하라. 중간관리자들이 얼마나 직원들을 잘 발굴하고, 예산을 잘 맞추는지 평가하라.

측정, 재조정, 그리고 다시 측정하라

문화 변화의 전반적인 영향을 측정하는 것은 쉬운 일이 아니지만, 그럼에도 측정 가능한 요소를 찾아내고 꾸준하게 측정하는 일은 꼭 필요하다. 만일 문화의 변화가 실제로 일어나고 있다면, 그 측정 결과에도 변화가 있어야 한다.

문화를 조사하기 위해 1년이나 2년을 기다린다는 것은 눈을 가리고 가끔씩만 내다보면서 운전해 가겠다는 것이나 다름없다. 새로운 문화 변화를 확실하게 드러내는 행동양식에 관한 지표, 그리고 새로운 문화의 형성에 확실하게 영향을 받는 경영성과 지표, 이렇게 최소한 두 가지의 지표를 만들어놓을 것을 제안한다.

문화를 재편하는 데는 지름길이 없다. 지금 열거한 요소들 가운데 하나라도 놓치거나 가볍게 넘어가려고 한다면 반드시 실패하게 된다는 것을 기억하기 바란다.

어떤 방법론을 쓸까?

CEO와 경영진을 상대로 문화와 전략실행, 성과개선에 대한 자문을 하며 나는 이런 질문을 지속적으로 받는다.

"우리는 어떤 문화변화 방법론을 사용해야 합니까?"

그럴 때마다 나는 이렇게 반문한다.

"기대하는 결과가 무엇입니까?"

모든 변화는 파괴를 동반한다. 어떻게 바꿀 것인지, 그리고 얼마나 심한 파괴를 감당할 것인지는 당신이 얻기를 원하는 변화의 규모에 달려있다.

내가 그들에게 두 번째 질문을 던진다.

"어떤 종류의 문화를 원하는지, 가치관이나 상투적인 용어가 아닌 행동과 관련된 용어로 설명해보세요. 그런 문화를 원하는 이유도 말씀해보세요."

　이것은 내 나름대로 핵심을 찌르는 질문이고, 대개의 경영자들은 그들이 원하는 새로운 문화에 요구되는 행동방식을 정확하게 이야기하지 못한다.

　이 질문에 대한 대답으로 흔하게 나오는 행동양식들은 바로 이러한 것들이다.

- 더 나은 팀워크
- 더 많은 협업
- 혁신
- 위기의식
- 고객중심
- 위험감수
- 사람에 대한 존중
- 개방성

　이쯤 되면 나뿐만 아니라 독자들도 하품을 하고 있을 테고, 이 글을 읽는 직장인들도 이런 진부하고 별로 도움도 안 되는 용어의 나열에 집중하지 못해 눈을 이리저리 굴리고 있을 것이다. 이것들은 행동이 아니라, 속성이고 꿈이고 희망사항일 뿐이다!

　NUMMI의 이야기와 도요타 생산시스템에서 배운 교훈으로 돌아가 보자. 도요타 시스템은 현장근로자들이 제품의 품질과 관련된 문제를 감지할 때마다 생산설비 가동을 중단시키기 위해 주저 없이 붉은 줄을 당기게 되어 있고, 실제로 그러한 상황이 벌어졌을 때 관리자나 책임자들에게 특별하게 행동하도록 요구하고 있다. 근로자가 실제로 위험부담(실제로 그러한 행동을 감행하는)을 감수할 것인지 여부는 관리자나 감독자의 대응 행동에 달려있다. 관리자나 임원들이 근로자의 행동을 존중하고 적극적으로 그들이 제기한 문제의 해결에 나설 수도 있고, 정반대로 반응할 수도 있다. 행동은 상대방의 행동을 지지해줄 수도 있고, 반대로 저지할 수도 있다. 진부한 말들은 누구에게도 도움이 되지 않는다.

이 정도의 질문이 오가면, 그들은 나와 더 대화를 나누는 것에 흥미를 잃고 정중하게 출구로 안내하여 배웅해주거나, 아니면 높은 성과를 내는 조직을 만들기 위한 작업에 함께 착수하게 된다. 나는 문화변화 방법론에 대해, 우리에게 생산적인 사고를 가능하게 하는 몇 가지 '반드시 지켜야 할 규칙'을 가지고 있다.

창업초기의 소규모 기업:

- 조직문화가 요구하는 행동과 태도에 가장 적합한 사람들을 채용할 수 있는 채용원칙을 개발하고, 이를 경영진에게도 예외 없이 적용한다.

- 강도 높은 신입직원 오리엔테이션 프로그램을 실시한다. 인쇄물 몇 장 나눠주고 악수하는 정도로는 안 된다. 디즈니, 노드스트롬, 스타벅스를 기억하라. 며칠간 혹은 일주일 정도 회사의 문화와 회사 안에서 개인이 생존하고 성장하는 데 필요한 행동에 대해서 배우도록 한다.

- 적합하지 않다고 생각되는 기존 직원들과 임원들을 신속하게 내보내라.
- 회사 안의 모든 사람에게 문화를 유지하고, 문화가 요구하는 행동에 따라 생활하고, 실수하거나 적절하지 못한 행동을 하는 사람을 코칭하는 것이 모두의 의무라는 사실을 이해시켜라. 그것이 당신 회사의 문화이다. 그냥 무심코 흘려보내지 마라.
- 문화 및 고객과 직접적으로 연결되는 의식, 보상, 포상에 대해 확립하라.

단단하게 자리 잡은 큰 기업:

- 문화의 변화 과정에 착수할 만한 용기와 의지가 분명한지 오랫동안 진지하게 생각해보라. 완전히 올인하거나, 처음부터 시작하지 않거나 둘 중 하나를 선택하라.
- 하위문화와 '비공식적 리더들'을 찾아내라. 그들이 자신들의 업무와 고객과 회사에 대하여 어떤 생각을 하고 있는지 이해하라.
- 원한다면 현재의 문화 실태를 점검하라. 비즈니스의 특성에 따른 문화평가 방식을 사용할 것을 권한다.
- 현실적인 비전과 분명한 전략을 수립하고, 새로운 문화를 규정할 수 있는 타협할 수 없는 행동양식들을 정하여 이 두 가지와 일치시켜라. 비전을 달성하고 전략을 수행하기 위해서 우리가 어떻게 일하고 행동해야 할지를 분명하고 쉽게 이해할 수 있어야 한다. 진부하고 추상적인 표현을 피하고, 실제로 어떻게 행동해야 할지를 정확하게 설명하라!

- 회사가 직면하고 있는 도전에 맞서기 위하여 가장 적합한 '변화 방법론'이 무엇인지 생각하고 결정하라. 이 결정은 서두르지 않는 것이 좋다. 충분히 시간을 가지고 처리해야 할 연구과제이며 숙제이다.
- 문화 변화에 예산을 아끼지 말고(컨설턴트에게 지불되는 비용을 말하는 것이 아니다), 경영진은 자기 시간의 40% 이상을 온전히 이 문제에 할애할 각오를 하라.
- "문화야말로 제1의 과업이다"라는, 품질 문제와 관련된 포드사의 옛 슬로건이 있다. NUMMI와 콘티넨털의 사례를 기억하라. 당신도 할 수 있다.

내가 할 수 있는 또 다른 충고가 있다면?

문화 변화라는 말을 사용하지 말 것! '문화'라는 단어가 혼란과 우려를 낳을 수 있고, '변화'라는 단어는 잠재의식의 차원에서 필요 이상의 저항을 불러올 수 있다. 대신 회사의 모든 구성원이 동의할 수 있는 슬로건이나 구절을 찾아내라.

콘티넨털의 경우 "1995년에는 흑자전환을 달성하고, 우리 모두가 자랑스러워할 수 있는 항공사를 만들자"라는 구호를 내걸었다. 문화라는 단어는 어디에도 없다. 문화 변화가 '의도된 부산물'인 것처럼 여겨지도록 상황을 이끌어가라.

"기업의 문화는 국가 문화와도 같다.

절대 변화시키려고 하지 마라.

대신에 당신이 갖고 있는 것을 이용하여 시도하라."

-피터 드러커

Culture Leverage

6부

조직문화에 관한
신화

"진실의 가장 큰 적은 의도적이고, 꾸며지고, 진실되지 않은 거짓말이 아니라 설득력 있고, 지속적이고, 비현실적인 신화이다."

-존 F. 케네디

조직문화는 이미 우리가 살펴본 바와 같이, 공급망이나 사업 브랜드 관리보다 훨씬 더 정의하기 어렵고 다루기 까다로운 비즈니스 이슈이다. 그럼에도 불구하고 가장 자주 거론되는 주제 가운데 하나다. 언젠가 브라질에서 열린 투자자 컨퍼런스에 참가하고 돌아온 한 고위 투자 담당자와 대화를 나눈 적이 있다. 그는 컨퍼런스에서 끝도 없이 조직문화에 관해 이야기했다면서 상당히 당황스러워하고 있었다!

사람들에게 인기 있는 이야기들은 무엇이든 과장되거나 잘못된 정보일 수 있고, 평범한 신화로 발전할 가능성이 있다. 조직문화의 경우도 예외는 아니다. 조직문화와 관련하여 가장 많이 떠돌아다니는 잘못된 신화 몇 가지를 소개한다.

신화 1: 문화는 톱다운 방식으로 만들어진다

회사의 초기단계에서는 창업자에 의해 정해져 전체에 전달된 규칙과 프로세스, 사업모델, 행동방식 등이 조직문화를 빠르게 형성하는 초석이 될 수 있다. 그러나 나는 문화에는 더 강력한 결정인자가 작용한다고 믿는다. 그것은 집단사회와 동료의 압력, 그리고 전체에 소속되고 싶어 하는 인간의 욕구이다. 창업자에 의해 초기부터 만들어진 업무방식이나 원래의 기업 신념보다도 하위문화가 더욱 강력한 경우도 있다. 문화가 리더에 의해 계속해서 잘 관리되지 않는다면, 새로운 직원들의 유입으로 인해 문화 형성에 크게 영향을 미칠 동료들의 압력이 만들어진다.

신화 2: 전체적인 조직문화가 있다

모두가 하위문화가 존재한다는 사실을 알고 있고, 몇몇 문화평가의 경우 자료들을 보면 직원별, 관리수준별, 또는 부서별로 분류해 구분할 수도 있다. 그러나 대개는 문화지표들에 대하여 전체적인 평균점수를 내고, 이를 문화분포도로 표시하고, 그걸 가지고 '자, 봐라. 이게 당신네 문화야.'라는 식으로 제시된다. 그러나 가장 우선시하여 평가되는 단일한 조직문화는 없는 반면, 대개의 조직은 다양한 강도와 특성이 있는 하위문화의 집합체이다. 높은 성과를 내는 컬트적인 문화(대개는 경영진이 문화를 철저하게 이끌고 관리하는)의 경우에는 하위문화도 정도의 차이는 있지만 원래의 조직문화와 상당히 유사하며, 정렬되고, 오히려 원래의 문화를 강화시켜 준다.

신화 3: 문화는 측정 가능하다

맞는 말이기도 하고 틀린 말이기도 하다! 전체적으로 문화를 구성하는 데 있어 한 부분을 차지하고 있을 것이라고 미리 규정된 특성들은 0~5의 척도로 평가될 수 있고, 이 점수를 다른 특성들과 연결 지어 분석해보면 현재 문화를 하나의 그림으로 정리할 수도 있다. 모든 문화평가에 대해서 궁금한 질문은 이러한 특징이 문화를 정확하게 설명하고 있는가 하는 점이다. 나는 잘 연구된 '비즈니스와 행동적 특성'에 의한 접근은 개인 가치관 중심 평가에 비해서 문화의 실상을 대체적으로 좀 더 가깝게 설명해줄 수 있다고 본다.

문화에 대해서 제대로 이해할 수 있는 괜찮은 방법을 하나 제시하자면, 같은 회사에 대하여 동일한 평가를 2~3차례 시점 차이를 두고, 예를 들어 1년 간격으로 시행해보는 것이다. 그리고 각각의 문화평가 결과를 같은 기간 동안 기업의 실질적인 비즈니스 변화와 기업이 당면한 내외부의 압력들과 비교해보는 것이다.

또 하나 강조하고 싶은 중요한 점은 문화평가와 조직 분위기 조사를 헷갈리지 말라는 것이다. 조직 분위기 조사는 현재 직원들의 공통적인 느낌과 사기를 판단하는 것이지 실제 비즈니스 특성과 우리의 사업방식을 결정하는 습관적인 행동을 파악하는 것이 아니다.

신화 4: 높은 성과를 내는 조직문화는 정의될 수 없다

어느 측면에서 보면 이 말은 전적으로 옳다. 직원들에게 바람직한 문화 요소가 무엇인지를 선택하도록 설문조사를 해서, 그 결과 높은 성과를 내는 문화를 정의하는 것은 불가능하다. 문화란 직원들이 그들과 회사가 얼마나 잘 맞는다고 느끼는지, 그리고 회사가 그들 각자의 개인적 가치관과 얼마나 잘 맞는다고 생각하는지를 뛰어넘는 개념이다. 나는 조직문화를 구성하는 비즈니스 프로세스들과 그 밖의 다른 특징들이 높은 성과를 내는 문화를 결정하는 데 있어 큰 비중을 차지한다고 생각한다.

즉, 모든 산업의 성공요인은 서로 다르므로, 경영진은 자신들의 사업에 맞는 적절한 균형점이 무엇인지(직원, 고객, 재무, 생산, 운영 등에 대해서) 면밀히 살펴봄으로써, 자신들의 사업을 이해하고, 모든 직원에게 요구되는 제대로 된 행동양식과 경쟁우위 및 효과적으로 내부기능을 보장하는 일하는 방식의 목록을 만들 수 있다.

신화 5: 높은 성과를 내는 조직문화를 개발하는 것은 많은 비용이 든다

딥워터 호라이즌의 기름 유출사고와 BP 경영진의 부실한 대응으로 주주들은 400억 달러의 손실을 보았고, 주가는 절반으로 떨어졌다. 다임러^{Daimler}와 크라이슬러^{Chrysler} 사이의 합병 실패로 인한 손실은 최소한 380억 달러 이상일 것으로 판단되고, 시장점유율도 떨어졌다. 문화는 비용만 요구하는 것이 아니라 문화로 인한 ROI ^{투자자본수익률} 도 따질 수 있다.

대부분의 기업은 교육 예산을 책정하고 있고, 내부 비즈니스 프로세스 개발에 상당한 예산과 시간을 이미 투입하고 있으므로, 문화와 관련된 업무를 이와 같은 교육과 개발의 일부로 포함시키는 등 통상적인 업무활동의 일환으로 수행한다면 별도의 높은 비용을 투입할 필요가 없다. 높은 성과를 내는 문화를 개발하는 일은 별도의 프로그램이나 특별한 별개의 활동이 아니라, 당신의 비즈니스를 보다 효과적으로 운영하기 위한 통상적인 노력이다. 에릭 플램홀츠 $^{Eric Flamholtz}$가 어느 회사의 18개 부서를 상대로 한 연구 결과에 따르면, EBIT $^{이자 및 세전이익}$에 대한 조직문화의 기여도는 46%에 달한다고 한다.[67]

신화 6: 문화는 엔지니어링·테크놀로지 중심 기업보다 소매 중심 기업에서 더 중요하다

만일 당신이 문화를 고객들에 대한 친절이라고 정의한다면, 당신은 이러한 신화가 어디에서부터 왔는지 이해할 수 있을 것이다. 문화는 고객의 차원에만 국한되어 있는 것도 아니고, 그래서도 안 된다. 문화는 구성원들이 서로를 어떻게 대하는가, 또 사업적 도전이나 변화의 요구에 대해서 어떻게 반응하는가 등 기업 안에서 일어나는 모든 내부적인 차원들을 다루고 있다. 소매 기업에서는 제품을 고객들에게 알리는 것과 고객서비스가 중요한 반면, 테크놀로지·엔지니어링 기업에서는 새로운 아이디어와 혁신에 대한 열린 공유, 그리고 프로젝트 교육의 척도가 특별히 중요하다. 조직문화는 이 모든 것에 커다란 영향을 미친다.

신화 7: 대기업이나 다국적기업은 문화를 효과적으로 관리할 수 없다

대기업이나 다국적기업을 관리하는 것은 어렵다. 다양한 인종과 여러 나라의 문화가 혼재되어 있는 데다가 시차와 언어의 차이까지 더해져 경영진의 역할이 극도로 복잡해진다. 그러나 높은 성과를 내는 문화는 모든 구성원 간의 정렬을 만들어내고, 여러 가지 사안들을 정렬시켜줄 수 있다는 면에서, 우리는 오히려 문화가 조직의 능력을 배가시킬 수 있는 강력한 도구라고 생각하고 있다.

전 세계에 8,970개 매장이 있고 220만 명이나 되는 직원들이 함께 일하며 해마다 4,700억 달러의 매출을 올리고 있는 월마트의 창업자 샘 월튼 Sam Walton 은 매우 높은 성과를 내는 데 적합한 효율적인 문화를 구축하였고, 그 문화는 그의 후임자에 의해 계승되어 계속 생명력을 유지하고 있다. 월마트의 부사장을 지낸 바 있는 돈 소더퀴스트 Don Soderquist 는 그의 저서 《비전으로 이끌고 열정으로 승리하라 The Walmart Way 》에서 이렇게 말했다.

"월마트 웨이Walmart Way는 점포나 클럽, 유통센터, 트럭, 컴퓨터 등에 집중하지 않는다. 이런 유형의 자산들은 모두 회사의 사업계획에서 중요한 부분을 차지하는 요소들이다. 그러나 성공 스토리의 중심은 사람이다. 월마트가 직원과 고객들을 어떻게 대하는가가 핵심이다."

신화 8: 문화의 핵심은 직원을 행복하게 하는 것이다

이 신화는 '문화는 가벼운 영역이다'라는 항간의 속설과 연관되어 있다. 구성원들이 존중받고 신뢰받고 있다고 느끼고 일에 대한 만족감이 클 때 생산성과 창의성도 커진다는 것을 입증하는 증거는 많이 있다. 그러나 존중받고 신뢰받는 직원들도 얼마든지 우울할 수 있다!

행복이란 날씨와 유사한 반면, 존중과 신뢰의 문화라는 것은 높은 성과를 가능케 하는 조직문화 속에서 매일 일상적으로 경험되는 것이다. 직장의 문화와 상관없이 가정생활에 문제가 있어 고통스러운 가정에서 탈출하기 위하여, 기분을 끌어올리기 위한 도피처로 직장에 출근하고 있는 사람들도 얼마든지 있다. 높은 성과를 내는 문화라는 것은 존중과 신뢰의 마음으로 사람을 대하는 것에 더해 전반적인 사업의 과제들을 촉진하기 위한 행동과 관행까지 포괄하는 개념이다.

신화 9: 높은 성과를 내는 문화를 만들기 위해서는 카리스마 넘치는 CEO가 필요하다

컬트적인 문화나 높은 성과를 내는 문화가 카리스마가 강한 CEO 나 창업자가 있어야만 가능하다는 신화는 언론을 통해서 상당히 넓게 전파되어 왔고, 학계에서도 스티브 잡스나 잭 웰치, 토니 셰이, 리처드 브랜슨, 리 아이아코카, 그리고 오프라 윈프리 등의 사례를 들어 그러한 주장에 폭넓게 동조하고 있다. 카리스마 있는 경영자들의 사례를 소개한 책도 수십 종에 이른다.

특별한 카리스마를 가진 리더는 주변에 상당한 영향력과 힘을 발휘하고, 그의 카리스마는 이들 측근들에 의하여 조직 전체에 빠르게 전파된다. 그러나 카리스마가 강한 리더라고 해서 반드시 높은 성과를 내는 문화를 만드는 것은 아니다. 제이미 다이먼^{Jamie Dimon}은 강력한 힘과 카리스마를 지닌 사람이라는 평가를 받지만, 그가 이끌었던 JP 모건 체이스의 문화가 높은 성과를 내는 데 적합했다고는 생각하지 않는다. 오히려 독소적이고 비효율적인 하위문화가 만연했었다. 리처드 펄드^{Richard Fuld}도 카리스마 있고 강한 성격을 지닌 사람이었지만, 그가 이끌던 리먼 브라더스는 독소적인 문화를 가진 기업의 대명사였고, 결국 붕괴하였다. 로이드 블랭크페인^{Lloyd Blankfein}도 골드만삭스 특유의 문화를 최악의 방향으로 바꿔놓은 사람으로 평가받고 있다.

> "나쁜 리더가 좋은 문화를 파괴하는 속도는
> 좋은 리더가 나쁜 문화를 호전시키는 속도보다 훨씬 빠르다."

창업자의 인격과 카리스마는 사업에 대한 강력한 힘을 발휘하는 행동방식과 접근법을 확실하게 정착시키는 데 큰 역할을 한다. 특히 창업자가 최고경영자의 자리에 오래 머무르는 경우 더욱 그렇다. 대표적인 사례가 버진 제국의 리처드 브랜슨Richard Branson 이다. 다르게 사고하고, 고객에게는 재미있고 긍정적인 경험을 제공한다는 그의 소신이 그가 경영하는 많은 브랜드에 충분히 반영되어 있다.

그러나 나는 샘 월튼이 상대방을 향해 강력한 카리스마를 발휘하는 사람이라고 생각하는 이들은 거의 없을 것이라고 생각한다. 적어도 그는 외향적인 행동방식을 가진 사람은 아닌 것 같다. 그는 록스타 스타일의 CEO는 절대로 아니다! 그러나 그는 사업을 어떻게 운영하고 사람들을 어떻게 대해야 좋은 사업결과가 나올 수 있는지에 대해 깊이 집중하고, 분명한 신념을 가지고 있었던 사람이었다. 아마도 CEO라면 카리스마를 갖는 것보다, 직원과 고객을 대하는 리더의 원칙 및 행동과 높은 성과를 내는 문화 구축 사이의 관계를 살펴보는 것이 훨씬 더 중요할 것 같다.

신화 10: 문화는 다른 복잡한 비즈니스 프로그램이나 프로세스처럼 관리될 수 있다

문화는 관리될 수 있지만, 관리 이상으로 중요하게 다루어져야 한다. 조직문화의 행동양식을 존속시키고 모델을 설정하고 개발하는 일을 전담하는 별도의 고위 기구를 설치하여 문화를 지속적으로 관리해야 한다.

그러나 문화에 대해서는 사업 프로그램을 측정하듯이 쉽게 측정할 수 있는 기준이나 이정표 역할을 할 만한 무언가가 존재하기 어렵기 때문에, 높은 성과를 내는 문화를 구축하고 관리하는 데는 단순히 훌륭한 프로젝트 운영기술이나 능숙한 수완 이상의 것이 필요하다. 문화를 관리하기 위해서는 단순한 관리팀뿐 아니라, 관리기술 이상의 높은 수준의 리더십이 필요하다. 직원들 모두가 문화를 촉진시키고, 행동양식의 모델을 설정하고, 서로를 환기시키고, 잊지 않도록 해줘야 한다는 책임감을 느끼게 해야 한다. 문화는 '최고의 프로그램'이고, 모든 사람이 프로젝트의 리더이다.

신화 11: 문화를 진지하게 다루려면, 조직의 문화를 담당하는 CCO를 별도로 두어야 한다

그렇지 않다! 전략실행에 실패한 많은 사례들을 검토하면서 얻을 수 있는 교훈 가운데 하나는, 대개의 기구나 부서가 자신들만의 전문지식에 집착하고 자신들만의 목표와 목적에 집중하는 경향이 있다는 점이다. 그러나 그들은 수많은 사람이 얽혀있는 큰 조직의 일원이라는 점을 잊어서는 안 된다. 문화는 전략과 마찬가지로 서로 다른 기구나 부서, 그리고 직급과 소속이 다른 수많은 직원이 얽혀져 있는 수평적인 가치의 흐름이다.

CCO Chief Culture Officer, 최고문화경영자로 누구를 임명하든, 문화의 힘과 문화와 전략 사이의 정렬의 문제에 대하여 궁극적인 책임을 지는 사람은 최고경영자다. 그러므로 한 사람의 CCO를 임명하는 것보다는 전 직원을 CCO로 만드는 것이 낫다.

신화 12: 문화는 기본적으로 가치관과 신념의 문제다

기업이 가치관을 갖는 것이 아니라, 사람이 가치관을 갖는 것이다. 그리고 서로 다른 두 사람의 가치관은 같을 수 없으므로, 사람들의 가치관과 조직 사이에는 비정렬이 발생할 수밖에 없다. 그러므로 문화를 가치관의 문제라고 말하는 것은 곧 문화는 사람의 문제라고 말하는 것과 같다. 그래서 어쩌자는 것인가? 사람의 가치관을 바꾸는 것은 혹시 가능하다 할지라도 매우 어렵지만, 직장에서의 행동방식은 얼마든지 바꿀 수 있고, 보다 나은 생산적인 결과를 이끌어내기 위하여 얼마든지 재정렬될 수 있다는 사실을 이해하는 것이 중요하다. 새로 고용되어 입사한 사람이 자신의 기본적인 가치관을 바꿀 수는 없지만, 동료들로부터 받는 압력에 의해서 느껴지는 새로운 하위문화에 적응하고, 그 하위문화권 안에 존재하는 직속상사의 요구에 맞추기 위하여 행동방식을 바꿀 수는 있다. 문화는 직원들 서로와 고객, 그리고 비즈니스 이슈를 다루는 데 습관적으로 사용되는 행동방식에 관한 문제이다.

신화 13: 문화는 변화에 저항하는 가장 큰 원인이다

변화에 대한 저항은 생존을 위해서 인간의 DNA 안에 단단하게 뿌리박혀 있는 본능으로 보인다. 그렇기 때문에, 가장 컬트적인 문화 속에서조차 문화는 변화에 저항하는 분명한 요소이다. '투쟁이냐 회피냐' 하는 인간의 고전적인 반응은 변화에 대한 저항의 본능과 연결되어 있다. 그리고 조직은 인간의 집합체이다. 그러므로 변화에 대한 주장이 아무리 논리 정연하다 하더라도, 저항은 충분히 예상 가능하다. 나는 이 점이 매우 중요하다고 생각한다. 모든 변화는 일단 저항을 받는다.

"은행에 가보자. 100달러짜리 지폐를 공짜로 나눠주고 있대! 글쎄, 모르겠네. 대단한 변화이기는 하군!" (과장된 설정이기는 하나 내가 무슨 말을 하고자 하는지는 이해할 것이다.)

변화에 대한 저항은 대개 문화 그 자체가 아니라 그것이 제시되는 방법 때문이다. 무엇인가 지금까지와는 다른 것을 제시하려고 할 때, 잠시 모든 것을 멈추고 그로 인해 나타날 구성원들의 저항을 최소화하는 것에 관한 문제를 고민하는 관리자나 임원들은 거의 없다. 그들은 마치 보스가 말 한마디만 하면 모든 조직원이 그에 복종하여 변화의 대열에 자동적으로 동참할 것이라 믿고 있는 것처럼 보인다. 그러나 직원들이 그들에게 보여주는 복종은 헌신이나 창의성은 전혀 없는 '악의적인 복종'일 뿐이다.

신화 14: 문화의 변화에는 3~5년의 시간이 소요된다

어떤 경우에는 문화 변화가 몇 년씩 걸릴 수도 있다. 특히 전통적인 톱다운 top-down 방식이나 쉽딥 Sheep-dip 의 방식이라면 더욱 그러하다. 그리고 때로는 느리지만 꾸준한 변화가 사업적 여건에 오히려 적합할 때도 있다. 그러나 대개의 경우 변화에는 속도가 매우 중요하다. '깨진 유리창'의 접근법이나 새로운 리더십, 명백하게 타협 불가능한 행동방식(결과가 수반되는), 중간관리자와 책임자들에 대한 보다 강력한 교육, 포상과 성과급 등의 수단들을 새로운 문화의 변화와 연결하면, 그 진행 속도를 보다 촉진할 수 있다. 문화 변화에 관한 가장 중요한 요점은 오랜 습관을 바꾸려면 새로운 습관이 필요하고, 새로운 행동방식의 도입에는 시간이 필요하며, 그것을 습관으로 정착시키기 위해서는 지속적인 관리가 필요하다는 것이다.

신화 15: 문화는 바뀔 수 없다

당신은 왜 그렇게 생각하는가?

culture
Leverage

7부

조직문화 Q&A

여러 해 동안 CEO와 임원들에게 조직문화 이슈에 대해 생각하고, 계획하고, 실행할 수 있도록 도움을 주는 일을 하면서 자주 접했던 질문들이 있다. 여기서는 사람들이 가장 자주 하는 질문과 그에 대한 답을 정리해보았다.

Q1. CEO나 임원들이 조직문화에 그다지 열성적이지 않은 이유는?

그들의 하루 또는 한 주의 일상을 관찰해보면, 제한된 시간 안에 수행해야 할 엄청난 양의 과제가 늘 쌓여있다. 여기저기의 수많은 주주들이 수시로 통화를 하고 싶어 하고, 풀어야 할 법률적·제도적 논쟁과 이슈들이 있다. 굶주린 채 공격할 틈만 노리고 있는 경쟁자들을 언제나 주시하고 상대해야만 한다. 이것이 일주일에 7일, 하루 24시간의 그들의 일상이다. 시간은 언제나 귀중하고, 조직문화와 관련된 문제는 성난 고객이나 협력업체들보다 늘 뒷전으로 밀려날 수밖에 없다.

시간의 제약만이 문제는 아니다. 대부분의 MBA 과정이나 경영자 교육과정에서는 조직문화가 기업성과를 끌어올리는 지렛대라는 사실을 별로 강조하지 않는다. 교과과정 중에 약간의 시간을 할당하고 한두 건의 사례연구 정도만 할 뿐, 조직문화에 대한 진정한 방법론이나 실질적인 시도는 별로 다루지 않는다. 또한 조직문화에 관심이 있는 CEO가 별로 없기 때문에 배울 만한 멘토도 많지 않다. 이러한 상황은 앞으로 달라지길 기대한다.

Q2. 문화와 그 구성요소에 대한 정의가 전문가마다 다른 이유는?

문화는 리더십과 마찬가지로 포괄적이고 은유적인 정의를 할 수밖에 없다. 손익계산서 항목처럼 숫자로 딱 떨어지지 않아 정의하는 것 자체가 어렵다. 자신들만의 연구와 분석, 그리고 모델 등을 통해 나름의 명성을 쌓아온 학자들이 협업을 하기도 쉽지 않다. 그러나 나는 학자들 사이의 협업, 학자 그룹과 비즈니스 영역과의 협업이 보다 강화되어야만 문화가 성과에 미치는 영향을 좀 더 깊이 이해하게 될 것이라고 생각한다. 의학분야에서 전 세계가 데이터를 공유하고 함께 연구함으로써 암 연구에 상당한 진보를 이룰 수 있었다는 사실에 놀란 적이 있다. 기업과 조직을 운영하는 더 나은 방법을 배우고 연구하는 것은 모두에게 의미 있는 목표이다.

Q3. 문화가 전략실행과 사업성과에 그렇게 중요하다면, 왜 기업 이사회에서는 관심을 두지 않는가?

이사회의 활동과 그 활동의 동기에 대해서는 말하고 싶지도 않다. 우선, 적어도 영국의 경우는 전통적으로 사외이사의 자리가 매우 작은 그룹의 사람들에 의해 채워진다. 대개 은퇴한 경영자인 그들이 몇 년에 한 번씩 회사를 바꾸는데, 여러 회사의 사외이사를 겸직하고 있는 사람들도 꽤 있다. 많게는 8~10개까지. 따라서 그들이 모든 관련 문서를 읽고, 회의 전에 과제를 숙지하고, 규칙적으로 회사와 경영진을 방문하거나, 직원들이 겪고 있는 직장의 현실을 세심하게 살피리라 생각한다면 착각이다. 대개는 경력의 마지막을 적당히 장식하며 부수입을 얻고, 남들 앞에서 체면치레할 수 있는 정도의 즐거움을 느끼며, 그에 더해 항공기의 비즈니스석에 탑승할 수 있다는 자부심에 만족하고 있는 정도이다.

그리고 일반적으로 퇴직을 했든 현직이든 경영자들은 조직문화의 중요성을 별로 믿지 않는 경향이 있고, 또 믿더라도 그것에 가치를 더하거나 도움을 줄 수 있을 만한 이해력이나 기술을 갖고 있지 않다. 앞으로 시간이 좀 더 흘러 다음 세대들이 이사회를 구성하게 된다면, 문화를 중요한 어떤 것으로 취급할 수 있는 지식과 열정을 갖추게 되리라 기대하고 있다.

Q4. 조직문화 서베이를 한다면, 어느 정도 주기가 적당한가?

이 질문에 대해서는 문화평가를 하고 싶은 것인가, 아니면 조직 분위기를 점검하고 싶은 것인가를 먼저 결정해야 한다.

조직 분위기 점검은 특정 시기 직원들의 사기나 감정 등의 상황을 측정하는 것이다. 반면 문화평가는 특징적인 업무방식을 결정하는 습관적인 행동방식에 대해 보다 깊게 파고드는 것이다. 어느 쪽이든, 얼마나 자주 조사를 시행해야 하는가는 당신의 회사와 업계 상황, 회사가 직면하고 있는 도전이 얼마나 빠르게 변화하고 있는지에 따라서 결정된다.

당신의 사업이 비교적 안정적이라면 충분한 간격을 두고 조사를 시행해도 괜찮다. 개인적인 견해로는 2년 정도면 적당하다. 그러나 회사나 업계가 아주 빠른 속도로 변화하고 있고, 업계 내에서 파산이 급증하거나 심각한 침체가 나타나는 사례가 빈번히 발생하고, 그에 맞춰 새로운 사업전환의 필요성을 스스로 느끼고 있다면, 당신이 조직에 뿌리내리려고 시도했던 새로운 행동방식과 문화에 대해 보다 자주 피드백을 확인하는 것이 중요해진다.

한편, 문화의 중요한 요소인 직원 및 관리자의 자발적 참여도와 관련해 짧은 주기의 '펄스 서베이pulse survey'를 자주 시행하는 기업이 늘고 있는 추세다. 온라인 측정과 간편한 설문조사 앱을 이용하여, 어떤 영향력이 갑자기 발생하거나 증가하는 것을 포착하기 위해 월 단위 평가를 실시하는 것도 드문 일이 아니다.

Q5. 가장 바람직한 문화 유형은?

상당히 어려운 질문이다. 모든 문화가 서로 다르고 장단점이 있기 때문에 최고의 문화가 무엇인지 정답은 없다는 것이 가장 쉬운 대답이 될 것이다. 그러나 이런 답은 그다지 도움이 되지 않는다.

나는 존 코터John P. Kotter 박사와 클레이튼 크리스텐슨Clayton Christensen 박사, 그리고 짐 콜린스Jim Collins의 견해에 동의한다. 가장 유연하고 적응력이 뛰어난 문화, 높은 수준의 혁신성을 지니고 있으며 위험을 기꺼이 감수할 수 있는 문화가 요즘처럼 글로벌하고 빠르게 변화하고 경쟁이 치열한 비즈니스 환경에 더 잘 맞는 것 같다.

Q6. 높은 성과를 낼 수 있는 하위문화가 존재하더라도 전체 문화는 비효율적일 수 있을까?

그다지 빛나지 않는 조직에서 한순간 찬란한 불꽃이 일어나는 것을 목격할 때가 있다. 하위문화는 지속해서 높은 성과를 내는 듯 보이지만 회사는 전반적으로 평범하거나 참담한 결과를 내는 경우, 하위문화의 리더는 문화에 대한 동력에 있어서 그 부서, 그 기능, 그 지역의 한계를 넘어서지 못한다. 만일 그 리더가 자신이 필요한 사람을 고용할 수 있을 정도의 높은 재량권을 갖고 있다면, 아마도 그 사람은 높은 성과를 내는 데 적합한 채용 매뉴얼과 부적격자 퇴출 매뉴얼을 독자적으로 개발하여 적용할 것이다.

그러나 우수한 하위문화가 확산되어 전체 조직을 변화시킬 것이라는 기대는 하지 않는 것이 좋다. 오히려 그 반대일 것이다. 하위문화를 이끄는 탁월한 리더나 관리자는 머지않아 침체된 회사에서 일하는 것에 피로감을 느끼고, 회사를 떠날 가능성이 크다.

Q7. 나는 새로 임명된 CEO다. 내가 책임져야 할 조직의 문화를 이해하는 가장 훌륭하고도 빠른 방법은?

매우 중요한 질문이다. 이 질문에 대한 답은 CEO가 아니더라도 특정 기구나 지역 혹은 부서를 책임지고 있는 사람이라면 똑같이 적용될 수 있다.

새롭게 들어간 회사의 문화를 생생하게 알 수 있는 첫 번째 방법은 협력업체 또는 고객들과 대화를 나누어보는 것이다. 만일 소매를 전문으로 하는 회사라면, 하루 동안 미스터리 쇼퍼가 되어보라. 그럴듯한 질문이나 논쟁거리를 만들어서 직원들에게 도움을 청해보고, 고객서비스 전담팀을 찾아가 보라. 다른 곳으로 직장을 옮긴 전직 임원들을 만나 대화를 나눠보라. 회사 내부의 각종 회의들의 목록과 빈도를 조사해보라. 중간관리자나 임원들이 일주일에 몇 차례나 회의에 참석해야 하는가? 회사 이곳저곳을 돌아다녀 보고, 지나가다가 작은 방들이 있으면 안을 들여다보라. 혹시 어떤 만화나 문구들이 벽에 붙어 있지는 않은가? 화장실 안에 적혀있는 낙서들도 눈여겨보라. 3교대 근무시스템에 따라 야간에 근무하는 사람들이 어떻게 활동하고 행동하는지 살펴보라. 하루 중 어느 시간에 주차장이 꽉 차고, 어느 시간에 가장 한가한가? 문화에 따른 의식이나 관습이 있다면 어떤 것들이 있는가? 사무실이나 넓은 공간에 회사를 홍보하는 설치물이 걸려있는가? 혹은 특별한 의미는 없더라도 어떤 그림이 걸려있는가? 임원들은 자신들의 방에서 점심식사를 하는가, 아니면 직원들과 어울려 함께 식사를 하는가? 인사기록을 통해 지난 3년 동안 회사를 떠난 사람들의 이직 또는 해고의 사유를 확인해보라.

자, 이렇게 보다시피 당신이 정말로 회사의 문화에 대해서 알고 싶다면 주변에서 아주 많은 것을 확인할 수 있다.

Q8. 우리에게 문화의 변화가 필요한 상황인지 어떻게 감지할 수 있는가?

사업상 문제점이 나타났다고 해서 그것이 모두 역기능적인 문화의 증거라고 볼 수는 없고, 문화를 바꾼다고 해서 모든 사업상의 실패가 해결되는 것도 아니다. 나는 모든 것이 무너져가는 느낌이 든다거나 회사를 대대적으로 재구성할 필요가 있다고 느낄 때에만 '조직문화 변화' 프로그램을 시행할 것을 권한다.

그 정도는 아니지만 현재의 문화가 지속적인 성과와 성장을 방해한다는 느낌이 확실하게 든다면, 우선 비즈니스에 긍정적인 개선효과를 낼 수 있을 것으로 보이는 하나 혹은 두 가지 정도의 타협 불가능한 행동방식을 정하여 먼저 경영진을 대상으로 실시해보고 나서, 회사 내의 영향력 있는 직원들을 따로 모아 그들이 이 새로운 행동방식을 확산시키도록 유도하라.

그 예로, 스리마일섬 원자력발전소의 문화는 안전이라는 단 하나의 양보할 수 없는 가치에 집중하여 변화되었고, 안전의 문화가 요구하는 일련의 행동방식들이 회사 내에 도입된 케이스다. 앨런 멀러리Alan Mulally는 포드자동차의 CEO로 취임한 후, 어느 한 사업영역에서 문제가 발생했을 때 영역 간의 시너지나 지역을 넘어서는 교차적인 지원활동이 거의 없다는 사실을 알게 되었고, 기존의 문화가 기대에 못 미치는 성과를 낸 조직이나 사람에 대해 지나치게 징벌적이며, 잘못된 소식이나 문제에 대한 진솔한 토론이 거의 이루어지지 않는다는 점에 주목했다. 그는 매주 한 차례씩 전 세계의 최고책임자들이 참여하는 회의를 열고 몇 장의 슬라이드를 이용해 각 지사의 문제나 이슈를 토론하도록 유도했다. 정직한 정보의 실시간 교류가 하나의 새로운 행동양식으로 자리 잡았고, 서로 "문제를 해결하기 위해 어떻게 도와주면 되겠습니까?"라고 묻는 것도 새롭게 정착된 새로운 행동방식이었다. 그는 이 두 가지의 핵심적인 행동방식이 경영진들의 습관이 되도록 끈질기게 강조했고, 실제로 이러한 행동방식이 전 세계의 포드 제국으로 퍼져나가기 시작했다. 그 결과 실적 호전과 문화의 변화가 일어났다.

그래서, 도대체
조직문화란 무엇인가?

"문화는 비즈니스의 은유이며, 리더십의 기회이다."

좋다, 여러분은 이 책을 끝까지 읽었고, 조직문화와 그것이 조직의
성과에 미치는 영향, 그리고 문화를 전략자산으로 만들기 위해 어떻게
운영해야 하는지에 대한 나름대로의 깨달음을 얻었기를 바란다. 또한
이 책이 리더십의 기술을 돌아보는 기회가 되었기를, 그리고 무엇보다
여러분이 비즈니스 리더와 경영자로서 가진 목적을 되돌아보는 시간
이 되었기를 희망한다.

"문화는 어항 속의 물과 같아서 더러워지거나 오염되면 안에 있는
모든 것이 고통을 받는다. 그리고 그 냄새는 아주 끔찍하다!"

조직문화에 대한 몇 가지 원칙

크고 작은 규모로 조직문화 강연을 하고 CEO와 경영진을 상대로 컨설팅을 하면서 지속가능한 경쟁우위와 훌륭한 사업운영을 위한 과정을 함께 계획할 때 나는 다음의 원칙들을 적용했다.

- 크든 작든, 신생기업이든 역사가 오래된 기업이든, 모든 조직에는 문화가 존재한다.
- 문화는 조직의 성과에 영향을 미친다. 그러나 어떻게 영향을 미치는지를 정확하게 규명해내는 것은 매우 어렵다.
- 문화는 처음부터 정교하게 설계될 수도 있고, 자연적으로 발생하여 발전해갈 수도 있다. 어느 쪽이든, 당신의 조직에도 그러한 문화가 존재한다.
- 기업 전체를 지배하는 문화를 무관심하게 방치하면 강력한 하위문화들이 여러 곳에서 등장하게 된다.
- 모든 문화 요소들이 성과에 동등하게 영향을 미치는 것은 아니다. 평균을 믿지 말라.
- 창업초기에는 리더들의 행동방식이 문화 형성에 큰 영향을 미친다. 그러나 시간이 지남에 따라 동료 간의 압력이나 하위문화가 더 중요해진다.
- 대부분의 경영진은 하위문화의 존재나 그것이 기업성과에 미치는 영향을 짐작조차 하지 못한다.
- 당신은 당신이 무시하는 문화를 갖게 된다.

- 강력하고 잘 정렬된 문화를 구축하는 데 필요한 '코칭이 가능한 순간'은 매일 얼마든지 찾아온다.
- 사람들은 어느 회사에 들어갔다고 해서 거기에 맞춰 자신의 가치관을 바꾸지는 않는다. 그러나 생각하는 방식과 직장에서의 행동방식을 회사의 문화에 맞춰 바꾸기는 쉽다.
- 문화는 습관적 행동, 의식, 그리고 정책 등을 통해 쉽게 파악된다.
- 문화평가로 문화를 '정확하게' 측정할 수는 없다. 다만 근사치를 확인할 수 있을 뿐이다. 당신이 현재 직면하고 있는 문제를 해결하는 데 가장 적합한 평가방식을 채택하라.
- 정책이나 업무 프로세스는 반복적인 행동이 형성되는 이유가 되기 때문에 조직문화의 매우 강력한 결정인자이다.
- 강한 문화는 전략에 가장 적합한 문화이다.
- 약한 문화는 강력한 여러 개의 하위문화가 모여서 형성되어 있으면서 조직의 공통목적과 정렬되지 못하는 문화이다.
- 문화평가와 조직 분위기 조사를 혼동하지 마라. 자칫 엉뚱한 방향으로 흐를 수 있다.
- 강한 문화가 약한 전략의 문제점을 보완해줄 수는 없다. 또 훌륭한 전략이라도 문화가 취약하면 제대로 달성되기 어렵다.
- 나쁜 리더는 훌륭한 리더가 나쁜 문화를 회복시키는 것보다 훨씬 빠른 속도로 좋은 문화를 망칠 수 있다.
- 컨설턴트는 문화를 바꾸지 못한다. 문화는 리더와 구성원들이 힘을 합쳐 바꾸는 것이다.
- 문화 변화라는 용어를 가급적 사용하지 않는 것이 좋다. 자칫 불

필요한 저항을 불러올 수 있다.

- 완벽한 조직문화는 없다.
- 비즈니스를 극적으로 개선할 수 있는, 타협할 수 없는 새로운 행동양식을 한두 개 정도 찾아내라.
- 가치선언문은 대부분 별로 쓸모가 없다. 경영진의 50% 정도가 자신의 회사가 추구한다고 공표한 문화적 가치관들을 제대로 적어 내지 못했다.
- 직원들에게 문화 교육을 실시하는 것보다, 애초에 조직문화에 적합한 직원들을 선발하는 것이 더 효과적이다.

마지막 시험

새로 부임한 CEO에게 모든 부사장이 반감을 가졌다. 임원들도 마찬가지였다. CEO는 상상할 수 없는 시간을 바쳐 일할 것을 요구했고, 직접 보고하는 자리에서 거친 언어와 욕설을 퍼부었으며, 저조한 성과를 절대 용납하지 않았다. 목표를 달성하지 못해 질책을 당한 어느 부사장의 반응이 불만스러웠던 그는, 그 부사장의 책상을 뒤집어엎어 자리에서 치워버렸다. 그는 직원들에게 거친 말을 쏟아붓고, 회의에서 욕을 하고, 여러 사람 앞에서 직원들에게 굴욕감을 안겨주었다.

그런데 이 은행은 신임 CEO가 부임하기 전까지 몇 년 동안 실패한 조직이었다. 그가 부임한 후 6분기 동안 은행은 연속해서 이익을 올리고, 성장을 계속하고, 주가도 상승했다. 그는 주주총회에서 지난 1년

간의 실적과 내년의 목표를 설명한 후 이사회와 주주들로부터 기립박수를 받았다. 실적은 향상되었고, 그에게 반감을 가진 경영진과 임원들은 해고의 위기에 직면했다!

문화가 그렇게 중요하고 성과에 영향을 미치는 것이라면, 조직이 리더의 그림자라면, 우리가 서로를 어떻게 대하는가에 따라 고객을 어떻게 대하는가도 결정된다면, 그리고 행동이 문화의 큰 부분을 차지하는 것이라면, 이제 당신은 이사회 의장으로서 어떻게 하겠는가?

PS. 이것은 절대 난센스 퀴즈가 아니다!

이 책을 다 읽은 후, 높은 성과를 내는 문화를 구축하여 보다 나은 비즈니스 결과를 만들어내고 싶다는 열망을 품고, 자신의 조직을 비판적인 눈으로 다시 바라보기 시작한 독자들에게 마지막 감사의 마음을 전하고 싶다.

그리고 CEO 또는 여러 직책을 맡아 리더십을 발휘해야 하는 입장에 서있는 독자들에게 말하고 싶다. 오랫동안 거울을 들여다본 후에 결국 조직문화를 변화시키는 도전에 뛰어들기로 결심했다면, 이 책이 담고 있는 생각과 아이디어들을 부디 유용하게 사용하기를 바란다.

> "지식은 결국 인식에 근거한 것이다."
>
> -루트비히 비트겐슈타인

1. Webb, Tim. BP Boss Admits Job on the Line over Gulf oil spill. *The Guardian*, 13 May 2010.

2. Mouawad, Jad; Krauss, Clifford. Another Torrent BP Works to Stem: Its C.E.O. *The New York Times*, 3 June 2010.

3. Goldenberg, Suzanne. BP Oil Spill Blamed on Management and Communications Failures. *Theguardian.com*, 2 December 2010.

4. Jnj.com

5. Estes, Adam Clark. Meet Apple's Original Genius, Now JC Penney's Anointed Savior. *The Atlantic Wire*, 15 June 2011.

6. Online MBA. Let-Go Lessons: Learning From Fired CEOs. *Online MBA*, 06 May 2013.

7. Nisen, Max. Michael Woodford: My Firing Was An Eight-Minute Corporate Execution. *BusinessInsider.com*, 26 November 2012.

8. Ackman, Dan. Excellence Sought – And Found. *Forbes.com*, 04 October 2002.

9. Sellers, Patricia. Warren Buffett, Corporate Culture Guru. *CNN Money.com*, 17 March 2011.

10. humansynergistics.com

11. Schein, E. M. *Organizational Culture and Leadership*. Third Edition. San Francisco: Jossey-Bass, 2004.

12. Hofstede, Gert and Gert Jan Hofstede. *Cultures and Organizations: Software for the Mind*. Second Edition. New York: McGraw-Hill, 2004.

13. Entrepreneur.com – 14

14. Human Synergistics. How Culture Works. *Human Synergistics.com*

15. John, Schulz. Culture, a Definition, *TorbenRick*, 22 June 2013.

16. Kotter, John. The Key to Changing Organizational Culture. *Forbes.com*, 27 September 2012.

17. BBCNewsToday. Barclays Chief Executive Bob Diamond has Delivered the Inaugural Today Business Lecture. *BBCNewsOnline.*2011.

18. Financial Times Lexicon. Corporate Culture Definition. *Financial Times Lexicon.*

19. Wikipedia. Organizational Culture.*Wiipedia.com.*

20. Business Dictionary. Organizational Culture Definition. *Business Dictionary Online.*

21. Christiansen, Clayton M. What is an Organization's Culture? *Harvard Business Review,* 2 August 2006.

22. Enron Corporation Annual Report, 2000.

23. Litchman, Jim. Integrity Matters. *It's Ethics Stupid,* 03 October 2012.

24. Mintzberg, Henry. *The Rise and Fall of Strategic Planning.* New York: Prentice-Hall, 1994.

25. Dishboards.com

26. Robert W. Baird. Treating Company Culture as a Profit Centre, *GreatPlaceto Work.co.uk*

27. Atkins, Derek and Anthony Fitzsimmons, Chris Parsons, Alan Punter. Roads to Ruin, a Study of Major Risk Events: their Origins, Impact and Implications. *Report by Cass Business School on behalf of Airmic.* London, 2011.

28. *US Government. Oversight of the Nuclear Regulatory Commission: Hearing before the Subcommittee on Clean Air, Climate Change and Nuclear Safety of the Committee on Environment and Public Works, United States Senate, 108th Congress, 20 May 2004.* Washington: US Government Printing Office, 2006.

29. Institute for Global Environmental Leadership. *Special Report: Disasters, Leadership and Rebuilding – Tough Lessons from Japan and the US.* Wharton: University of Pennsylvania, 2013.

30. Peterson, Joel. *Corporate Culture.* Stanford Graduate School of Business Seminar. March 2010.

31. US Department of Labor, Mine Safety and Health Administration. US Labor Department's MSHA Cites Corporate Culture as Root Cause of Upper Big Branch Mine Disaster. Massey issued 369 citations and Orders with $10.8 million in Civil Penalties. *MSHA News Release,* 06 December 2011.

32. Birch, L.L. Effects of Peer Models' Food Choices and Eating Behaviors on Preschoolers' Food Preferences. *Child Development*, 51,1980, pp.489–496.

33. Kell, Thomas and Gergory T. Carrott. *Culture Matters Most*. Harvard: Harvard Business Review, May 2005.

34. Epsonline. Ritz Carlton's Gold Standard Service. *Epmsonline.com*.

35. Schwartz, Tony. The Twelve Attributes of a Truly Great Place to Work. *Harvard Business Review Blog*, 19 September 2011.

36. Mottioli, Dana. Lululemon's Secret Sauce. *Wall Street Journal Business*. 22 March 2012.

37. Lululemon Athlietica. *Annual Report*. 2012.

38. Kickbully. Identifying a Toxic Workplace. *Kickbully.com*.

39. Smith, Greg. Why I am Leaving Goldman Sachs. *The New York Times*, 14 March 2012.

40. ABC News. Review slams 'toxic' culture in Olympic Swim Team. *ABC News*. 20 February 2013.

41. Blitz, Amy. John Whitehead, Goldman Sachs. *Harvard Business Review Interviews*, 2002.

42. Maanen, J. V. and S. R. Barley. Cultural Organization: Fragments of a Theory, in P. J. Frost, L. F. Moore, M. R. Louis, C. C. Lundberg and J. Martin. *Organizational Culture*. Beverly Hills: Sage, 1985, pp. 31-53.

43. Williams, Richard, Wallace Higgins and Harvey Greenberg. The Impact of Leader Behavior on Employee Health: Lessons for Leadership Development. *Northeast Human Resources Association*, 11 February 2011.

44. DuBois, Shelly. Merrill Lynch Settles Discrimination Lawsuit. *USA Today*, 29 August 2013.

45. Groeger, Martin. The HP Way - an Example of Corporate Culture for a Whole Industry. *Silicon-valley-story.de*

46. Deloitte Consulting Research. *Core Beliefs and Culture Survey*. Culture of Purpose: A Business Imperative. Deloitte.com, 2003.

47. Gollom, Mark. Does BlackBerry have a Future? *CBC News*. 20 September 2013.

48. Musil, Steven. Executive Infighting Reportedly led to BlackBerry's downfall. *NewsCnet.com*, 29 September 2013.

49. Nadler, Mark. Hard Part: Strategy Execution: Bridging the Gap Between Vision and Action. *Oliver Wyman Journal*, 2009.

50. Jamrog, Jay, et. al. *The Keys to Strategy Execution*. New York: American Management Association, 2007.

51. Merchant, Kenneth. A. and Wim A. Van der Stede. *Management Control Systems: Performance Measurement, Evaluation and Incentives*. London: Pearson Education Ltd., 2007.

52. Lepsinger Richard. *Closing the Execution Gap: How Great Leaders and Their Companies Get Results*. San Francisco: Jossey-Bass, 2010.

53. Lovallo, Dan and Olivier Sibony. 'The Case for Behavioural Strategy.' *McKinsey Quarterly*, March 2010.

54. McKinsey. Improving Strategic Planning: A McKinsey Survey. *McKinsey Quarterly*, September 2006.

55. Charan, Ram. Why CEOs Fail. *Fortune*, June 1999.

56. Smither, James and Manuel London (eds). *Performance Management: Putting Research into Action*. San Francisco: Jossey-Bass, 2009.

57. Mankins, Michael C. Stop Wasting Valuable Time. *Harvard Business Review*, September 2004.

58. Nucor.com

59. Miller, Chris. *Ryanair and Easyjet: The History of the Peanut Airlines*. BBC News, 20 June 2013.

60. Whitelegg, Drew. Flying for Peanuts: the Rise of Low-Cost Carriers in the Airline Industry. *Journal of Transportation History* 26: 2, September 2005.

61. Ryanair.com and Easyjet.com

62. Which? Brand Survey. *Which? Reveals Best and Worst Brands for Customer Satisfaction: UK's Biggest Brands Rated on Service*. 19 September 2013.

63. United States General Accounting office. *Business Process Reengineering Assessment Guide*. May 1997.

64. Aiken, Carolyn and Scott Keller. The Irrational Side of Change Management. *McKinsey Quarterly*, April 2009.

65. Kelling, George and Catherine Coles. *Fixing Broken Windows: Restoring Order and Reducing Crime in Our Communities.* London: Simon & Schuster, 1998.

66. Kotter International. The 8-Step Process for Leading Change. *Kotterinternational. com.*

67. Flamholtz, Eric and Yvonne Randle. *Corporate Culture: The Ultimate Strategic Asset.* Stanford: Stanford Business Books, 2011.

Anderson, Elizabeth. How To Make A Successful Acquisition with Alastair Mills. *Management Today*, 31 May 2013.

Aon Hewitt Report. *Engagement 2.0: Focus on the Right People. Build the Excitement. Preserve the Passion.* Aon plc., 2010.

Arnsten, Amy. Stress Signalling Pathways that Impair Prefrontal Cortex Structure and Function. *Nature Reviews Neuroscience 10*, June 2009, pp. 410-422.

Atkins, Derek and Anthony Fitzsimmons, Chris Parsons, Alan Punter. Roads to Ruin, a Study of Major Risk Events: their Origins, Impact and Implications. *Report by Cass Business School on behalf of Airmic.* London, 2011.

Bethune, Gordon and Scott Huler. *From Worst to First: Behind the Scenes of Continental's Remarkable Comeback.* London: John Wiley & Sons, 1998.

Barrett, Richard. *The Values-Driven Organization: Unleashing Human Potential for Performance and Profit.* London: Routledge, 2012.

Bratton, William and Peter Knobler. *The Turnaround: How America's Top Cop Reversed the Crime Epidemic.* New York: Random House, 1998.

Buckingham, Marcus and Curt Coffman. *First, Break All the Rules: What the World's Greatest Managers Do Differently.* London: Simon & Schuster Business Books, 1999.

Burchell, Michael and Jennifer Robin. *The Great Workplace: How to Build It, How to Keep It, and Why it Matters.* San Francisco: Jossey-Bass, 2011.

Cameron, Kim. S. and Robert E. Quinn. *Diagnosing and Changing Organizational Culture.* Third Edition. San Francisco: Jossey-Bass, 2011.

Carey, Dennis. Lessons from Master Acquirers: A CEO Roundtable on Making Mergers Succeed. *Harvard Business Review*, May 2000.

Childress, John R. *Fastbreak: The CEO's Guide to Strategy Execution.* London: Principia Associates, 2012.

Christensen, Clayton. *The Innovator's Dilemma: When New Technologies Cause Great Firms to Fail.* Harvard: Harvard Business School Press, 1997.

Christensen, Clayton and Michael Raynor. *The Innovator's Solution: Creating and Sustaining Successful Growth.* Boston, MA: Harvard Business School Press, 2003.

Christensen, Clayton, Scott Anthony and Eric Roth. *Seeing What's Next: Using the Theories of Innovation to Predict Industry Change*. Boston, MA: Harvard Business School Press, 2004.

Christensen, Clayton, Jerome Grossman and Jason Hwang. *The Innovator's Prescription: A Disruptive Solution for Health Care*. New York: McGraw-Hill, 2008.

Christensen, Clayton, Richard Alton, Curtis Rising and Andrew Waldeck. The New M&A Playbook. *Harvard Business Review*, March, 2011.

Cohen, Mike. *Succeeding with Agile: Software Development Using Scrum*. New York: Addison-Wesley Professional, 2009.

Collins, Jim. *Good To Great: Why Some Companies Make the Leap... and Others Don't*. New York: Random House Business, 2001.

Collins, Jim and Jerry Porras. *Built To Last: Successful Habits of Visionary Companies*. New York: Random House Business, 2005.

Cooke, R. A., and J. L. Szumal. Using the Organizational Culture Inventory to Understand the Operating Cultures of Organizations, in Ashkanasy, N. M., Wilderom, C. P. M., & Peterson, M. F. (Eds.), *Handbook of organizational Culture and Climate*. Thousand Oaks, CA: Sage. 2000.

Corporate Leadership Council. *Building the High-Performance Workforce: a Quantitative Analysis of the Effectiveness of Performance Management Strategies*. Arlington,VA: Corporate Executive Board, 2002.

Deal, Terrance E. and Alan A. Kennedy. *Corporate Cultures: The Rules and Rituals of a Corporate Life*. New York: Perseus Books, 1982.

Deal, Terrance E. and Alan A. Kennedy. *The New Corporate Cultures: Revitalizing the Workplace After Downsizing, Mergers, and Reengineering*. New York: Basic Books, 2000.

Denison, Daniel. R. Bringing Corporate Culture to the Bottom Line. *Organizational Dynamics* 13:2, 1984, pp. 5-22.

Denison, Daniel. R. *Corporate Culture and Organizational Effectiveness*. London: John Wiley & Sons, 1990.

Denison, Daniel, Levi Nieminen and Lindsey Kotrba. Diagnosing Organizational Cultures: a Conceptual and Empirical Review of Culture Effectiveness Surveys. *European Journal of Work and Organizational Psychology*, 2012.

De Smet, Aaron, Mark Loch and Bill Schaninger. The Link Between Profits and Organizational Performance.*The McKinsey Quarterly* 3, 2007.

Drucker, Peter F. *The Essential Drucker*. Second Edition. A Butterworth-Heinemann Title, 2007.

Dyer, Jeff, Hal Gregersen and Christensen, Clayton *The Innovator's DNA; Mastering the Five Skills of Disruptive Innovator*s. Harvard: Harvard Business School Press, 2011.

Edersheim, Elizabeth Hass. The BP Culture's Role in the Gulf Oil Crisis. *Harvard Business Review Blog Network*, 8 June 2010.

EFCOG Safety Culture Task Group, 2008.

Effective Crisis Management. The Tylenol Scandal. *Effective Crisis Management Blog*, 1982.

Finkelstein, Sydney. The DaimlerChrysler Merger: A Business Case Study. *Tuck School of Business at Dartmouth*. 1-0071, 2002.

Festinger, L. *A Theory of Cognitive Dissonance*. Stanford, CA: Stanford University Press, 1957.

Flamholtz, Eric G. and Yvonne Randle. *Corporate Culture: the Ultimate Strategic Asset*. Stanford, CA: Stanford Business Books, 2011.

Gallop,Inc. *State of the American Workplace: Employee Engagement Insights for U.S. Business Leaders*. PDF Report, 2013.

Gaberman, Ira, Ingrid Devoi, Kevin Crump and Marieke Witjes. *Demystifying Corporate Culture: Why People do what they do*. A.T. Kearney, 2011.

Garms, Erika. How Could Neuroscience Change the Way We Manage Change. *Blog post from ASTD.org*. 06 February 2013.

Geldenhuys, Tania. *Organizational Culture as a Predictor of Performance: a Case Study in Liberty Life*. University of Pretoria, MBA Dissertation, November 2006.

Global Workplace Analytics. *The State of Telework in the US*. 2013 Survey Updates.

Hammer, Michael and James Champy. *Reengineering the Corporation*. New York: Harper Business, 1993.

Handy, Charles. *Gods of Management: The Changing Work of Organisations*. London: Souvenir Press Ltd, 2009.

Handy, Charles. *Understanding Organizations*. Fourth Edition. London: Penguin Books, 1993.

Hastings, Reed. The Nexflix Culture. *Netflix.com*.

HCA Magazine. The Reason Female Execs Leave Is Not Glass Ceiling. *www. hcamag.com*, 18 June 2012.

Heath, Chip and Dan Heath. *Make to Stick: Why Some Ideas Take Hold and Others Come Unstuck*. New York: Random House, 2007.

Hererro, Leandro. *Viral Change: The Alternative to Slow, Painful and Unsuccessful Management of Change in Organizations*. Meeting Minds, 2006.

Hererro, Leandro. *Homo Imitans: The Art of Social Infection: Viral Change™ in Action*. Meeting Minds, 2011.

Hill, Vernon and Bob Andelman. *Fans, not Customers: How to create Growth Companies in a no Growth World*. London: Profile Books, 2012.

Hofstede, Gert and Gert Jan Hofstede. *Cultures and Organizations: Software for the Mind*. Second Edition. New York: McGraw-Hill, 2004.

Hseih, Tony. *Delivering Happiness: A Path to Profits, Passion and Purpose*. New York: Round Table Press, 2012.

Hughes, Mark. Do 70 Percent of All Organizational Change Initiatives Really Fail? *Journal of Change Management* 11:4, 2011.

Johnson, G. and Scholes, K. *Exploring Corporate Strategy*. Third Edition, New York: Prentice Hall, 1993.

Keller, Scott and Colin Price. *Beyond Performance: How Great Organizations Build Ultimate Competitive Advantage*. London: John Wiley & Sons, 2011.

Kelling, George L. and Catherine M. Coles. *Fixing Broken Windows: Restoring Order and Reducing Crime in Our Communities*. London: Simon & Schuster, 1998.

Kelly, Chris, Paul Kocourek, Nancy McGaw and Judith Samuelson. Deriving Value from Corporate Values. *The Aspen Institute and Booz Allen Hamilton Inc*, 2005.

Kotter, John. P. *Leading Change*. Harvard: Harvard Business School Press, 1996.

Kotter, John. P. and Dan S. Cohen. *Heart of Change: Real-Life Stories of How People Change Their Organizations*. Harvard: Harvard Business Review Press, 2012.

Kotter, John. P. and Holger Rathgeber, *Our Iceberg is Melting*. London: Macmillan, 2006.

Kotter, John. P. and James L. Heskitt. *Corporate Culture and Performance*. Cambridge, The Free Press, 2011.

Korte, Russell F. A Case Study of the Socialization of Newly Hired Engineers: How New Engineers Learn the Social Norms of an Organization, in *Academy of Human Resource Development International Research Conference in the Americas Panama City, FL*. Feb. 20-24, 2008.

Kurland, Nancy and Diane Bailey. Telework: The Advantages and Challenges of Working Here, There, Anywhere, and Anytime. *Organizational Dynamics*, Autumn 1999.

Lencioni, Patrick.*The Advantage: Why Organizational Health Trumps Everything Else in Business*. San Francisco: Jossey-Bass, 2012.

Levering, Robert. *Great Place to Work: What Makes Some Employers So Good—and Most So Bad?* New York: Great Place to Work®, Institute, Inc. 2000.

Levering, Robert. *Transforming Workplace Cultures: Insights from Great Place to Work® Institute's first 25 years*. New York: Great Place to Work® Institute, 2010.

Leslie, Keith, Mark Loch and William Schaninger. Managing your Organization by the Evidence. *McKinsey Quarterly* 3, 2006.

Lewin, Kurt. *Resolving Social Conflicts: Field Theory in Social Science*. Chicago: American Psychology Association, 1997.

Maanen, J. V. and S. R. Barley. Cultural Organization: Fragments of a Theory, in P. J. Frost, L. F. Moore, M. R. Louis, C. C. Lundberg and J. Martin. *Organizational Culture*. Beverly Hills: Sage, 1985, pp. 31-53.

Martin, Joanne and Caren Siehl. Organizational Culture and Counterculture: an Uneasy Symbiosis. *Organizational Dynamics* 12:2, 1983.

Maslow, A. H. A Theory of Motivation. *Psychological Review* 50, 1943, pp. 370-396.

McKeown, Greg. If I Read one more Platitude-Filled Mission Statement, I'll Scream. *Harvard Business Review Blog*, 4 October 2012.

Meehan, Paul, Orit Gadiesh and Shintaro Hori. *Culture as Competitive Advantage*. London: Bain & Company Publications, 01 January 2006.

Menkes, Justin. *Better Under Pressure: How Great Leaders Bring Out the Best in Themselves and Others.* Harvard: Harvard Business Press, 2011.

Miller, Chris. *Ryanair and Easyjet: The History of the Peanut Airlines.* BBC News, 20 June 2013.

Murphy, Mark. *Hiring for Attitude: Research and Tools to Skyrocket Your Success Rate.* LeadershipIQ.com, 2012.

Nieminen, Levi, Lindsey Kotrba, Felix Thai, Ia Ko and Dan Denison. *The Impact of Work Unit Culture on Telework Performance.* Unpublished Manuscript, 2013.

Nitin Nohria, William Joyce, and Bruce Roberson. *What Really Works?* Harvard: Harvard Business Review, July 2003.

Nord, J.H., Nord, G.D., Cormack, S. and Cater-Steel, A. IT Culture: Its Impact on Communication and Work Relationships in Business. *International Journal of Intercultural Information Management*, 2006.

Parr, Shawn. Culture Eats Strategy for Lunch. *Fast Company*, 24 January 2012.

Risberg, Annette. *Mergers and Acquisitions: a Critical Reader.* London: Routledge Press, 2006.

Rock, David. SCARF: A Brain-Based Model for Collaborating with and Influencing Others. *Neuroleadership Journal* 1, 2008.

Schein, E. M. *Organizational Culture and Leadership.* Third Edition. San Francisco: Jossey-Bass, 2004.

Schein, E. M. *The Corporate Culture Survival Guide: Sense and Nonsense about Culture Change.* San Francisco: Jossey-Bass, 1999.

Schwartz, Howard and Stanley M Davis. Matching Corporate Culture to Business Strategy. *Organizational Dynamics* 10:1, 1981.

Senn, Larry and John R. Childress. *The Secret of a Winning Culture: Building High Performance Teams.* Los Angeles: The Leadership Press, 1999.

Sherman, Andrew. *Mergers and Acquisitions from A to Z.* Third Edition. New York: Amacom, 2010.

Shook, John. How to Change a Culture: Lessons from NUMMI. *MIT Sloan Management Review* Winter 2010.

Sinoway, Eric. *When to Fire a Top Performer Who Hurts Your Company Culture.* Harvard: Harvard Business Review, 15 October 2012.

Smith, Martin E. Success Rates for Different Types of Organizational Change. *Performance Improvement,* 41:1, January 2002, pp.26-35.

Soderquist, Don. *The Walmart Way: The Inside Story of the Success of the World's Largest Company.* Edinburgh: Thomas Nelson Publishers, 2005.

Stieglitz, Richard G. and Stuart H. Sorkin. *Expensive Mistakes When Buying and Selling Companies.* Acuity Publishing, 2009.

Stoddard, Nat with Claire Wyckoff. *The Right Leader: Selecting Executives Who Fit.* London: John Wiley & Sons, 2009.

Taylor, Carolyn. *Walking the Talk: Building a Culture for Success.* New York: Warner Business Books, 2005.

Towers Perrin. *Closing the Engagement Gap: a Road Map for Driving Superior Business Performance.* New York: Towers Perrin Global Workforce Study, 2007-8.

Tualli, Tom. *The Complete M&A Handbook: The Ultimate Guide to Buying, Selling, Merging, or Valuing a Business for Maximum Return.* Prima Lifestyles, 2002.

Turturici, Deborah. Neuroscience Sheds New Light on Change Management Strategies. *Bpminstitute.org,* 12 April 2013.

U.S. Government. Deep Water: the Gulf Oil Disaster and the Future of Offshore Drilling. *The Report of the National Commission on the BP Deepwater Horizon Oil Spill and Offshore Drilling.* 11 January 2011.

Van Wassenhove, Luk, Neeraj Kumaar and Ramina Samii. The Tale of Halewood – Jaguar: The Story of a Ramp-Up. *Management Today.* 01 May 2002.

Wallach, Ellen J. Individuals and Organizations: The Cultural Match. *Training & Development Journal* 37:2, 1983.

Waller, David. *Wheels on Fire: The Amazing Inside Story of the DaimlerChrysler Merger.* London: Hodder & Stoughton, 2001.

Whitelegg, Drew. 'Flying for Peanuts: the Rise of Low-Cost Carriers in the Airline Industry.' *Journal of Transportation History* 26: 2, September 2005.

Wiley, Jack and Brenda Kowske. *Respect: Delivering Results by Giving Employees What They Really Want.* London: John Wiley & Sons, 2011.

Williams, Richard, Wallace Higgins and Harvey Greenberg. 'The Impact of Leader Behavior on Employee Health: Lessons for Leadership Development.' *Northeast Human Resources Association*, 11 February 2011.

WorldatWork. *Telework 2011: A WorldatWork Special Report.* 2011.

리더를 위한 조직문화 가이드

컬처 레버리지

초판 1쇄 발행 2020년 12월 21일
초판 2쇄 발행 2021년 5월 31일

지은이 존 칠드러스
옮긴이 신한카드 조직문화팀
발행처 예미
발행인 박진희, 황부현

출판등록 2018년 5월 10일(제2018-000084호)

주소 경기도 고양시 일산서구 중앙로 1568 하성프라자 601호
전화 031)917-7279   **팩스** 031)918-3088
전자우편 yemmibooks@naver.com

ISBN 979-11-89877-46-0 03320

이 도서의 국립중앙도서관 출판예정도서목록(CIP)은 서지정보유통지원시스템 홈페이지
(http://seoji.nl.go.kr)와 국가자료공동목록시스템(http://www.nl.go.kr/kolisnet)에서
이용하실 수 있습니다. (CIP제어번호 : CIP2020051290)